先端技術・情報の企業化と法

企業法学会 編

文眞堂

はしがき

「企業法学」とコンプライアンス

　「企業法学」ということばは，専門用語ではない。企業から派遣されて海外で研究生活を送った社会人が，博士論文を書きたいという意欲を示し，また大学の側でも，諸外国の実例を比較してみても，大学と企業の間の関係が異常であり，実験的に社会人大学院大学をやってみることにした。設立当初の人たちが，1993年6月21日に「企業法学」とは何か，というテーマでシンポジウムを開き，会社法は狭すぎるし，ビジネスは学問を軽く見る印象を与えるので，広い概念である「企業法学」ということばを使うことになった（『企業法学』第2巻［1993年］文責：北沢豪）。むろん「実務法学」という案もあり，実務経験をもった人たちを重要視していたので，レベルを高めるために，国際レベルでの比較研究を奨励してきた。

　設立当初には，銀行，公務員，証券会社，税務関係者などの他，企業の人事担当者，公正取引（独占取引法関係）専門家，法曹関係者（裁判官，弁護士，司法書士）など多彩な面々が研究生活を送っており，ともかくみんなで一生懸命，よく遅くまで，一緒になって研究生活を送った。この人たちが作ったのが「企業法学会」であるが，まもなく30周年を迎えようとしている。その30年の間には，いろいろなことがあった。例えば，博士号を取得した会員が銀行の上司に報告に行ったところ，「君が遊んでいるうちに，ぼくは1億円稼いだよ。」と言われたという。この研究者は，銀行を自主退職し，現在は大学で教えている。一般的な感想に過ぎないが，大学の研究活動に対して，企業は余り好意的ではない。さらに，最近，世界情勢が大きく変わりつつある。諸外国の法制についての比較法研究が重要であるが，純粋な研究を続けるゆとりを失いつつある。

　ところで，表題の「コンプライアンス」は，企業法学会理事・山口卓男が選んだものである。この数年間，様々な「コンプライアンス」違反が続いて

いる。コンプライアンスは，基本的には不十分である。企業法学会では，企業の社会的公益性に大きな関心をもっており，とくに産学共同の事業などにおける「コンプライアンス」の研究報告が多くあったので，本書において，その整理を試みた。

　最後に，本書の出版を快くお引き受けくださった文眞堂の前野隆氏，前野眞司氏に心から感謝したい。

　　2020 年 5 月 6 日

企業法学会理事長　田島　裕

目　次

はしがき　「企業法学」とコンプライアンス ……………………………… i

序章 ……………………………………………………………………………… 3

第1章　高度科学技術社会における企業法学の新展開 ……… 7

Ⅰ．研究機関・組織のコンプライアンスをめぐる諸問題
　　　—研究者及び研究機関・組織の諸活動に対する法的規律のあり方— …… 9

　1. はじめに ………………………………………………………………… 9
　2. 総論 ……………………………………………………………………… 10
　3. 各論 ……………………………………………………………………… 18
　4. おわりに ………………………………………………………………… 37

Ⅱ．改正産業競争力強化法と大学発ベンチャー支援の
　　　新たな課題と方向性 ………………………………………………… 39

　1. はじめに ………………………………………………………………… 39
　2. 大学発ベンチャー支援にあたっての実務課題と対応 ……………… 41
　3. 「MTマトリックス」の活用による知的財産戦略立案 ………… 51
　4. 大学に期待される新たな役割 ………………………………………… 55
　5. まとめ—今後の発展に向けて— ……………………………………… 56

Ⅲ．科学研究の不正問題と研究倫理 ……………………………… 58

　1. はじめに ………………………………………………………………… 58
　2. 科学研究の不正問題と研究倫理との課題 …………………………… 59
　3. 科学研究の不正問題 …………………………………………………… 62
　4. 研究不正と研究倫理との関係性 ……………………………………… 69

5. おわりに ……………………………………………………………… 71

Ⅳ. オープンサイエンスの法的課題とその対応 ………… 73

1. はじめに ……………………………………………………………… 73
2. オープンサイエンスの法的な課題 ………………………… 74
3. オープンアクセスの対象物—オープンデータ・オープンソース・
オープンコンテンツ ……………………………………………… 76
4. オープンアクセスをすすめるプレイヤー間の法的な対応 ……… 82
5. おわりに ……………………………………………………………… 88

Ⅴ. 科学研究のデュアルユース問題の法的な対応 …………… 90

1. はじめに ……………………………………………………………… 90
2. 科学研究のデュアルユース問題の課題 ………………… 92
3. 科学研究のデュアルユース問題の対応 ………………… 94
4. 科学研究のデュアルユースの知的財産管理とセキュリティ管理 ·· 99
5. おわりに ……………………………………………………………… 104

第2章 情報科学技術と法 ……………………………………… 107

Ⅰ. FRAND 宣言した標準規格必須特許について …………… 109

1. はじめに ……………………………………………………………… 109
2. FRAND 宣言とホールドアップ ………………………………… 110
3. 信義則違反による判断 ………………………………………… 113
4. 独占禁止法からのアプローチ ………………………………… 117
5. 第三者のためにする契約 ……………………………………… 119
6. ホールドアップ問題の解決にむけて ……………………… 122
7. おわりに ……………………………………………………………… 126

Ⅱ. AI 研究開発に関する責任の所在について …………… 128

1. はじめに ……………………………………………………………… 128

　　2．AI 研究開発に関する責任の所在の課題 ……………………… 129

　　3．AI 研究開発における創作物と創作者 …………………………… 132

　　4．AI 研究開発に関する責任の所在 ……………………………… 136

　　5．おわりに ……………………………………………………………… 141

　Ⅲ．ネット上の権利侵害行為に対する情報開示請求権に
　　　ついて ………………………………………………………………… 143

　　1．はじめに ……………………………………………………………… 143

　　2．プロバイダの判断 …………………………………………………… 144

　　3．発信者情報開示請求権 ……………………………………………… 150

　　4．新たな制度設計に向けて …………………………………………… 154

　　5．おわりに ……………………………………………………………… 158

　Ⅳ．インターネットによる知的財産権のユビキタス侵害 …… 160

　　1．ユビキタス侵害とは ………………………………………………… 160

　　2．知的財産事件の国際裁判管轄 ……………………………………… 160

　　3．知的財産事件の準拠法 ……………………………………………… 169

　　4．ユビキタス侵害について（小括） ………………………………… 173

第 3 章　生命科学技術と法 …………………………………………… 177

　Ⅰ．幹細胞を利用した再生医療に関する生命倫理と法規制 … 179

　　1．はじめに ……………………………………………………………… 179

　　2．ゲノム編集技術 ……………………………………………………… 180

　　3．再生医療に関する法規制 …………………………………………… 184

　　4．生命倫理専門調査会での議論 ……………………………………… 192

　　5．法規制にむけて ……………………………………………………… 193

　　6．おわりに ……………………………………………………………… 195

Ⅱ．医療における新しい診療手法と法的問題
　　―遠隔診療と AI を中心に― ……………………………… 198

　1．はじめに ……………………………………………………… 198
　2．遠隔診療，特にオンライン診療とその法的問題について ……… 198
　3．AI の活用とその法的問題点 ……………………………… 208
　4．おわりに …………………………………………………… 212

第4章　環境科学技術と法 ……………………………………… 215

Ⅰ．天気予報の精度向上によって法的責任のあり方は変化
　　するか ………………………………………………………… 217

　1．はじめに ……………………………………………………… 217
　2．問題の所在 …………………………………………………… 218
　3．気象観測及び予報技術の進歩 ……………………………… 219
　4．予報の「はずれ」に対して責任追及をした（しようとした）例 … 221
　5．予報に関する法的責任（責任主体）……………………… 223
　6．予報の「はずれ」に関する裁判例 ……………………… 228
　7．法的責任の可能性に関する検討 ………………………… 235
　8．まとめ ………………………………………………………… 247

Ⅱ．微小操作技術の発展による環境リスク対処 ……………… 250

　1．はじめに ……………………………………………………… 250
　2．リスクの所在 ………………………………………………… 252
　3．高度な技術 …………………………………………………… 257
　4．まとめ ………………………………………………………… 265

Ⅲ．ドローン（無人航空機）の利活用と規制の現状 ………… 267

　1．はじめに ……………………………………………………… 267
　2．法整備の経緯と法の概要 …………………………………… 268

3. 国会審議での論点 ………………………………………………… 270

4. 今後の課題 ………………………………………………………… 278

5. おわりに …………………………………………………………… 281

事項索引 ……………………………………………………………… 284

判例索引 ……………………………………………………………… 288

先端技術・情報の企業化と法

序　章

　人類が初めて石を手にし，それを道具として使ったのは，今から約 200 万年前と言われている。いわゆる打製石器である。その後，打製石器から磨製石器へと進化し，石器時代から青銅器への時代へと移っていった。そして，今からおよそ 3200 年前に，古代オリエントのヒッタイトが鉄器を製造し，3000 年を経て，18 世紀半ばから 19 世紀にかけて，人類は，ジェームズ・ワットの蒸気機関に代表される産業革命の時代を迎える。その後，科学技術の急激な進歩とともに社会も大きく変化し，人類は，テレビ，半導体，コンピュータ，スマホ等のハイテク製品を次々に発明し，今や，本格的な人工知能（AI）や遺伝子組み換え操作，ゲノム編集の時代を迎えようとしている。

　特に，AI は，近時のディープラーニング（深層学習）やニューラルネットワークの進展により，機械が人間の能力を凌駕する時代に突入した。このまま科学技術・情報，特に AI が急速に進展すると，AI が AI を生みだす時代となり，すべての分野において AI が人類にまさる時代が遠からず来るという警鐘もある。すなわち，2045 年に到来するかもしれないという，レイ・カーツワイルの提唱する，いわゆるシンギュラリティー（技術的特異点）の到来である。こうなると，人類と AI は共存できるのかという素朴な疑問が生じ，これについては，故スチーブン・ホーキング博士やステラ CEO のイーロン・マスクが警鐘を鳴らしている。

　また，21 世紀は，ES 細胞や iPS 細胞，ゲノム編集技術である CRISPR/CAS9 などのバイオテクノロジー技術により，再生医療や遺伝子操作の分野でも，大きな進展がみられた。極論すれば，これらの技術により，デザイナー・ベイビーに代表されるように，人類は自分自身の肉体を改造し，不老不死の肉体を得ることができるかもしれない。

　このように，今まで人類に多大な恩恵をもたらしてきた科学技術は，ここに来て人類に脅威を与える存在になりかねない存在になったとも言える。こ

のことは，20世紀の原子力開発でも同じことが議論された。核分裂によって大きなエネルギーが得られる一方で，原子力発電所の放射能漏れ事故や原子爆弾の製造など，一見，人類に多大な恩恵を与えるものであると思われるものであっても，人類がこれらを正しく使用・コントロールすることは難しく，ややもすると科学技術そのものが暴走しかねない時代へと移って行っている。それは有形なものだけでなく，情報やデータなどの無形なものであっても，その処理の仕方によっては人類に大きな害をなすものになりかねない。

　これらの技術を進展させている主体の多くは，いうまでもなく企業である。2014年に，企業法学会では『企業責任と法―企業の社会的責任と法の役割・在り方―』（文眞堂）を上梓し，企業の社会的責任と法の在り方について真っ向から取り組んだ研究成果を公表したが，その後，企業法学会では，その中でも，「先端技術・情報の企業化と法」という観点からの研究を多角的に行った。本書が，その成果である。

　第1章では，「高度科学技術社会における企業法学の新展開」と題し，研究者はどうあるべきかという点から，研究機関・組織のコンプライアンスに関する諸問題を挙げ，改正産業競争力強化法と大学発ベンチャー支援の課題と方向性について実務的な観点から議論を行っている。また，科学研究の不正問題と研究倫理にも触れ，最新のオープンサイエンスの法的課題，科学研究のデュアルユース問題を取り上げ深く議論を行っている。このように，高度科学技術社会における企業法学について，今後整備すべき問題点を論じ，基本的な論点と問題点，考え方について論じている。いうなれば，本書の総論的議論を行っている。

　第2章では，「情報科学技術と法」と題し，通信技術・AI・インターネット等のデータ通信関連のトピックを取り上げている。具体的には，FRAND宣言した標準規格必須特許に関するホールドアップの問題，AI研究開発に関する責任の所在の問題，ネット上の権利侵害行為に関するインターネット・プロバイダーに対する情報開示請求権の問題，インターネットによる知的財産権のユビキタス侵害に関する問題を題材に，ネット関連固有の諸問題を取り上げ，通信・情報技術と社会のかかわり方について論じている。

　第3章では，「生命科学技術と法」と題し，生命科学技術と法のかかわりについて論じている。具体的には，ES細胞やiPS細胞に代表される幹細胞を利用した再生医療に関する生命倫理と法規制の問題，遠隔診療とAI技術の観点から医療における新しい診療手法と法的問題について論じている。このように，生命科学技術は医療分野と密接にかかわる領域である。

　第4章では，「環境科学技術と法」と題し，環境問題と法のかかわり方について論じている。特に，天気予報の精度向上によって法的責任がどう変わるのか，微小操作技術の発展による環境リスクの対処の問題，ドローン（無人航空機）の利活用と規制の問題について，特筆すべき環境関連の問題を論じている。

　このように，本書は，各論としてネット・通信，生命科学，環境科学の代表的な3分野に対し14の個別の論稿から構成されてはいるが，「先端技術・情報の企業化と法」のすべてを論じるには必ずしも十分とはいえない。しかしながら，これらは現代社会における代表的な問題であり，一貫した統一論題として深く論じられているので，先端技術・情報の企業化と法の在り方を再考するには意義あるものである。

　人類は，AIやバイオテクノロジーの技術を手に入れることにより，人類が今まで経験したことのない時代を迎えようとしている。神の領域に一歩踏み込んだともいえる人類は，これらの科学技術とどう向き合えばよいのであろうか。法は，これら科学技術・情報推進のアクセルにもなればブレーキにもなりうる存在である。今一度，科学技術・情報と人類のかかわりについて，具体的に論じ方向性を見出す時代に来ているのではないだろうか。

（髙田　寛）

第 1 章

高度科学技術社会における企業法学の新展開

Ⅰ. 研究機関・組織のコンプライアンスをめぐる諸問題

―研究者及び研究機関・組織の諸活動に対する法的規律のあり方―

1. はじめに

　現代の大学，特に大規模総合大学では，科学研究を推進するために，各方面から多額の「競争的」な外部資金[1]を導入し，共同研究契約などにより多角的に法律関係を形成しながら，複雑なプロジェクトを運営・展開している。その研究成果については，知的財産として管理するとともに，「大学発ベンチャー」などによる企業化も推進する。こうして，大学は，今や一大事業体の観を呈している。

　ところが，理系中心の研究組織においては，企業経営，財務，法務などの面で専門的なサポートが不足しており，これが，わが国において，研究開発の成果を結実させる上で大きな弱点となっている。つまり，研究は優れたものであっても，これを事業化して社会に価値を生み出していくための，組織的な技術・技能が圧倒的に不足している。これは，大学だけに限らず，わが国の研究機関に共通する事象である。政府や企業による資金的援助の手段は多彩に用意されるようになったが[2]，有望と目されたベンチャーの芽がみす

1　国の制度としては，文部科学省所管の独立行政法人日本学術振興会による科学研究費助成事業（科研費）が挙げられるが，他の省庁からも研究費を支給する制度がある。また，民間の資金もある。〈http://www.mext.go.jp/a_menu/shinkou/hojyo/main5_a5.htm，https://www.jsps.go.jp/j-grantsinaid/，https://www8.cao.go.jp/cstp/compefund/〉（最終閲覧日，令和元年6月30日）

2　「第5期科学技術基本計画」（平成28年1月22日閣議決定）は第5章で「イノベーション創出に向けた人材，知，資金の好循環システムの構築」を掲げている（35頁以下）。〈https://www8.cao.go.jp/cstp/kihonkeikaku/5honbun.pdf〉（最終閲覧日，令和元年6月26日）

みす「立ち枯れて」いくのを多く見るにつけ，基本的な問題状況は今も大きくは変わってはいないとの感を強くする[3]。また，研究活動が多様な社会関係を形成している現状において，コンプライアンス上の顕著な脆弱性も露呈されてきている。

　本稿では，このような認識のもとに，わが国における最近の科学研究をめぐる問題状況を改めて整理するとともに，研究機関・組織に特徴的なコンプライアンス上の弱点の補強を主眼としつつ，その解決の方途を探ることとしたい。

2. 総論

(1)　科学研究をめぐる環境の激変

　近年，日本人科学者によるノーベル賞の受賞が続いている。これは，わが国における長年の地道な基礎研究の成果がいま開花しているものと評価される一方で，将来にわたってこの研究水準を維持できないのではないかと，懸念する声も多い。

　そのような懸念が生じる背景には，最近の科学研究をめぐる環境の急激な変化がある。すなわち，従来，日本の国公私立の大学や研究機関においては，研究資金は必ずしも潤沢ではないにせよ，基本的に，研究者の身分は，いわゆる「日本型長期雇用システム」の上で安定し，長い期間をかけて基礎研究に取り組める素地があった。ところが，最近は，この雇用システムも含めて研究者をめぐる環境は激変し，研究者の身分は不安定化するとともに，研究活動は厳しい競争にさらされるようになってきた[4]。ここでのキーワー

3　株式会社価値総合研究所「平成30年度産業技術調査事業　大学発ベンチャー実態等調査報告書」（平成31年2月）によると，2017年度調査以降に新規設立された企業98社に対し，解散・閉鎖が把握された企業は145社であった（7頁）。事業ステージ別では，単年度黒字の企業は44.2%あるが，累積赤字を解消したものは24.9%である（37頁）。これを，4分の1は累損から脱却したと見ることもできるが，未だ，国の経済を牽引する起爆剤となるような新たな産業の創出に至っていないことは厳しい現実である。〈https://www.meti.go.jp/policy/innovation_corp/start-ups/h30venturereport.pdf〉（最終閲覧日，令和元年6月26日）

4　文部科学省科学技術・学術政策局人材政策課「大学教員の雇用状況に関する調査」（2015年9

ドとしては，産学連携，共同研究，外部資金，競争原理，知財戦略などが挙げられる。

　最近の流れを一言で表現すると，資金を重点的に配分し，スピード感をもって成果を形にすることが求められていると言える。これは，国の科学政策の意識的な転換によるものであるが，その選択の方向性が長期的に見て成功を収めるかどうかは，現時点ではわからない。ただ，現実論として，これが国際的な潮流となっている中で，わが国だけが無関係でいられるとも思えない。研究者のイメージは，旧来は，俗世間から離れた静寂な環境で真理の探求に専心するというものであったが，現代では，（とくに中心研究者，研究リーダーは）資金調達，契約締結交渉，事業実施にまつわる様々な連携・調整など，まさに現実社会の濁流の只中で格闘しなければならない状況になっている。

　この急激な変化の中で，すでに様々な歪みや問題点が生じ始めており，それに対する対応策を検討することが喫緊の課題となっている。すなわち，法的見地からは，研究の場が厳しい紛争の舞台となりつつあって，旧来の“牧歌的な”認識を改め，研究機関のガバナンス，コンプライアンス，リスク管理のあり方など，その全般を問い直す必要があると考えられる。

⑵　研究活動の主体と基盤

　研究活動の主体は，いうまでもなく個々の研究者である。しかし，少なくとも最先端の科学研究に関して言えば，いずれかの研究機関に所属して，組織を構成しなければ，現実には研究活動はできないのが実情である。科学研究の大規模化・組織化は時代の趨勢であり[5]，資金の受け入れと支出，研究資材・装置の調達と維持管理，研究活動やその支援業務に従事する人員の雇

　月）からは，若手教員について無期雇用の減少と有期雇用の増加（無期雇用の教員は高齢化）の傾向が見て取れる。財源は，大別して，無期雇用は基盤的経費等により，有期雇用は競争的資金等の外部資金によってまかなわれる場合が多い（6〜13頁）。〈http://www.nistep.go.jp/wp/wp-content/uploads/NISTEP-RM241-FullJ.pdf〉（最終閲覧日，令和元年6月26日）

5　文部科学省研究振興局学術機関課「学術研究を取り巻く動向について」（平成29年2月6日）には，大型プロジェクトの推進の基盤として学術研究の共同化の推進がうたわれている（8〜13頁）。〈http://www.mext.go.jp/b_menu/shingi/chousa/shinkou/025/gijiroku/__icsFiles/afieldfile/2017/02/17/1382206-1_1.pdf〉（最終閲覧日，令和元年6月26日）

用と管理等々，研究活動の組織化は避けられない現実である。それらの権利
義務の帰属点（構成基盤）であって，研究活動をマネジメントし統括する法
的主体となる研究機関の重要性はいやまして高まることになる。そこで，研
究者個人と研究機関との関係が，検討における1つの軸となる。

　なお，本稿では，対外的な権利義務の主体として法人などの形態をとって
現れるものを研究機関，1つの研究機関内において又は複数の研究機関にわ
たって研究活動を遂行するために連携した人の集団（チーム）を研究組織と
称することとする。

⑶　研究者の職業的特質と研究組織における行動様式

　専門職業人には，その職業・職種ごとに，特有の気質・気風ないし傾向性
がある[6]。研究者について言えば，自主自律の気風が強く，外部から縛られ
ることを嫌う傾向が見られる[7]。この傾向は，制度的に学問研究の自由を享
受できる大学教員において最も顕著であるが，国や企業の研究機関に所属す
る研究者も，基本的に同じ気質を共有している。これは研究活動の本質に根
差すものであって，制度上の指揮命令のいかんによって本質的な差異は生じ
ない[8]。

　このような研究者気質に対応して，また，メンバー各自がいかんなく能力
を発揮するために，研究組織（研究チーム）は，リーダーを中心とした比較
的フラットな円盤型構造をとることが多い。しかし，他方で，研究機関の制
度枠組は上命下達の階層構造を要請することがあるので，この間にある種の
コンフリクトが生じる素地がある。現代の科学研究のあり方として，研究者
は個人で仕事をするのではなく，チームで仕事をすることがほとんどであ
る。そうであれば，組織との矛盾・相克は避けて通れないわけであるが，こ
こで，組織の取り回しのための特別な技能が必要となる。

6　これは，各人の個性とは別に，それぞれの職業・職種の養成過程や職業生活を通じて共通的に
　形成されるもので，職業倫理とも結びついた「職業的人格」と呼ぶべきものである。
7　これは，高度の専門知識・技能を必要とする職業人に共通する気質である。
8　もっとも，「一人前の」研究者になる前の，養成過程にある者については，専門職業にありが
　ちな「徒弟修業」的な不自由さがつきまとい，自主自律が十分に実現される場面はむしろ少な
　い。

⑷　研究機関の存立形態

　研究機関は，その存立形態に着目すると，国公私立の大学，国立の研究機関，民間（私立）の研究機関に分類できる。

①　大学

　研究機関として大きな位置を占めるのが大学である。大学は，学校教育法上の学校であり，学生の教育にあたることも大きな使命である。大学自体が研究機関であるが，さらに大学の附属機関として研究所が設置されることもある。

　大学の設置者たる法主体としては，国立大学法人，公立大学法人，学校法人がある。国立大学は，もとは国が設置者であったが，国立大学法人（独立行政法人の一種）の制度が創設されたことにより，平成16年度からは法人が設置者となった。公立大学も，同様に，地方公共団体（直営）から公立大学法人に移管された。この制度改正は，大学の運営を国・地方の政府から独立の法人に委ねることにより，活動における自主性・自律性を強化し，もって研究教育活動の活性化・高度化を目指したものである。ただ，反面，財政的な自主性・独立性も求められるようになり，自主財源の確立を模索するとともに，運営費交付金の削減分を外部資金の積極導入により補うという流れになる。さらに，法人化によって，自主的かつ機動的に大学間の統合・連携（組織改変）を促進することも，新制度の狙いの1つである。

　国立大学法人の一種として，大学共同利用機関法人がある。もともと国立大学共同利用機関として設置されていたものが，大学とともに独立法人化れたものである[9]。

②　国立の研究機関

　国立の研究所は，もとは国に直属する形で（各省庁の部局として）設置さ

9　人間文化研究機構，自然科学研究機構，高エネルギー加速器研究機構及び情報システム研究機構の4機関（法人）がある。これらの法人の傘下に，さらに国立天文台，国立極地研究所，国立情報学研究所，国立遺伝学研究所などの研究所が置かれている。〈http://www.mext.go.jp/b_menu/link/daikyou.htm〉（最終閲覧日，令和元年6月26日）

れていたが，独立行政法人制度に基づき，その多くが法人化された。その後，国立研究開発法人という種別が新設され，独立行政法人のうち，研究機関としての性格を有するものは，この形態をとることとなった[10]。なお，国立の研究所のうち，（行政と一体化して政策立案とその前提となる調査・研究を担うものについては）独立法人化されることなく，国の直営（省庁の部局）として残ったものもある[11]。

③　民間の研究機関

国公立以外で独立の「研究所」としては，かつては，社団法人や財団法人という公益法人の形態をとるものが多かった。その後，公益法人制度が整理され，一般社団法人，公益社団法人，一般財団法人，公益財団法人という四種の法人が認められるようになった[12]。これに伴い，従前の社団・財団法人は，それぞれ一般か公益か，いずれかの形態への移行を迫られることになった。もとは公益法人だったものが，国立研究開発法人に移行した例もある[13]。

民間では，企業の研究開発部門の活動が大きな領域を占める。名称は「研究所」のほかに，研究本部等と称するものもある。いずれも，位置づけは株式会社の一部門である。営利企業の枠組みの中で，最終的には企業の収益に還元されなければならないという制約はあるが，基礎研究の分野で学術的貢献を目指すものもある[14]。しかし，多くの場合，企業秘密・営業戦略の観点

10　「独立行政法人通則法の一部を改正する法律」（平成 26 年法律第 66 号）による。同法は平成27 年 4 月 1 日に施行された。

11　国土交通省国土技術政策総合研究所〈http://www.nilim.go.jp/〉，文部科学省国立教育政策研究所〈https://www.nier.go.jp/〉など。（最終閲覧日，令和元年 6 月 25 日）

12　一般社団法人及び一般財団法人に関する法律（平成 18 年法律第 48 号）と公益社団法人及び公益財団法人の認定等に関する法律（平成 18 年法律第 49 号）による。

13　理化学研究所は，当初は財団法人として設立されたが，特殊法人，独立行政法人などの変遷を経て，現在は国立研究開発法人となっている。同研究所は，研究成果の事業化において，多くの事業会社を生み出した点で特筆に値する。〈http://riken.jp/about/history/〉（最終閲覧日，令和元年 6 月 25 日）

14　例えば，三菱化学生命科学研究所は，化学メーカーである三菱化成工業（現・三菱化学）株式会社の子会社として 1971 年に設立され，株式会社形態のもとでライフサイエンス領域の基礎研究を行っていたが，2010 年に解散した。〈https://www.m-chemical.co.jp/news/kagaku/2008/20080324-1.html#tmp1〉（最終閲覧日，令和元年 6 月 25 日）

から，研究成果の発表が制約を受けることがあるのが，国公立の研究所や大学と異なる点である。また，企業に採用されて，当初は研究部門に配属されても，人事異動により研究職以外に配転されることがあり，雇用契約上，研究者としての職種の限定は，国立研究所等に比べると，一般に弱いことが多いと思われる。

　学会（学術研究団体）は，一般には，各機関に所属する研究者の横断的なフォーラムとしての性格が強いが[15]，時には，独自に，あるいは外部からの委託を受けて，一定の研究活動を行うことがある。その限りでは，研究組織（あるいは研究機関）に位置づけることができる。また，学会は，任意団体ないし法人格のない社団であるものが多いが，中には法人格を有するものもある[16]。団体をめぐる法律関係を強固で安全なものにする上で，多数の会員の個人情報を保有・管理し，不動産や預貯金などの資産を自らの名義で所有・管理するとともに，多くの相手方との取引関係を展開するためには，法人化は効果的な手段である[17]。

⑸　研究機関の組織的特質

　研究機関の設置形態には様々なものがあるが，研究を行うという業務内容の要請により，おのずから共通の組織的特質もある。一般的な傾向として，独立心の強い研究者の集まりとして，組織としては比較的フラットであり，統制が弱いことは前述した。加えて，研究活動を支援する事務部門は一般に小規模であり（しかも，国の行財政改革の流れの中で一貫して縮小傾向にある），プロジェクトが大規模・複雑化する状況において，恒常的に負担が過重になっている。とくに，対外的な契約トラブルや何らかの事故が生じたりすると，その脆弱性を露呈する。

15　日本学術会議は，「協力学術研究団体」の制度を設けているが，本稿で取り上げる「学会」はこれに限るものではない。〈http://www.scj.go.jp/ja/group/dantai/index.html〉（最終閲覧日，令和元年 6 月 25 日）

16　例えば，土木学会は，大正 3 年に社団法人として設立され，平成 23 年に公益社団法人に移行した。〈http://www.jsce.or.jp/outline/index.shtml〉（最終閲覧日，令和元年 6 月 25 日）

17　法人格がなければ，不動産の所有名義人となることはできない。預貯金についても代表者などの個人名義（肩書付）にならざるをえない。法人格がない団体でも訴訟提起は可能であるが（民事訴訟法 29 条），法人格があれば手続が簡便であることは言うまでもない。

⑹　現代の社会状況下における研究活動の実情

　現代の科学研究は，物理学などの基礎研究であっても，加速器やスーパー
コンピュータをはじめとする大がかりな施設・設備を用いた一大プロジェク
トになる場合がある[18]。いわんや，宇宙開発や創薬などの応用領域では，予
算や人員の規模が巨大化することは避けられない。しかも，大規模な研究プ
ロジェクトは，複数の研究機関にまたがり[19]，多数の研究者が参加する国際
的な共同研究の枠組みを構成することも珍しくなくなってきた[20]。

　このような研究費用の巨額化に対し，政府としても，広く満遍なく予算を
配分するのではなく，選択と集中の原理により，効率的・重点的な予算執行
を目指すようになる。他方で，巨額の国費を投入する以上，研究成果は厳正
に検証されなければならないが，民主制国家においては，費用対効果比のい
かんは「政治」の問題に直結するため，どうしても短期間で目に見える成果
が求められるようになってくる。しかも，国の財政状況が全般に厳しさを増
す中で，科学技術予算についても常に緊縮の契機を孕み[21]，選択と集中の傾
向は確固たる流れになっている。また，外部資金たる科学研究費の枠組みと
して（研究機関の経常的経費とは異なり），当該資金にかかる研究期間が定
められているのが通常であるので，その期間内に一定の「成果」を出さなけ
ればならない（当該期間内に何らの見通しも示せなければ，以後の資金は得

18　例えば，素粒子研究のための巨大な観測施設として「スーパーカミオカンデ」がある。〈http:
　//www-sk.icrr.u-tokyo.ac.jp/sk/〉（最終閲覧日，令和元年6月25日）
19　前出「第5期科学技術基本計画」（平成28年1月22日閣議決定）（29〜45頁）。前出・文部科
　学省研究振興局学術機関課「学術研究を取り巻く動向について」（8〜13頁）。
20　例えば，高エネルギー加速器研究機構（KEK）によるBelle II実験には，2018年11月時点で
　「世界26の国と地域からの113の大学・研究機関に所属する約900人の研究者が参加」してい
　る。〈https://www.kek.jp/ja/Facility/IPNS/Belle2/〉（最終閲覧日，令和元年6月26日）
21　総務省統計局「統計でみる日本の科学技術研究」（令和元年5月）によると，平成26年度以
　降，総額は横ばい，対GDP比は減少傾向であったが，平成29年度は増加に転じた。（1頁）。
　〈https://www.stat.go.jp/data/kagaku/kekka/pdf/30pamphlet.pdf〉（最終閲覧日，令和元年6
　月26日）
　　また，文部科学省科学技術学術政策研究所「科学技術指標2018」（2018年8月）「1.2.3 日本
　の科学技術予算」によると，1900年代には，科学技術関係経費の伸び率は一般歳出の伸び率を
　上回っていたのに対し，2010年度を過ぎると下回る状況もあったが，2018年度は大きく上回っ
　た（41頁）。〈http://www.nistep.go.jp/wp/wp-content/uploads/NISTEP-RM274-FullJ.pdf〉
　（最終閲覧日，令和元年6月26日）

られない可能性が高い）という制約もある。もっとも，このような短いスパンの成果主義は，教育ないし人材育成という見地からは懸念があることは前述した（上記1.）。

　いずれにせよ，研究機関は，多額の（ときに巨額の）研究資金を外部から受け入れ，これによるプロジェクトの管理・運営を担っていくことが任務となっており，その活動は複雑・高度化する傾向が続いており，そのための能力を備えることが求められている。

　上記の考察から，リスクの所在は明らかである。科学研究の高度化・大規模化，また，背景としての研究環境の複雑化，競争原理・成果主義の強化という困難な状況に対し，バックヤードを担う支援スタッフや事務部門の脆弱性が目立っており，優れた研究成果があってもこれを社会に展開できないばかりか，それ以前の問題として，研究者が過重な事務負担を負うことにより，研究プロジェクトの推進自体に支障をきたすことさえ懸念される。

⑺　企業法務の一領域としての研究法務

　科学研究は1つの社会・経済的活動であって，その側面からは，民法・商法・刑法等の一般法[22]によって規律されざるを得ない。研究プロジェクトは，実験施設の土地建物の賃借，装置・器材の購入，スタッフの雇用等の多数の契約関係から構成されており[23]，契約内容の解釈において科学の知見が援用されるにせよ，契約関係自体は一般法が規律する世界である。また，何らかの事故が起きれば，損害賠償等の問題が生じる。そして，科学研究の大規模化に従って，法的規律を要する領域が急速に拡大しているのが，現在の状況である。

　したがって，この社会活動としての研究の側面を正面から捉え，企業活動

22　本稿では，後に「世俗の法廷」と「科学の法廷」を対比するが，ここでは，世俗の法（国の裁判所で適用される実定法）を一般法と称する。

23　企業間の取引では，賃貸借，売買などの有償契約が原則であるので，何に対していくら払うのかという関心から，おのずと契約関係が強く意識される。これに対し，国立の大学や研究所などでは，例えば，共同研究において，施設・設備やマンパワーなどを相互に無償で利用する（させる）場合があるが，ここで，法律関係の検討（紛争の予測までを踏まえたもの）が甘くなることがある。

における法的規律（企業法務）の考え方を積極的に導入する必要がある。研究が世俗化して利益追求に走っているとの非難は当を得たものではなく，研究活動にもともと備わっていた社会・経済的活動ないし取引行為としての側面がクローズアップされ，その重要性が意識されるようになったと捉えるべきである。

　以上の総論的考察を踏まえ，以下には，各論として個別の問題を題材に検討することとする。

3.　各論

(1)　研究機関・組織をめぐる問題

①　フラットな組織の弱点

　研究者組織が比較的フラットな組織形態をとることが多いことは総論で指摘した。これは，一面，平等で民主的な組織形態であると言えるが，実は固有の弱点も内在している。

　研究者集団は，もともと各自の個性が強く全体のまとまりが悪い傾向があるので，リーダーシップが弱いとミッションの完遂はおぼつかない。リーダーないし中心研究者が強いカリスマ（ここでは，人格的特性もさることながら，学術業績が大きくモノを言う。）を有する場合，そのカリスマの求心力によってチームが結束して（個性の強いメンバーが束ねられ）よい結果を生む例は少なくないが，リーダーが独裁化・独善化する中で，後述する雇用関係上の問題も背景にあって，一部のメンバーは黙認・屈従し，他のメンバーは離反することで，内部に派閥対立が生まれるなどして，全体が統御不能となることもある。

　後者の現象はフラットな組織構造と関連する病理であるが，組織内で効果的な合意形成ができないことは，この組織が自己統御のための運営技能に習熟していないことを物語っている。このような組織の弱点を放置すると，「アカ・ハラ」，「パワ・ハラ」事件の温床となることも多い（後記(2)②③）。

②　サポート体制の弱体

　研究計画の立案は研究者の領分であるので，何にどれだけの資金が必要で，何をいつ購入し，誰（どこ）に何を任せるかなど，研究の内容に関わる事項は研究者でなければ決められない。ところが，研究者は[24]，高度に知的な人材であっても，自分の専門領域以外のことには概して疎い（どこが疎いのか，自覚されていないことも多い。）ので[25]，契約や人事労務等の事務的な問題で遺漏が生じることがある。

　この側面は事務部門がサポートするのが制度上の仕組みであるが，契約で取り扱う内容が高度に専門的で複雑なものであるのに対し，事務部門のマンパワーは概して脆弱であり，また，研究の専門的内容についての理解ないし情報共有，また，事務職員と研究者との連携が十分でないと，種々のトラブルが発生することになる。

　本来は，研究に関する契約事務についても，専門人材の育成が急務であるところ，大学等における全般的な人員削減の流れの中で，プロジェクト単位の（つまり，期間限定の）科学研究費を予算原資として雇用された任期付きや非常勤の職員に大きく依存しているのが実情であって，知識・経験の蓄積が進んでいない。

③　マネジメント強化の必要性

　事態を打開するには，もっとも単純には，潤沢な資金があって十分なスタッフが確保されればよいのであるが，現実問題としては，いかなる分野でも予算の制約を免れることはできず，科学研究の領域も例外ではない。伝統的なアカデミズムの世界では，科学は世俗の利害を離れて真理に奉仕すべきとの観念があったが，これを現代的に理解すると，目先の利益に囚われていては真に優れた研究は生まれないとしても，研究が現実社会に何も価値をもたらさなくてよいわけではないということになる。現代における課題は，時

24　この傾向は理系・文系を問わないが，法学の専門研究者も例外ではない。実務経験がなければ，紛争のパターンや詐欺の手口等の実情に精通しているとは限らない。

25　そのような教育・訓練を受けていないのだから当然のことではあるが，わが国では，研究者に限らず，市民一般に対する法教育の充実（契約に対する考え方など，基礎的な法的センスの涵養）は重要な課題である。

間と金と人手を要する基礎的研究を，成果が生まれるまでいかに持続させる
か（もちろん，いかに早く成果を出すかも重要であるが）というジレンマの
克服であり，そのためには，研究活動の実情に精通した高度のマネジメント
能力が求められることが，もっと強く意識されるべきである。

　従来は，そのマネジメント能力は中心研究者が備えるべきものと考えられ
ていたが，最近は求められる能力の水準は著しく高度化し，マネジメントに
要する事務量も激増している。現代の研究者は，リーダーになるためにはこ
の種の能力を意識的に高めなければならないが，そのための十分な教育・訓
練の機会は，未だ制度的に用意されていない。また，マネジメントは今や研
究活動の重要な一部であるとは言え，これに忙殺されているようでは研究本
体がおろそかになりかねない。

　つまり，研究活動を1つのビジネスとして捉え，専門スタッフをそろえて
組織的に推進する体制を持たなければならず，そこには企業経営の視点が必
要になる。もちろん，一般の営利企業とは異なる研究独特の内容があるの
で，研究に特化したマネジメントのシステムを構築することが急務であると
言える。この点，近年の博士課程増設の流れを背景として，博士課程修了者
の中から研究者ではなくて研究活動をマネジメントする専門人材を養成しよ
うとする動きがある[26]。しかし，専門職として明確に位置づけ，それにふさ
わしい処遇するのでなければ，上記の要請に応える優れた人材を安定的・継
続的に輩出する流れは形成されないであろう[27]。

26　文部科学省では，University Research Administrator（URA）の育成を推奨・支援している。
　〈http://www.mext.go.jp/a_menu/jinzai/ura/〉（最終閲覧日，令和元年6月26日）
27　この問題に対する調査・提言として，慶應義塾大学大学院 システムデザイン・マネジメント
　研究科プロジェクトチーム「平成27年度 文部科学省委託事業 研究マネジメント人材の育成に
　向けた調査分析事業報告書」（2016年5月30日），三菱総合研究所「リサーチ・アドミニスト
　レーター業務の自立的運営に向けた調査・分析」（2016年3月）などがある。〈http://www.mext.
　go.jp/component/a_menu/science/detail/__icsFiles/afieldfile/2016/05/30/1371319_001.pdf,
　http://www. mext. go. jp/component/a_menu/science/micro_detail/__icsFiles/afieldfile/2016/
　05/13/1369880_001.pdf〉（最終閲覧日，令和元年6月26日）

⑵　研究者の養成及び雇用の複雑化に伴う問題

①　若手研究者の問題

　大学における大学院重点化の流れの中で，大学院の学生定員は激増したが，研究者の需要が量的に増えたわけではない。研究者を目指して大学院に進学しても，研究者への道は狭き門である[28]。しかも，若手研究者のポストは，プロジェクトに対応した任期付や非常勤など，身分の不安定なものが多い。大学でも，テニュア・トラック（後述）を経て安定したルートに乗れる者は良いが，任期付や非常勤を繰り返し，様々な機関・プロジェクトを渡り歩くループに陥る者は少なくない。制度的には，厳しい競争を勝ち進む中で鍛えられ，優れた人材が輩出されることが期待されているが，基礎を築くべき時代に成果を気にせずじっくり取り組む余裕がないことは，人材の層を厚くするゆえんではない。

②　雇用の多様化・複雑化の問題

ア　非正規雇用の常態化

　わが国全体としても，いわゆる「非正規雇用」が問題視されているが，最近の学術研究の世界では，とりわけ任期付の教員・研究員，非常勤の事務補佐員など非正規雇用によって，大きな部分が常態的に担われるようになっている。

⑺外部資金「見合い」の研究者の増加

　基盤的経費が削減され，外部からの競争的資金の比重が増えると，新規の雇用は主として後者の資金を原資とする方向に向かわざるをえない。そして，これらの資金は，プロジェクトごとに支給されるもので，支給期間が定められているのが通常であるから，雇用もこれに対応して有期雇用にならざるをえない。こうして，任期付の教員・研究員が増大することになるが[29]，

28　科学技術・学術政策研究所「科学技術指標 2018」表 3-4-2「人口 100 万人当たりの博士号取得者数の国際比較」を見ると，主要国の中で，わが国の博士号取得者数が伸び悩んでいる状況が目立っている（125 頁）。〈http://www.nistep.go.jp/wp/wp-content/uploads/NISTEP-RM274-FullJ.pdf〉（最終閲覧日，令和元年 6 月 26 日）

29　大学の教員等の任期に関する法律 7 条 1 項は，大学教員について，労働契約法 18 条 1 項の特例を定めている（無期転換のための期間を，原則の 5 年から 10 年に延長している。）が，これ

期間満了とともに雇用原資がなくなるという不安定さから，任期付の研究者としては，何としても期間内に成果を出して，プロジェクトを継続させるか，あるいは無期雇用のポストを得ようとして，激しい競争を繰り広げることになる。これは，一面，競争原理によって研究を活性化させる効果が期待されるが，他面，過度な競争は，目に見える成果ばかりが追い求められ，地味で息の長い基礎的研究のための環境が破壊されるかも知れない。

　また，研究不正への誘惑，強いストレス（研究が順調に進まないこととともに，身分的に先が見えない不安があり，両者が相乗・連動する。）からくる精神疾患，ハラスメント問題など，種々の副次的弊害を生む背景ともなりうる。つまり，こうした雇用にまつわる研究環境の不安定化は，研究組織のコンプライアンスにとって，潜在的なリスク要因ともなっている。

　とくに，外部の競争的資金は，中心研究者が「自分が獲得した」との意識を強く持っているので（これは，研究遂行に対する責任感と裏腹であるので，あながち非難はできない。），任期付の研究者らについても，「自分が雇っている」との観念（誤解）が生まれる素地がある。研究費は，その所属する研究機関が受け入れるものであり，研究者らの雇用主も研究機関であるので，このような観念は，法的には明らかな誤りであるが，事実上，中心研究者の発言力・影響力が大きくなる中で，ときにはハラスメント問題に発展することもある。ハラスメントの態様は，研究者に対する「アカ・ハラ」だけでなく，事務職員に対する「パワ・ハラ」の場合も多い。事務職員にまつわる問題については，後述する（後記(ウ)）。

(イ) 教員・研究者の一般的な有期化の傾向

　最近の資金の問題以前に，大学では，従来から，米国等諸外国の例に倣って，有期雇用を原則化し，特にすぐれた業績を上げた者にテニュアを与える方向に転換しようとする流れがある。このため，前述のとおり，新人・若手ほど有期（任期付）雇用が多くなる傾向がある。なお，「テニュア・トラック」制は，まず，任期付で採用した上で，任期内における業績を審査・評価して，無期雇用への移行の可否を決定するものである[30]。明確なルートに乗

───────────

　は，多くの研究プロジェクトは5年では完結しないという実情を踏まえたものである。
30　国もこの制度を推進しようとしている。〈http://www.jst.go.jp/tenure/about.html〉（最終閲

ることから，「先が見えない」不安は緩和されるが，一般に適用要件は厳しく，競争が激しいことに変わりはない。

　研究者にとっては，「どこで何ができるか」，すなわち自己の研究テーマに適した環境を得ることが，キャリア形成上重要である。そのため，研究者は，もともと雇用における流動性が高く，プロジェクトの期間に見合った有期雇用には相応の合理性がある。しかし，ことさら短期を区切って目に見える経済的成果を求める傾向は，基礎的な科学研究になじまない面があり，過度の競争主義がもたらす弊害も大きい。研究の実施・検証に長期間を要し，直ちには目に見えた経済的成果を求めにくい領域と，競争的環境のもとで，研究成果の迅速な事業化によって短期に投資効果を挙げることを目指す領域とをはじめから区別し，それぞれに適した雇用形態・条件を用意することが必要と思われる。

⑺　事務職員の問題

　研究を支える事務部門については，マネジメント体制が一般に弱体であることは前述したが，経理などの事務部門は，もともと正規の事務職員の数が少ないところから，非常勤の事務補佐員らに大きく依存している。しかし，結果として，非常勤の雇用が長年繰り返され，研究者らも任期付で入れ替わる中，もともと臨時的雇用だったはずの職員に，研究支援に関する知識・経験が蓄積されている状態は，健全なものではない。そうであれば，はじめから，長期の計画をもって，安定的な処遇のもとで，研究業務に精通した事務スタッフ（研究支援職）を養成しておいた方が，価値的である。さらに，そのような支援スタッフが専門性を高めていけば，研究職に準じて，プロジェクトに付き従って移籍していくことも，また合理性を有するようになってくるかも知れない。

　イ　雇用によらない関与形態

　上記は，非正規とは言え研究機関と雇用関係にある者であったが，研究組織（プロジェクト）には，当該研究実施場所である研究機関と雇用関係にない様々な身分の者が参加している。具体的には，他の研究機関等（外国の場

覧日，令和元年 6 月 26 日）

合もある[31]。）に所属する（雇用される）研究者，特定の機関に所属しない（雇用されていない）研究者・研究員（何らかの助成金を得ている場合もある。），大学院生などである。

　これらの者が研究活動に参加する根拠としては，当該研究者の所属機関との共同研究契約であることが多いが，研究計画（科研費申請時）に共同研究者・研究協力者として名前が挙げられているだけで，特段，機関相互間の約定[32]がない場合もある（もっとも，施設利用関係については，それぞれの機関の施設管理上の規制に服する。）。また，大学教員が当該大学の大学院生（学生）を研究に参加させることは，大学と学生との間の在学契約[33]に基づくものと見られるが，他大学等の研究施設で研究に従事するときは，双方教員間の個人的な関係に依拠するだけで，当該大学と他大学等との間（機関相互間）に明示的な約定がないこともありうる（これも，それぞれの機関の施設管理上の規制に服することは同じである。）。

　これらの，事実上，研究チームの一員ではあるが，当該研究機関に所属しない（雇用関係にない）「外部者」については，当該研究機関による雇用契約上の指揮命令権が及ばないことはもとより，生成された知的財産権の帰属や秘密の保持について，就業規則の効力が及ばないので，特に約定がない以上は（不法行為として事後の損害賠償を求めうるとしても）即時のコントロールができないこととなり，当該研究機関にとって困難な問題を生じる危険がある。

　他方，研究者の側からも，研究遂行の過程で事故にあったり，過労により心身の疾病を発症したりした場合に，自己の雇用主に対して補償を求められ

31　東京地判平成23・12・19判タ1380号93頁（イラン人入学不許可事件）。学問研究の公平・公開の理念と，安全保障上の配慮とをいかに調和させるかは困難な問題である。大学における輸出入貿易管理の問題として，機微技術の管理について規制がある。〈https://www.meti.go.jp/policy/anpo/daigaku.html〉（最終閲覧日，令和元年6月27日）

32　秘密保持契約を締結する例は見られるが，機関相互間の約定だけでは，当該行為者を直接規律できないことがある（例えば，その行為者が所属先を退職してしまえば，所属先の指揮命令は及ばない。）。そこで，当該個人から秘密保持の誓約書を提出させることが考えられるが，結局，事後的な責任追及にとどまり，情報漏洩を事前に防止する面では実効性に乏しいと思われる。

33　私立大学において，大学の設置者たる学校法人と学生との間が契約によって規律されるのは当然であるが，国公立大学においても，法人化後は，学生との関係は在学契約によって規律されるようになっており，この点で，大学の設置者による違いはない。

る場合はよいとしても，雇用主を持たない研究員の場合，誰にどのような請求ができるのか，判断が難しい場合がありうる。ただし，ハラスメント問題への対応については，必ずしも雇用関係を前提にしないので，当該機関において調査をとげ，問題の解決にあたるべき責務を負うと解される。

③　ハラスメント問題の多発

　近時，わが国の企業・組織においては，ハラスメント問題が深刻化しているが，研究機関・組織もその例外ではない。それどころか，上述の研究者の特性や研究組織の脆弱性から，ハラスメントをめぐる紛争が多発する傾向があるようである。

　まず，研究者の世界では，古い徒弟修業的な師弟関係が残っている面がある。師匠が弟子を全人格的に薫陶する伝統は，必ずしも否定されるべきではないが，現在の競争的な環境の下で，非正規雇用の若手は将来への不安から強いストレスを抱えており，昔風の「厳しい指導」が感謝をもって受け止められず，かえって，自分を排除しようとする悪意に満ちた圧迫であると捉えられる事象もありがちである。テニュア・トラックにある者や，学位取得を目指す学生も同じである。学位の認定は，純粋に学術的な行為であって，司法審査の対象にはならないが，学位取得の過程において，指導教員からハラスメントを受け，うつ症状を発症した等の申立て（損害賠償請求など）が，（元）学生側から提起されることもある。

　任期付研究者の関係では，任期満了で終任になるタイミングなどで，法的紛争が起こる事例が見られる。研究リーダーとしては，研究本位の立場から，自分の意向を反映させた「ドリーム・チーム」を集めたいと願うものであるが，事は雇用問題であり，研究上の裁量を根拠に人事を強行しようとすると，深刻な紛争を生む契機となる。

　また，研究の支援にあたる事務職員や外部の業者らについても，研究者の側が，対等な協力関係ではなく，上下関係を強く押し出して接したりすると（このような態度も，あながち彼らが知的エリートとして傲慢というわけではなく，妥協のない研究至上主義が淵源になっているようである。），ハラスメント問題に発展することがある。ハラスメントを受けたとの申立てを受け

ると，研究者は，もともと論争的で，批判を受けると黙っていられない習性があるので，メールなどで猛然と反論しようとする。しかし，それ自体がハラスメントの裏書きと取られてしまい，逆効果になることもある。

⑶　研究活動の遂行上の諸問題

　いまや，一大事業所となった大学や研究機関・組織では，日常的に様々な事件・事故・トラブルが発生しており，もはや静寂な「象牙の塔」ではありえない。その，トラブル発生の局面を掲げると，以下のとおりである。

①　研究費の管理

　研究費に関しては，伝統的に「預け金」などの不正経理の悪弊があった。これは，研究者がなじみの業者に架空の請求書を発行させ，これを使って資金管理機関から資金を引き出すというものである。研究者側からは，「資金は，多少名目を偽ったかもしれないが，自分のために費消したものはなく，全て研究に充てたので，やましいことはない。」という弁解がなされがちである。しかし，法的見地からは，これは機関に対する関係で，れっきとした詐欺行為になりうるものであることから，近年，厳しい摘発が行われるようになっているが[34]，この古い病弊が，真に解消の方向に向かっているかどうかは，判然としない。

　このような病理現象は，閉じた世界における意識の弛緩（往々にして，研究至上主義が1つの言い訳になっている。）が，一般人の健全な常識と乖離することで起きたものと見られるが，研究費が巨額化する中で，とくに公的資金を投入する研究については，このような意識の歪み・緩みは厳しく矯正されなければならない（当面の対策としては，研究者の養成課程におけるコンプライアンス教育，また，研究者になってからの研修などが考えられる。）。ただ，不正の手口は概して単純なものが多く，購入したとされる物品の検収が正しく行われていれば，容易に防げたはずのものも少なくないと見られる。その意味でも，資金を管理する研究機関において，研究の実情に精

34　文部科学省は，毎年，不正事案を公表しているが，事案により金額の幅は大きい。〈http://www.mext.go.jp/a_menu/kansa/houkoku/1364929.htm〉（最終閲覧日，令和元年6月29日）

通した経理スタッフ層の増強は重要な課題である。

　なお，不正発覚の経緯は必ずしも明らかではないが，コンプライアンス通報窓口に情報が寄せられる場合も多いと思われる。通報の中には，一見，怪しげなもの，また，個人的な怨念等を動機とすると見られるものもあるが，このようなものであっても，調査の端緒としては重要なヒントを含むことがあり，機関のコンプライアンスを高い水準で実現するためには，「ともあれ，まず，調査してみる」という姿勢が肝要である。

②　契約管理

　研究にまつわる契約としては，スタッフの雇用契約，資材の購入（売買）契約，施設・設備・装置等の賃貸借やリース契約，共同研究契約，秘密保持契約，知財管理契約などがある。

　このような多岐にわたる契約を，研究者のみで締結・管理することは，多くの困難を伴う[35]。とくに，多くの国立研究所が独立法人化され，これらの契約事務（従前は省庁の契約部門が担当していた）を法人が独自に取り扱わなければならなくなったが，そのための要員が不足していることは前述した。大規模プロジェクトでは，施設の建築工事や巨大な装置・設備の発注など，高度な専門知識を踏まえた上で，複雑な入札手続（例えば，提案型の入札など）を経なければならないものも少なくなく，その事務負担は重く，法的チェックも詳細にわたって必要である。さらに，外部資金の導入のために，ファイナンスなど事業実施スキームの検討なども求められる。

　この面でも，支援スタッフを増強する必要性は大きいが，事務職員層だけでなく，必要に応じて，会計・税務・法務の各領域にわたる専門家のサポートを受けられる体制も重要である。これらの専門家についても，科学研究の実情に精通した人材の育成が急務と考えられる。

③　情報管理

　情報管理については，1つの異なる方向性がある。1つは，特許を取得し，

35　法は経験主義的なものであるが，理系の研究者は，法を論理だけで杓子定規に捉えようとすることがある。

事業化していく上で，秘密を厳格に保持しようとする方向である。企業の研究部門は，このような姿勢が基本である。他の1つは，研究成果をいち早く公表して，国民の（広くは人類の）知的資産として広く共有していこうとする方向である。これが，大学や国立の研究機関における，伝統的な姿勢であった。

　ところが，近年では，この2つの方向性が錯綜する領域が広がってきている。すなわち，大学では，研究成果を事業化して（ベンチャー企業を立ち上げるなどして），収益を上げることを目指そうとしているし，国立の研究機関でも，民間企業との共同研究においては，企業と共有する秘密情報を守るべき必要が生じている。逆に，民間企業の側にとっては，国立大学や公的機関との協働研究を通じて情報共有関係が生じ，企業としては秘密にしたいと考えていた情報であっても，公的機関側の情報公開制度を通じて情報が公開される部分が生じる可能性がある[36]。この点は，共同研究関係に入る前に，双方の利害状況や制度枠組みを踏まえ，十分に摺合せをしておく必要がある。

④　知財戦略

　知的財産制度は，知的営為の成果を囲い込んで独占するという本質を持つから，広く知識を共有・利用して科学の発展を図ろうとする要請とは，もともと一定の緊張関係を孕む。

　我が国の大学は，（学問の公開性に対する忠実性からか）古くは知財の問題には比較的淡泊であったが，研究成果の事業化や，企業との共同研究が盛んになってくると，積極的な知財戦略（研究成果について積極的に権利化，主として特許権の取得を目指していくこと）に乗り出すようになっている[37]。国立の研究所においても，集積された情報とこれに基づく研究成果は

36　国立大学法人や独立行政法人は情報公開制度を持っており，それぞれの制度において非公開となしうるものとされている情報以外は，開示される可能性がある。

37　国は，大学等における技術に関する研究成果の民間事業者への移転の促進に関する法律（平成10年法律第52号）を制定し，政策として大学の研究成果の特許化・技術移転を推進している。〈https://www.meti.go.jp/policy/innovation_corp/tlo.html〉（最終閲覧日，令和元年6月30日）。例えば，東京大学では，担当部局として産学協創推進本部を設置している。〈http://www.ducr.

国民の共有財産として[38]，当然に公開すべきものと考えられてきたが，情報公開原則は揺るがないものの，民間との共同研究の必要から，また，何者かによって独占されることに対する防御策として，知財戦略を持つことが求められている。

　研究機関が研究成果を権利化していくについては，単に特許を（取得できるものであれば，ひとまず）取得しておけばよいという単純な思考ではなく，権利の事業化により収益を上げていく方向なのか，成果を（無償で）広く活用してもらうことで，学術研究の進歩，産業の創出支援，疾病予防・公衆衛生の向上，環境保護，防災・安全強化など市民生活上の利益増進をはかるのか，それぞれ目指す価値に応じた適切なスキームが選択されなければならない。とくに，後者の方向性については，多様なスキームがありえ，事案に応じたきめ細かな検討が必要とされる。その場合，特許については，取得・維持・管理に費用がかかるので，権利化に伴うコストと目指す効果との比較衡量も重要である。

⑤　利益相反管理

　国立大学においても，教員の兼業（営利事業への従事）については認められる範囲が広がってきている。とくに，研究成果の事業化を目的とした大学発ベンチャー企業について，当該教員・研究者が代表取締役その他の役員に就任する例も多い。教員・研究者の企業への関与の方式としては，知識・技術の提供があれば足り，必ずしも役員に就任する必要はないはずであるが，企業が出資や融資によって資金調達する場合に，その研究の価値が評価されている関係で，出資契約の内容として，また，融資の条件として（わが国の中小企業向け金融では，伝統的に代表者の個人保証が条件とされることが多い。），当該教員・研究者が代表取締役として関与することが求められることが多い。

---

u-tokyo.ac.jp/ip/index.html〉（最終閲覧日，令和元年6月30日）。また，同大の100％子会社である技術移転会社（株式会社東大TLO）が存在する。〈https://todaitlo.com/〉（最終閲覧日，令和元年6月30日）

38　外国との関係では，学術成果の公開の理念のほかに，安全保障上の配慮（輸出入貿易管理の視点については，先に触れた。）も必要とされる。

　ところで，教員が代表者を務める企業が，その所属する大学と取引関係に
立つことがある。例えば，大学から技術移転を受けて企業が製造した機械・
装置・材料を大学が購入して，研究・教育の用に供するような場合である。
ここで生じうる利益相反の問題については，大学と企業の双方で，それぞれ
内部的に取引内容を開示して所定の承認を経ることで，基本的には解消でき
る。また，競争入札によって他の業者とともに入札に参加する場合も考えら
れるが，入札において不正が疑われることがないように，大学の契約担当部
門においては，とりわけ厳正な手続遂行が求められる。これは入札制度の運
用にまつわる一般的な問題であるといえるが，提案型の入札などでは，提案
内容の評価の場面で，高度の専門技術的な知見が求められ，当該研究者（も
ちろん，評価プロセスに加わることはできない。）でなければわからないと
いうジレンマも生じうる。

　しかし，この契約の原資が，外部の公的資金であるときには，さらにもう
一段の検討が必要である。契約当事者間で利益相反が回避されたとしても，
公的資金の支出として，当然に適正と言えるとは限らないからである。この
点，競争入札であれば，一般には契約の公正は確保されているとみられる可
能性が高いが，随意契約については，当該業者と契約する必要性・合理性が
慎重に検証されなければならない。具体的には，同種・同等の性能・品質を
もつ代替品が市場に存在しないこと，価格が（推定される原価や適正な利益
に照らし）不当に高いとは見られないこと等の要素を考慮することになろ
う。ただし，前者の判断は比較的容易であるが，後者の要素については判断
が困難な場合が多いことが予想される。

⑷　固有の研究法務

　研究活動の社会・経済的側面を扱う場面では，その限りにおいて法的には
特別な問題はない。ほとんどが，一般の取引法務・企業法務の延長線上で処
理できるからである。しかし，法が科学研究に関わる場合には，以下のよう
な特有の考察が必要となり，「固有の研究法務」とでも称すべき領域が存在
することが観念される。

①　「世俗の法廷」と「科学の法廷」の峻別

　研究活動には社会・経済的側面があって，これが一般法の規律を受けることは上述したが，純粋な科学の世界は，これとは別の科学固有の論理と倫理によって規律されている。つまり，「世俗の法廷」のほかに「科学の法廷」が観念でき，それぞれ“事物管轄”が異なることが明確に意識されるべきである。ただし，これは理念的な区別であって，現実には，両者はほとんどの場面で交錯している。そして，交錯する場面においてこそ，両者の峻別が必要であるが，これがあまり意識されないために多くの混乱が生じているように思われる。

②　学説の正誤の判断や研究の評価

　ある学説が正しいか誤りか，あるいは研究の優劣に関する評価は，法を適用して解決できる問題ではなく，「法律上の争訟」（裁判所法3条）にあたらないから，裁判所はこれに対する判断を下すことができない。

　ア　学説の正誤

　学説の正誤に関し，抽象的な理念としては，真理は只一つ存在するのかも知れないが，現実の人間が認識できるレベルでは，学会などの科学者たちのフォーラムにおいて，議論が尽くされ，追試によって検証され，現在における通説や定説が形成されていく（ここで学術雑誌，ジャーナルの果たす役割は大きい）。つまり，誤った学説は，学術の世界で批判され，淘汰されていく。ただ，誤ったとされる説でも，有益な議論を巻き起こしたのであれば，学術的な価値はあったと言えるし，いったんは葬られても後の研究によって再評価され蘇るかも知れない。ここは，すべて「科学の法廷」で裁かれるというわけである。

　裁判所は，個別事件の事実認定において，一定の科学的知見に依拠する経験則を用いた推認を行うことはある。しかし，これは，あくまで法的判断（現時の知識水準に照らして，その知見が社会通念ないし一般常識化していると見た上での規範的評価）であり，損害賠償請求や刑罰権の発動を認めるための前提としての，当該事件限りでの判断に過ぎない。法は社会関係を適正妥当に規律するためのツールであって，裁判所はそのような法適用による

事件処理の範囲を超えて，科学的真理を検証して，特定の学説に正当性の認証を与えるような権能はない。

　　イ　研究の優劣

　研究の優劣を審査・判定して賞金や助成金等が支給されることがあるが（懸賞論文など），これも優劣の評価は判定者の学術上の判断が最終的なものであり，いかに多額の金銭が絡むからと言っても，裁判所がその判定の当否を審査することはできない[39]。

　学位の授与も研究成果たる論文の評価に基づいて行われるが，これも学術機関の専権（裁量的判断）に属し，その当否について司法判断が及ばないことは言うまでもない。

　　ウ　誤った学説を発表することについての故意・過失

　法的責任を論じる場面では，多くの場合に行為者の故意・過失が問題となる。しかし，学術の世界では，説を誤ったことが故意に基づくか，過失に基づくかは基本的に問題にならない。「科学の法廷」は学説の真偽だけを判定すればよく，「売名のために（成果を焦って）わざと偽った」などの事情は，関心の対象外だからである（但し後記④イ，ウ）。

③　実験の失敗

　実験に失敗はつきものである。失敗の結果も1つの科学的知見であり，失敗することは，もともと科学的方法論の中に織り込み済みと言える。したがって，失敗したこと自体について，「科学の法廷」においては，何の咎め立ても受けないのが原則である。

　事故を発生させて人の生命身体に危害を及ぼすようなこともあるが，これは，実験の実施に伴う注意義務違反が認められれば，「世俗の法廷」たる裁判所で一般法に基づき裁かれるべきことになる。もっとも，研究倫理に反するような実験方法によって被害を生じさせたようなときは，改めて「科学の

39　当該領域の専門家ではない裁判官は，事実として「判断することができない」ことが多いが，たまたま当該領域の知識があったとしても（例えば，法学領域の研究についてであれば，個人たる裁判官は法律専門家として研究の価値を判断する知見を持っていることがあるが），司法の権能としては「判断してはならない」のがルールである。

法廷」でも断罪されることがある。

　特異な事故の形態としては，蓄積した実験データを誤って消失させてしまうようなことがある。「世俗の法廷」では損害を捕捉・算定できないので不問に付すしかなくても，「科学の法廷」では貴重なデータの消失は，研究を徒労に帰せしめ，科学の発展を遅らせたとして厳しく指弾されるであろう。

④　研究不正[40]

ア　調査委員会

　研究不正も，社会における不正行為とは異なり，科学研究としての不正を問題とするものであるから，基本的に「科学の法廷」の管轄に属する。「科学の法廷」はあくまで観念的な存在であり，多くは学術界における批判・淘汰の機能などを通じて発現するものである。しかし，現実の会議体の形をとることもあり，その典型が大学などに設置される研究倫理や研究不正に関する委員会である。つまり，これらの委員会は，いわば研究不正に関する「特別裁判所」にあたるものと言える。

　この種の委員会のメンバーには，学識経験者として他の領域の研究者や弁護士も含まれることが多いから，学説の検証を行う純粋な学術フォーラムとはやや性格を異にする。これは，研究活動が社会とのかかわりをもつことから「外部者」を加えているものであるが，あくまで研究活動としての適否を審議する点で，国の実定法への違反を問題にする「世俗の法廷」とは異質なものである。もっとも，研究が国法に違反してはならないことは当然の前提であって，弁護士委員が入っていることの意味は，その点のチェック機能も期待されているとは言える。ただし，生命倫理の領域などでは，実定法の単純な適用で答えが出せるようなものはほとんどなく，常に「科学者の良心」に依拠した高度な判断が求められるから，弁護士が弁護士として関与するというより，法律を専門領域とする外部の学識者としての位置づけが強いと思

40　研究不正に関する考え方を示すものとして，平成 26 年 8 月 26 日文部科学大臣決定「研究活動における不正行為への対応等に関するガイドライン」がある。また，平成 27 年 3 月 6 日日本学術会議回答「科学研究における健全性の向上について」は，大学における規程のモデルを掲げる。〈http://www.mext.go.jp/b_menu/houdou/26/08/1351568.htm,　http://www.mext.go.jp/a_menu/jinzai/fusei/1355898.htm〉（最終閲覧日，令和元年 6 月 27 日）

われる。

　イ　論文剽窃（盗用）

　研究不正の1つの類型として，論文剽窃がある。調査委員会では，2つの論文を比較対照して剽窃の有無を判定し[41]，剽窃（盗用）があったと認定されれば，事実の公表，研究業績からの削除，学位の取消しなどに進むことになるが（科学の世界における有罪判決），ここで科学の法廷としては任務終了である。

　ところが，「世俗の法廷」では，これで話は終わらない。現実社会の法律関係としては，対外的には著作権侵害の問題（出版差止め[42]，損害賠償[43]など）があり，所属機関との関係では懲戒処分などが検討に上ってくる。研究不正の認定は，その基本的性質は学術の世界における裁量的判断であるが，これが世俗の世界での責任の根拠にもなりうることから，不正の調査においては，法的判断に資するための具体的事実を収集・認定しておくことが重要である。例えば，論文不正の認定だけであれば，文面の比較のみで足りるかもしれないが，所属機関が研究者を懲戒することも視野に入れると，盗用の意図・目的や行為態様なども検討の対象に入ってくる。

　逆に，著作権の問題としては，著作権者から許諾を受ければ適法に著作物を利用できるが，研究不正の判断においては，名義を偽れば，「ゴーストライター」の書いたものを業績としてカウントできないので，許諾の有無にかかわらず不正と判断される。しかし，この点は，共著論文については，複雑な問題を生じることがある[44]。

　ウ　データの捏造・改竄

　データの捏造・改竄は，研究者にとって最も誘惑的な不正の形態である。

41　文字列の一致は機械的方法により，容易に判別できる（論文剽窃チェックツールとして，iThenticate などがある。）。あとは，両論文成立の時間的先後，引用方法としての適否，行為者の故意・過失等の判断に入るが，これは一種の法的判断を基礎とはするが，その本質は学者・研究者による学術的評価・判断である。

42　著作権法112条。なお，いったん流通に置かれた書籍の回収はきわめて難しい。

43　同法114条，なお，著作権者からだけでなく，準備を進めてきた書籍の出版が頓挫した場合に，出版社や同一書籍の他の著者などからの賠償請求も考えられる。

44　自分は執筆に参加したのに名前が消されている，あるいは，自分は書いていないのに名前が載せられている等々として，論文の削除を求めるといった紛争が起こることがある。

生のデータには，測定上の誤差もあるし，様々な条件を加味した「解釈」の余地もある。その延長線上で，数字の出っ張りや引っ込みを「補正」して，「きれいな」グラフを描きたいとの動機は常に生じている可能性がある。しかし，これは研究の精度が低い（実験の不正確さを推測で補っているので，正確な証明になっていない）というレベルの話であるが，その範囲を超えて，欲しい結論に向けてデータを捻じ曲げるという顕著な病理現象がある。

　研究の価値を論じる場合には，客観的な正誤だけが問題であって，行為者の故意・過失は関係ないが，研究不正を論じる場合には，故意の（意図的な）行為であることが考慮要素となる。行為者の「不正」を問うためにはその意図・目的を無視できないからである。知らない（過失である）と弁解する場合もあるが，そうであれば研究者としての能力を疑われることになるから，行為者にとっていずれにせよ致命的である。

　データの捏造・改竄は，背後に何らかの経済的な動機（名誉心や成果を焦る心理も）がある場合が多い。本来，研究者は真理を探究したいとの職業的本能を持つので，外部的な動機がなければこのようなことはしないからである。

　これに対する「科学の法廷」の対応は，単に誤り（科学的に無価値であること）を認定するだけであるが，「世俗の法廷」での責任追及は極めて峻厳である。例えば，薬効を偽れば，薬事法違反として刑事罰の対象にもなりうるし，実害が生じれば民事の損害賠償は多額に上ることになる。なお，科学研究費を受けている場合，その返納を命じられ，以後の支給対象から外されることがあるが，これは現実社会の経済的関係ではあるが，基本的に「科学の法廷」の管轄に属する。

　エ　研究倫理違反

　非人道的な実験によって得られた成果であっても，正しいものであれば科学的には価値があるはずであるが，そのような実験を許さないのが研究倫理の機能である。つまり，「科学の法廷」では，本来は正誤・真偽のみが問題であったはずであるが，この領域は特別であり，社会的な見地から，そのような研究活動が許されるかを論じるものである。ただ，これは，法的な許容性ではなく（生命倫理などは，法が答えを出していない部分も多い），科学

者としての行動が問われているものであり，科学者がその専門的見識と職業的良心に照らして可否を判断することが基本となる。

　　オ　研究不正の効果

　研究不正は「科学の法廷」の管轄に属し，科学の世界で処断されるのが基本である。しかし，研究不正を構成する同じ事実関係が，実定法の要件（民事の不法行為，債務不履行等の要件，刑事の犯罪構成要件，行政の取締事由）にあてはまるときは，一般社会の利害に関わる問題として，「世俗の法廷」によって裁かれる[45]。

　ここで難しいのは，研究者と所属する研究機関との雇用関係を巡る問題である。機関内の処遇として，不正を働いた者を研究から外すことについては，雇用主たる機関側の裁量の幅が広いであろう。これに対し，解雇まで進むことは，裁判所における現在の解雇権濫用法理の運用状況に鑑みて，かなりハードルが高いと思われる。しかし，不正の内容によっては，研究者としての基本的資質に疑いが生じ，研究の世界に「置いておけない」と思われる場合がありうる。特に，大学の教員であれば，「学生の指導に当たらせてよいのか」という視点もある。その場合，「不正」の認定においては「科学の法廷」の判断が尊重されるべきであるが，この判断を解雇の効力を論じる際に反映させる（解雇権濫用の評価障害事実として重視する）ことが相当であると考えられる。

(5)　研究活動に対する弁護士のかかわり

　上述のとおり，研究活動について社会・経済的活動としての側面がクローズアップされてくる中で，研究機関・組織において，法的な支援が必要とされる場面が増えてきている。そのような流れの中で，大学や研究機関において弁護士資格を有する職員を雇用する例が見られるようになってきた。

　民間では，研究所とは別に法務部門を置く企業では，企業内弁護士の雇用が増加しているし[46]，知財部門やコンプライアンス部門にも従業員たる弁護

45　研究室の支出停止等の措置はその両者にまたがる問題である。
46　日本企業内弁護士協会では，企業内弁護士数の推移を公表しているが，近年その増加は著しい。〈https://jila.jp/material/statistics/〉（最終閲覧日，令和元年6月30日）

士を配置する例が出ているが，企業内弁護士が研究活動の法的支援にもあたっていることが推測される。

　国立の大学や研究所では，その設置基盤が独立法人化する中で，従来のように本省からの法的支援に頼るのではなく，自らの判断で独自に解決を図ることが求められるようになり，それぞれの機関が独自に弁護士に相談・依頼する需要が増加したという背景もある。そこでの弁護士の機関への所属形態としては，総務部門等に事務職員の一種として雇用される場合，研究部門において，教員・研究職の枠組みの中で知財専門職として処遇する場合などがある。また，平成16年に法科大学院制度がスタートしたが，法科大学院を設置した大学では，多くの弁護士が実務家教員として大学と日常的なかかわりを持つ中で，研究・教育にまつわる問題についても，大学から相談を受ける流れが事実上形成されてきた。

　このように，研究活動の支援に弁護士が関与できる基盤は整いつつあると見られるが，その次のステージとしては，研究活動の特質に精通した弁護士層の育成が目標になってくる。そのためには，多くの若手弁護士が研究機関や大学の問題に積極的にかかわることで実地に経験を積むことが有益であるが，研究活動の急速な進展に人材の供給が間に合うかどうかは，1つの問題である。各研究機関において，リーガルサービスを適時に迅速かつ効果的に導入できる体制と整える方向に向けて，一層の意識的な取り組みが望まれる。

4．おわりに

　本稿では，研究機関において研究活動を活発に展開し，これに伴う社会関係を複雑・多岐に形成している状況，そして，研究機関・組織がその状況に対応できていない面があり，顕在・潜在の弱点を抱えている状況を概観した。従来，研究と法は没交渉の時代が長く続いていたが，ここにきて，両者は否応なく密接な関係を持たざるを得ない段階に入っている。この状況を踏まえるときは，研究機関におけるマネジメント機能を強化すべきこと，研究

活動を支援するために法律専門家（弁護士）がかかわるための制度基盤を整えるべきこと，研究支援人材として法務領域に精通した弁護士の育成が急務であることが，早急な対応を要する課題であると考えられる。

（山口卓男[47]）

47　弁護士。弁護士法人筑波アカデミア法律事務所代表。

II. 改正産業競争力強化法と大学発ベンチャー 支援の新たな課題と方向性

1. はじめに

　平成25年12月4日日本経済の再生と産業競争力強化を図るために「産業競争力強化法」が成立した。同法では，産業競争力強化関連施策の推進として国立大学法人等によるベンチャーキャピタル（VC）等への出資を定めたことが特徴的であった。翌年には，東京大学，京都大学，大阪大学，東北大学がそれぞれVCを設立し，4大学の設立したVCを含め多くの大学等により大学発ベンチャーの発掘，投資が積極的になされるようになった（以下「大学ファンド」という）。先の産業競争力強化法に基づく大学ファンドの設置は，『大学のシーズを大学のマネーで大学のガバナンスを効かせる』ことで大学発ベンチャー支援の効果的な運営を目指したものであった。

　そもそも，大学発ベンチャーという言葉が使われ始めたのは平成10年前後で，当時は，アメリカのスタンフォード大学や中国の清華大学などの例が知られていた。日本では，国立大学の独立法人化と相まって，平成13年度に大学発ベンチャー創出を促進するために策定された「大学発ベンチャー1000社計画」において用語としても一般化したとみられる。そのような国の支援もあって，爾来，多くの大学発ベンチャーが設立され，累積では何と2000社を超える数が存在しているとも言われていた。

　しかしながら，その後設立数は減少し，さらに問題であるのは設立された大学発ベンチャーの多くが赤字であり，中にはその後姿を消した企業も少なくないということである。

　その後，平成30年5月16日「産業競争力強化法等の一部を改正する法律」（以下「改正産業競争力強化法」という）により，それまで大学ファン

ドの投資対象は自大学と共同研究等の連携を行っている大学発ベンチャーに限られていたが，自大学との連携に限らず，他の大学や企業との連携等を通じて事業化を進める大学発ベンチャーも対象に加えられ[1]，大学ファンドは一層民間の VC 機能に近いものとなった。

　この変更の背景としては，大学ファンドの経験値が増え実力をつけたからというよりは，自大学のシーズだけでは大学ファンドの運営そのものが厳しいという面もあったことは否めない。また，大学ファンドが投資ステージから回収ステージに移行しつつあり，投資回収のために大学発ベンチャーの株式を売却する段階となった。その結果，当該株式を海外企業が買取るケースも考えられ，あるいは，大学発ベンチャーの出口戦略として大学発ベンチャーに対して上場もしくは M&A を推奨することによって大学発ベンチャーが外国企業の傘下に入るケースも考えられる。こうして，日本の技術・知的財産（権）が国外に流出することとなり，国際競争力強化とは逆の方向となる懸念も出て来る等新たな課題が顕在化しつつある。

　一方，この間の日本の国際競争力は様々な施策を実施したにもかかわらず，その牽引役として大きな力を発揮してきた電機業界の影響力が衰退したこと等もあって遺憾ながら低下の方向に向かっているのが実情である[2]。

　本稿では，改正産業競争力強化法により，これまで指摘してきたいくつかの問題点[3]は改善されたものの，日本の国際競争力強化という原点に戻って，今後の大学発ベンチャー支援策について改めて論ずることとしたい。

1　改正産業競争力強化法 2 条，15〜21 条，国立大学法人法 22 条。上記「大学発ベンチャーのあり方研究会報告書」30 頁「4. 地方における大学発ベンチャー創出・成長のためのエコシステム⑵地方における大学発ベンチャー創出・成長に向けた方策」7 行目参照。
2　渋谷高広『IP ランドスケープ経営戦略』（日本経済新聞社，2019 年）第 1 部第 1 章「日本の『知的財産立国』は，うまくいっているのか」，第 2 章「知的財産活用，日本と欧米との決定的な差とは」に詳しい。
3　企業法学研究 2014　第 3 巻第 1 号「産業競争力強化法に基づく「大学発ベンチャー」設立の課題と対応」（拙稿）大学，TLO，教職員らから知的財産本体の権利譲渡に関する課題に関する 7 頁 19 行目「⑵知的財産価値評価」及び脚注 8 参照。

2. 大学発ベンチャー支援にあたっての実務課題と対応

⑴　改正産業競争力強化法のポイント

　国立大学法人は,「当該国立大学における研究の成果を普及し, 及びその活用を促進…」(国立大学法人法 22 条 5 項) すること及び「当該国立大学における技術に関する研究の成果の活用を促進する事業であって政令で定めるものを実施する者に出資すること」(同条 6 項) がその業務として既に定められており, それを受けて改正産業競争力強化法 21 条 (国立大学法人等の行う出資等業務) には「国立大学法人等は, 当該国立大学法人等における技術に関する研究成果の活用を促進するため, 認定特定研究成果活用支援事業者が認定特定研究成果活用支援事業計画に従って実施する特定研究成果活用支援事業の実施に必要な資金の出資並びに人的及び技術的援助の業務を行う。」と, 従来から変更はない。

　しかしながら, 国立大学は収益事業が行えないこととなっている点との関係につき疑問が生じていた。この点について, 国立大学法人法に定める業務と離れて収益を目的とした業務はできないという趣旨である点が明確にされた結果,「従来の寄附及びライセンス対価として新株予約権や株式を取得することに加え, 大学等が行うベンチャー支援する際のコンサル料, 施設利用料その他収益を伴う事業についても新株予約権や株式取得が可能」と明示され[4], 問題は解決した。

⑵　技術シーズ探し段階における実務課題と対応
　　　―知的財産戦略立案―

　大学発ベンチャーで従来課題となっていたことは, 大学のシーズはその多

4　平成 28 年 3 月 31 日「国立大学法人等が実施できる『収益を伴う事業』の考え方について」(文部科学省高等教育局国立大学法人支援課, 研究振興局学術機関課　事務連絡) 及び平成 29 年 8 月 1 日付文部科学省高等教育局長・研究振興局長通知「国立大学法人及び大学共同利用機関法人が株式及び新株予約権を取得する場合の取扱について」参照。

くが研究段階であり，TLO による一般企業に対するライセンス対象となっている特許権等も基礎的なものが多く，実用化に資するものは少ないと言われていることである。そのため，大学では実用化に向けては単独で行う場合もあるが，通常は企業と個別に共同開発契約等を締結して行っている。

　しかしながら，このようにして生まれた技術成果物の多くは，資金・人材不足，あるいは体制不備等様々な理由により研究開発の継続が断念され，結果として実用化されることなく価値が消滅してしまっているのが実態である。この点，東北大学では，事業化推進投資事業として「ビジネス・インキュベーション・プログラム（BIP）」が導入された。この BIP には，「…これからは，大学の技術シーズに，複数の企業が協調的かつ競争的に開発参加する『大学主導型の事業化に向けた新たな取り組み』を推進することが必要です。それには，優れた技術シーズを見出して，東北大学の知と人材をうまく活用することで，企業にとってより魅力ある，高い成長の可能性ある苗木に育てていくことが可能となるのです。本投資事業では，そのための活動に充てるための共同研究や事業育成のための産学連携の場を提供することを目的に創設された，東北大学による東北大学の研究者と連携して技術シーズを事業化する企業等事業者との活動支援のための資金（ファンド）です…」として，国立大学の新たな取り組み姿勢が述べられ[5]，その成果に大いに期待が寄せられた。

　具体的には，研究開発も当初より当該技術を用いた製品・サービスを想定しつつ，市場調査を含む事業化に必要な各種項目について研究者のみでなく産学連携部門等大学の他の部門と緊密に連携を図る仕組みとした。また，大学発ベンチャーに移転する技術シーズ，すなわち知的財産についてもライセンスすることが良いのか，譲渡することが良いのか等も当該研究者のみにまかせるのではなく，知的財産部門や産学連携部門並びに担当 TLO と出願段階から検討する過程が新たに加わることになった[6]。

5　「東北大学　ビジネス・インキュベーション・プログラム」(BIP)　平成25年度公募実施要領2頁
6　もっとも，大学発ベンチャーに移転する知的財産の発明者である教職員は移転時点で報奨金を得ることになることから，当事者のみに託することは利益相反の観点からも問題となった。今般の文部科学省の事務連絡により，大学発ベンチャーの株式や新株予約権を取得することができる

　今後は，市場調査，知的財産評価，さらには法人化手続き等についても学内の法学，経済・経営学研究者も参画できる仕組みづくりが必要となるが，そのベースにあるのは知的財産（権）であり，この知的財産（権）から生じる収益の極大化を図るためにも出願すべき知的財産とは何か，その方向性はどうあるべきかを踏まえた研究開発計画，知的財産戦略・出願戦略，事業計画自体を先行して作成し，実践に移すことが最も重要であることが再認識され，この点を新たに強化すべきである。

　併せて，現在大学が企業と締結している共同研究開発契約，開発委託契約等技術契約についても，今後の国立大学等の技術成果の利用を通じた社会貢献という視点から全面的に見直しておくこともこの段階で必要なことである。そのためには，研究成果が知的財産（権）という形で我が国に残ることが最も重要であり，知的財産（権）を生み出すための戦略，知的財産（権）が今後どのような方向・分野に生み出されていくのかというマイルストーン・ロードマップが描かれていること，即ち，「知的財産戦略の立案」が重要である。これは，IP ランドスケープ[7]の根幹部分とも言え，シーズを生み出し，ガバナンスを効かせるべき大学のもう一つの重要な役割といえよう。この点については後述の「3.「MT マトリックス」の活用による知的財産戦略立案」（51 頁）を参照願いたい。

　このように，大学発ベンチャー事業を成功させるためには，これらの点を整理することが最も大事であり，これを研究者のみに託するのは実効性が低

ようになったことで選択肢が増えたが，この点のリスクについては変わりない。

7　特許庁では，知的財産部門の人員に対して「知的財産人材スキル標準」を公表した。「知的財産人材スキル標準」とは，「…企業における知的財産の創造・保護・活用に関する諸機能の発揮に必要とされる個人の知的財産に関する実務能力を明確化・体系化した指標であり，知的財産人材育成に有用な「ものさし」を提供しようとするもの…」で，2007 年に経済産業省によって策定された。この中に「IP ランドスケープ」と呼ばれる業務が明示され，その内容は，「①知的財産情報と市場情報を統合した自社分析，競合分析，市場分析，②企業，技術ごとの知的財産マップ及び市場ポジションの把握，③個別技術・特許の動向把握（例：業界に大きく影響を与えうる先端的な技術の動向把握と動向に基づいた自社の研究開発に対する提言等），④自社及び競合の状況，技術・知的財産のライフサイクルを勘案した特許，意匠，商標，ノウハウ管理を含めた特許だけに留まらない知的財産ミックスパッケージの提案（例：ある品に対する市場でのポジションの提示，及びポジションを踏まえた出願およびライセンスの提示等），⑤知的財産デューデリジェンス，⑥潜在顧客の探索を実施し，自社の将来的な市場ポジションを提示する」とある。

く，かつ，リスクが高い。

　そこで，大学の知的財産本部のさらなる関与が不可欠であるというのがこれまでの反省から来た新たな課題である。

⑶　技術移転段階における実務課題と対応
―知的財産移転策と知的財産評価―
①　利益相反マネジメント

　大学発ベンチャー設立にあたり，その事業の基礎となる知的財産戦略立案を含む技術シーズ作り並びにそれらのマイルストーン・ロードマップ策定の目途が立ってくると，次にそれを移転するプロセスが必要となる。その際注意を要する点は，大学教員が大学業務として生み出した研究成果，あるいは，個人として生み出した知的財産をシーズとする場合，そのシーズを事業化するために大学教職員が役員となる企業に対して大学ファンドから資金を提供することになると利益相反問題が生じることである。

　具体的には，①大学による出資先ベンチャー企業の株の所有，②大学や大学基金等に対する出資先ベンチャー等からの寄附の受入れ，③出資先ベンチャーに対する大学施設の貸与，物品の譲渡，④出資先ベンチャー等からの大学による物品の購入，⑤出資先ベンチャー企業等に対する大学保有知的財産のライセンス・譲渡，⑥出資先ベンチャー企業等からの大学へのロイヤルティ支払，⑦出資先ベンチャー企業等の債務状況に応じた寄附の申込み等産学連携活動，⑧上記③～⑦の対価とする株式や新株引受権の受取りがあげられる。

　また，大学教職員との関係では，大学教職員が取引当事者となる上記①，②，④，⑤，⑥，⑦の他，⑨上記③～⑦の仲介の対価等として株式や新株引受権の受取り，⑩大学教職員による投資先ベンチャー企業等への兼業，⑪大学教職員による投資先ベンチャー企業等との共同研究，⑫大学教職員による投資先ベンチャー等からの無償での物品の提供等，大学発ベンチャー設立前から利益相反チェックが必要であり，漏れのないよう利益相反チェックに関する学内の手続き，即ち，利益相反マネジメントが実効性を持つようその手続きを設立準備手続きに入れ込むことが必要である。

②　知的財産価値評価

　国立大学の技術シーズ，すなわち知的財産を活用するためにはライセンス，譲渡等技術移転が必要となるが，その際問題となるのが知的財産の価値評価である。

　知的財産の評価にはその目的により様々な手法があり，評価の目的と手法が合致していることがその前提となる[8]。

　大学発ベンチャーでは，国立大学の保有する知的財産のライセンス権を直接あるいは TLO から付与されて事業を行うこともあるが，国立大学や TLO，場合によっては教職員から権利自体を買受けて行うこともある。投資家の立場からは投資対象ベンチャーがその事業の根幹をなす知的財産について，ライセンス権のみを有している場合よりは自ら当該知的財産そのものを保有している場合の方が事業の安定性の観点からは望ましい[9]。そのため，大学発ベンチャーの事業のことのみを考慮すると，今後は単なるライセンス（通常実施権付与）ではなく，知的財産本体の権利譲渡が主流になるのではないかと思われた[10,11]。

　一方，先に述べた通り，日本の国際競争力強化の面から考えると，大学の技術は日本に残し，大学発ベンチャーを始め，他社には実施権付与することが望ましいのではないか。これこそ，「大学のシーズを大学のマネーで大学がガバナンスを利かす」大学発ベンチャーの本旨に沿う考えである。そのた

　8　IP トレーディング・ジャパン，ワールド・ヒューマン・リソーシス編著『知的財産管理実務ハンドブック』（中央経済社，2004 年）「第 9 章知的財産の評価」468 頁以下（抽稿）に詳しい。

　9　権利侵害に対する対応策として，特許権法第 100 条に定める差止請求権に関し「…特許権は，ある技術情報の独占的な利用から利潤を得ることができる権限であり，侵害に対する対抗手段としては，第一義的には独占性の回復，すなわち差止請求権が問題となる。…差止請求権者は，特許権者と専用実施権者であり，通常実施権者には差し止め請求権はないと解されている。…」（中山信弘『特許法第 2 版』（弘文堂，2012 年）330〜331 頁）。さらに，「…通常実施権とは，特許権者に対して差止請求権と損害賠償請求権を行使させないという不作為請求権であるということができる。」（同書 426 頁）とされている。

10　大学発ベンチャーの将来収益を正しく評価，かつ，捕捉するためには，大学が保有する知的財産を現物出資することが望ましいが，国立大学が当該知的財産を現物出資して大学発ベンチャーの株式を直接保有することは想定されていなかった。しかし，今般の見直しにより，現物出資の対価として大学発ベンチャーの株式，あるいは，新株引受権を受け取ることも可能となった。

11　この点からも，将来収益の判定が難しい段階での売買ではなく，その対価も当該企業の将来価値が化体される株式による方が現実的である。

めには大学がだれにどのような形でシーズを利用させるかということを考えなければならない。これがこれまでの実績を踏まえた新たな課題である。

⑷　事業計画・目論見書作り段階における実務課題と対応
―競争法リスク―

　大学発ベンチャーを設立するためには，投資を仰ぐための提案書，いわゆる目論見書の作成が必要となる。この目論見書には，事業の中核となる技術やサービス，それらを用いた事業モデル，事業の運営組織・マネジメント体制，資金計画，それら経営資源を用いて行う事業から得られる売上・利益，即ち，将来収益予測，当該事業上のリスク等，投資判断に必要とされる情報が記載されていなければならない。

　たとえ優れた技術シーズであっても，投資家は技術シーズ自体に対して投資するのではなく，技術シーズを用いた事業に対して投資するのであるから，この事業計画・目論見書作りは最も重要な作業である。特に，大学発ベンチャー設立では，複数の企業が協調的かつ競争的に開発参加する大学主導型の事業化を目指しているため，従来とは異なる視点から留意すべき事項がある。

①　大学ファンドに対するガバナンスとリスクヘッジ

　先の法施行により，大学ファンドを設立することが可能となったわけであるが，この大学ファンドに対する出資元たる国立大学からのガバナンス維持が要求されている。この目的は，あくまでも大学ファンドが産業競争力強化法の目的に沿って設立・運営され，かつ，大学の技術シーズが十分に社会貢献できるように適正に投資されることに対して大学に責任があるということを明確にするためである。

　さらには，このガバナンスを強化するということは，大学が大学ファンドの投資する大学発ベンチャーについても間接的に社会的な責任を持つということをも意味している。この点は取りも直さず国立大学に降りかかる恐れのある新たなリスクが発生するということであり，どのようなリスクが考えられ，かつ，それをどのようにヘッジするのかということも同時に検討してお

かなければならないということである。

　そこで，ここでは特に独占禁止法に関するリスクを取り上げることとする[12]。

②　独占禁止法上のリスク対応

　大学の有する技術シーズをベースに大学発ベンチャーを設立しようと考える場合，極力多くの企業に参加してもらう方が事業の成功の確度が高まることが多い。特に，大学発ベンチャーでは先に紹介した通り，複数の企業が協調的かつ競争的に開発，事業化に参加してもらう点に重点を置いていることから，自ずと競争者が集まる可能性が高くなる。そのため，事業化検討段階においてもそれら競争事業者（潜在的競争者を含む）が共同で研究開発を行ったり，将来事業の運営について議論したりする場面が出てくる。ここに正にカルテル等の独占禁止法上のリスクがある。

　加えて，大学が主導的に動こうとすると，従来はなかった大学が当事者となるリスクが顕在化することもあり得る。

　前述の通り，これまで大学が直接事業投資を行うことはなかったため，事業化に向けた活動における遵法体制構築については大学は関知せず，事業を行う各企業に任せていたわけであるが，大学発ベンチャー設立準備に対して大学がより深く関与・支援するようになると，そのプロセスにおける遵法体制についても大学が各企業に対して指導，あるいは，注意喚起する必要性が出てくる。

　そのため，初めに遵法体制構築に当たっての新たな取り決め，もしくは，大学からの指針等を提示する必要がある。その取り決め，もしくは，指針には次のような項目が含まれていることが必要である。

①　当該共同行為は競合他社同士による共同プロジェクトであることから独

12　役員兼任問題，広義の法令違反，倒産等のリスクが考えられるが，役員兼任問題は利益相反マネジメントにおいて解決可能であり，広義の法令違反に対するリスクヘッジは新会社設立時のコンプライアンス体制確認プロセスを経ることや設立後の業務監査や取締役会を通じて確認できる。一方，倒産回避については，特に制度的な担保はないが，国立大学の関与が強まること，国立大学ＶＣが国立大学の子会社であること，大学発ベンチャーの役員に国立大学教職員が兼任していること等を考えると，何らかの措置が必要ではないかと考える。

占禁止法に注意が必要であること。

② 各社の営業に関する情報（価格・顧客等）に関する情報交換はしないこと。

③ 当該共同開発以外の技術についての情報交換や，他の技術の研究・開発を互いに制限しないこと。

④ 関与する人員を限定し，交換する情報も最小限にすること。

⑤ 秘密保持契約（事業者）・誓約書（個人）により情報を厳格に管理すること。

等である。

　複数の事業者が共同で行う研究開発は，各社の弱点を補強して新たな技術やサービスを生み出す等，新たな価値を市場に提供することが狙いであることから競争促進効果が認められる。しかしながら，たとえば，共同研究開発の成果物の取扱いに関して制限を課す等競争阻害要因が含まれる場合には問題となる。そのため，公正取引委員会はどのような取り決めが問題となり得るのかその判断基準として「共同研究開発に関する独占禁止法上の指針」（共同開発ガイドライン）を公表している。

　具体的には，共同研究開発実施において参加者の事業活動を不当に拘束し，公正な競争を阻害するおそれがある場合や技術や製品の価格，数量等について相互に事業活動の制限がなされる場合を基本的に規制する前提で，共同研究開発を(1)共同研究・開発の実施，(2)共同研究・開発の成果である技術，(3)共同研究開発の成果である技術を利用した製品，の3つのカテゴリーを定め，それぞれ①原則として不公正な取引に該当しないと認められる事項（白条項），②不公正な取引に該当するおそれがある事項（灰色条項），③不公正な取引に該当するおそれが強い事項（黒条項）について，それぞれガイドラインが示されている。

　従って，実務では，白条項は積極的に活用し，黒条項は徹底的に排除し，灰色条項については専門家の意見も聞きながら修正しながら全体として実効性のある遵法体制構築を作り込んでいくことが極めて重要である。

　また，共同開発参加企業のみでなく，それらの会社以外の者に対する知的財産のライセンス等が事業計画に盛り込まれる場合にはパテントプールも含

図1　ベンチャー設立前段階での競争者間の遵法体制例

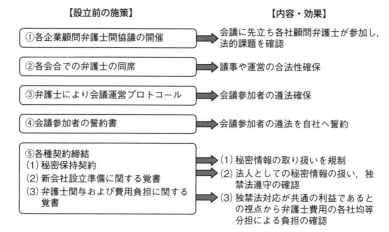

【設立前の施策】　　　　　　　　　　　　　　　【内容・効果】

①各企業顧問弁護士間協議の開催　➡　会議に先立ち各社顧問弁護士が参加し，法的課題を確認

②各会合での弁護士の同席　➡　議事や運営の合法性確保

③弁護士により会議運営プロトコール　➡　会議参加者の遵法確保

④会議参加者の誓約書　➡　会議参加者の遵法を自社へ誓約

⑤各種契約締結
（1）秘密保持契約
（2）新会社設立準備に関する覚書
（3）弁護士関与および費用負担に関する覚書

➡（1）秘密情報の取り扱いを規制
➡（2）法人としての秘密情報の扱い，独禁法遵守の確認
➡（3）独禁法対応が共通の利益であるとの視点から弁護士費用の各社均等分担による負担の確認

出所：筆者作成。

め「知的財産の利用に関する独占禁止法上の指針」（知的財産利用ガイドライン）も適用される前提で遵法体制が構築されなければならない[13]。

　もちろん，複数の競争事業者が大学発ベンチャーを設立・出資するということは，競争事業者間で出資を通じて共同して事業活動を行うということであるので「企業結合審査に関する独占禁止法上の運用指針」も斟酌して設立準備活動をしなければならない。

　一方，競争事業者が出資する場合で，その大学発ベンチャーの事業計画を作成するような設立準備段階においても，さらには当該ベンチャー設立後の事業運営においても，カルテルの側面について遵法体制構築が必要であると思われる。

　そのため，たとえば，大学発ベンチャー設立準備段階では，独占禁止法上の不当な取引制限（事業者が，他の事業者と共同して対価を決定し，維持し，若しくは引き上げ，又は数量，技術，製品，設備若しくは取引の相手方

13　大学発ベンチャーを通じて技術の標準化も目指すような場合には公正取引委員会が別に公表している「標準化に伴うパテントプール形成に関する独占禁止法上の考え方」も参照する必要がある。

を制限する等相互にその事業活動を拘束し，又は遂行することにより，公共の利益に反して，一定の取引分野における競争を実質的に制限すること，独占禁止法2条6項）することのないよう会議の構成や運営について遵法性を確保する必要がある（図1参照）。

⑤　事業推進段階における実務課題と対応

　大学発ベンチャーは，独立して事業運営を行うわけであるが，その際，前述⑶①で述べた利益相反マネジメントが具体的に継続実践される。その経営を担うマネジメント体制は，代表取締役社長を始め取締役や執行役員からなるが，大学ファンドが投資のリードを取った場合には社長は大学ファンドから派遣されることになろう。その場合，事業運営上の様々なリスクをどのように管理するのか，特に後述のようなハンズオン型の投資（p.56参照）である場合には問題となる。

　大学発ベンチャー企業の課題は，企業経営経験豊富なCEO（Chief Executive Officer：最高経営責任者）がいないため，経営難となるケースが多い。CEOは企業の顔であることは間違いないが，実際の経営できる人がおらず，その人材確保・養成が喫緊の課題である。金融機関より人材を得てCFO（Chief Financial Officer：最高財務責任者）として配置するケースもあるが，CFOは資金調達，経営のウォッチングがその役割であり，事業運営そのものは担当できない。

　そこで，一番必要な機能である日々のオペレーションをリーダーシップを持って実行する責任者，即ち，COO（Chief Operating Officer：最高執行責任者）を担える人材確保が必要であり，COOを担える人の育成が不可欠である。当該企業の顔として大学教授や研究者がCEOとして就任することは有用ではあるが，研究者が実質的に能力を最大限生かすことができるポストはCEOではなくCTO（Chief Technology Officer：最高技術責任者）であろう。

　今後は，大学発ベンチャーの各種の事業リスクをどのように管理し，そして，具体的にどのような方法によってヘッジするのか等対策案の検討が急がれる。ポイントとしては，上記の通り，事業推進者たるCOOの選定と育成

の重要性，知的財産戦略と事業計画（資本コストとリターン）との整合性確保，出口戦略と投資形態の整合性，マイルストーン投資に対応した事業戦略策定である。

3.「MTマトリックス」の活用による知的財産戦略立案

⑴ 「MTマトリックス」とは

「MTマトリックス」とは，筆者が山形大学大学院ものづくり技術経営学専攻における「知的財産マネジメント」での講義にて解説している知的財産の創造，保護，活用のための事業戦略，開発戦略，知的財産戦略立案に資する手法の1つである。

　ここで，「MTマトリックス」のMとはMarket：市場を，TとはTechnology：技術・事業単位を意味している。そして，縦軸に企業の技術群を，横軸に市場を置き，それぞれ，現有技術からさらに研究開発を要するものの順に，参入障壁の低いものから高いものの順にそれぞれ並べたものである（図2参照）。

　この「MTマトリックス」は，当該企業の有する技術毎に異なる市場における事業戦略，開発戦略，知的財産戦略を立て，事業の拡大を図るための事

図2　MTマトリックス全体図

出所：筆者作成。

図3　MTマトリックス　エレメント

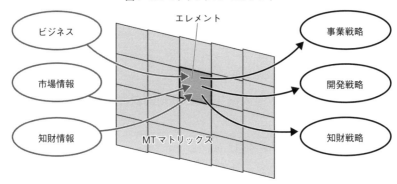

出所：筆者作成。

業計画を策定するためのものであるが，大学発ベンチャーの事業計画策定，目論見書作成にも活用できる。

　さらに，この縦軸と横軸に時間の観念を加えることで，いわゆる投資のマイルストーンや提携の相手先探し，各市場における戦略が共有できることから，大学ファンドにとっても投資判断・モニタリングにも極めて有効なツールと言える。

　「MTマトリックス」の活用により，大学発ベンチャーの事業計画が時系列順に投資家にも理解でき，結果として投資が受けやすくなることを期待している。

　このMTマトリックス図で縦軸と横軸がクロスした各エレメントは，ビジネス情報，市場情報，知的財産情報を作成段階で盛り込むことになるが，そのように作り込むことで，事業，開発，知的財産という密接に関連する業務に対して，各ステージでの技術レベルと市場への参入度合いとに基づき，オンリーワン領域，業界リーダー領域，単独での市場参入領域，協業による市場参入領域および未参入領域のいずれかに定義づけられる（図3参照）。そのため，縦軸，横軸の設定が最も重要な作業となる。

【参考事例】

　このMTマトリックスを用いてベンチャーファンドから資金を得た会社

は，ある地方都市にある従業員 10 名程度の金属のプレス加工下請業者で，ステンレス，アルミニウム，マグネシウム等の金属をプレス加工して携帯電話や折りたたみ式のキーボード，ミニディスクやカセットテープなどの携帯用音楽再生機の筐体やマグネシウム箔を用いたスピーカー振動体，ペンケース，名刺入れ，化粧品等の化粧ケースなどを製造していた。

　当時，同社は，知的財産など全く意識したことはなく，特許などの知的財産とは縁のないものと考えていた。しかし，工場を見てみると，酸化防止のための工夫や加工時の熱による変色防止，プレス加工時間短縮のための工夫，表面処理や着色についての工夫などまるで学校の実験室のように職人が課題にぶつかるとそれまでの経験をベースに試行錯誤して顧客のニーズに応えるようにしていた。また，加工等に必要となる治工具なども自作し，空気中のゴミや静電気を防止するために装置の周りに透明なビニールシート等による囲いを設置するなどしてコストをかけずに各自が工夫していた。

　それらをつぶさに確認し，工場見学等で見てすぐにわかってしまうもの，加工された製品を見ればすぐにわかってしまうものについては特許権による権利確保が必要であることから出願する方向に，見ただけではどのように事がなされて実現されているかがわからないものについてはきちんと手順書等でドキュメント化してノウハウ（営業秘密）として権利確保することにし，それらを装置や工程ごとに体系化した。

　そして，マグネシウム等材料そのものに関わる差別化項目を「マグネシウム物性応用事業」として，最上段に置き，次にプレス加工に関する創意工夫した差別化項目を「超精密金属加工事業」とした。同様に，表面処理や着色に関する創意工夫した差別化項目を「特殊表面処理・デザイン事業」とし，中小企業である同社ではとても事業化できないが，同社での創意工夫が生かせる差別化項目を「ICR（Mg 一貫連続・鋳造圧延）事業」として縦軸に置いた。

　一方，横軸は当時同社が行っていた加工製品市場を左手前に置き，適用可能だが同社にとって参入障壁のあるものをその右に置くようにし，縦軸同様，とても同社が自社で事業か困難である市場を一番右に置くこととした。それが，図 4 である。

図4　MTマトリックス具体例

事業ドメインと市場マトリックス図

注記 アルミ Mgダイカスト ステンレス	デジタル家電市場	ブランドデザイナーズ市場	航空機自動車車両市場	日物家電市場	スポーツアミューズメント市場	建築建材市場	産業機械市場	医療エコロジー市場
マグネシウム物性応用事業	スピーカー・HDD		コンテナー筐体	構造筐体	ラケット	シャーシー	保持台防振構造	聴診器
超精密金属加工事業	携帯電話電子辞書ノートPC TV・筐体	化粧ケース	LED電極		ゴルフクラブ	化粧ドア取手		注射針
特殊表面処理・デザイン事業	デジカメキューブパソコン	化粧ケース雑貨文具（模倣対策）	エンジン部品（防錆高耐熱処理）ブレーキシム	白→カラー	ゲーム機	化粧ドア		キッチン用品
ICR（Mg一貫連続・鋳造圧延）事業	高品質薄膜コイル		広幅材					

事業ドメインと市場マトリックス図

事業ドメイン（横軸）に関連する特許出願件数（海外はいずれも中国・韓国・台湾）	デジタル家電市場	ブランドデザイナーズ市場	航空機自動車車両市場	日物家電市場	スポーツアミューズメント市場	建築建材市場	産業機械市場	医療エコロジー市場
	市場（各マトリックス）に対応する特許出願件数							
マグネシウム物性応用事業　国内4, 海外1	スピーカー・HDD　国内2		コンテナー筐体　国内2	構造筐体　国内2	ラケット	シャーシー　国内1	保持台防振構造　国内1	聴診器
超精密金属加工事業　国内5, 海外1	携帯電話電子辞書ノートPC TV・筐体	化粧ケース	LED電極		ゴルフクラブ	化粧ドア取手		注射針
特殊表面処理・デザイン事業　国内2	デジカメキューブパソコン	化粧ケース雑貨文具（模倣対策）	エンジン部品（防錆高耐熱処理）ブレーキシム　国内1	白→カラー	ゲーム機	化粧ドア		キッチン用品
ICR（Mg一貫連続・鋳造圧延）事業　国内1	高品質薄膜コイル		広幅材					

出所：筆者作成。

　以上の活動を着実に実践することで，同社の売上げのみでなくロイヤルティ収益についても「見える化」が図れ，かつ，縦軸，横軸ともに時間軸を示すことで同社の成長発展の方向性と市場の優先順位が把握できたため，いわゆるマイルストーン投資する際のチェックポイントが容易に理解できるようになった。また，そのために特許出願することが同社の事業の発展に不可欠であることも同時に理解されたことから，特許出願費用も同社成長のための必要な「投資」であることも明確になったのである。

4.　大学に期待される新たな役割

　既に存在している TLO には，大学等から生じた研究成果の産業界への移転を促進し，産業技術の向上及び新規産業の創出を図るとともに大学等における研究活動の活性化を図ることが期待されている。具体的には，大学等の有する特許権等を民間企業にライセンス等技術移転するほか，事業化可能な研究成果の発掘，評価，選別を行い，大学発ベンチャーやライセンスを受けた企業に対する経営に関する助言・技術指導，さらには，研究開発等・金融面での支援など幅広く研究成果の効率的な移転に必要な事業ができるようになっており，そのような役割を担うことが期待されている。これには，信託事業を行うことまでも含まれており，かつ，その際内閣総理大臣の免許も不要としているのである（信託業法 52 条）。

　このように，TLO には，広範な活動にあたっての権益が供えられているわけであるが，2. で述べたとおり，TLO 以外に大学が直接ファンドを設立するのは，大学ファンドが自らの判断で直接ベンチャー投資ができるためである。これは既存の TLO にない機能である。つまり，大学自身が大学ファンドを通じて事業投資できるという点が画期的であり，これは大学の機能が実質的に拡大され，さらにその投資対象も拡大されたわけである。

　通常，VC の活動とは，まず投資原資を確保することから始まり，投資案件についてレビューし，独自にその企業価値・将来性を評価したうえで投資を決定する。そして，投資後は当該企業の経営モニタリングをしつつ，必要

に応じて積極的に経営支援を行うことで企業価値向上に努め，そして最終的には投資を回収するのである（ハンズオン型投資）。

　このように，VCは自己の利益を追求することが目的ではあるが，投資先の企業価値を上げることが自らの目的に合致しているため，結果的にベンチャー企業の成長を促進する効果があると言われている。

　そこで，このVCの存在を前提に従来のTLOと組み合わせると，大学のシーズの発見，大学発ベンチャーの設立準備，投資計画や人材確保支援，そして，VCからの投資を得るための目論見書の作成等，大学発ベンチャー設立前段階でのTLOの期待されている役割を果たすことで日本の産業競争力が飛躍的に強化されることになると思われた。

　一方，大学サイドとしてもシーズ提供のみでなく，経済分析，法的検討面での関与強化が望まれる。たとえば，法学部や経済学部その他，事業性評価に関する学者，研究者の積極的関与はこれら研究者の研究領域拡大にとどまらず，その後の活躍の場の広がりにも繋がる重要な機会であると思われる。

　さらには，MTマトリックス図の作成を通じて大学の知的財産部門が積極的に大学のIPランドスケープを提示できるようになると真の社会貢献が可能になるであろう。

　このように，大学のシーズは技術をコアにしてさらにその経済分析，市場調査，独禁法その他各種法令調査などにも広がることにより，実用に向けた土台が出来上がり，さらに事業化に向けて各種制度の積極活用をも盛り込むことで，これまでとは比較にならないほど，事業性を秘めたものに変貌することが期待できる。

5．　まとめ─今後の発展に向けて─

　文部科学省は平成24年から「大学発新産業創出拠点プロジェクト」をスタートさせている。ここでは，事業化ノウハウを持った民間の人材（「事業プロモーター」と呼ぶ）を大学等発ベンチャーの起業前段階から研究開発・事業育成のための政府資金と民間の事業化ノウハウ等を組み合わせる等，個

別案件に対して事業化に向けた支援を実施中である。本稿で取り上げた大学発ベンチャーの前提となっている大学ファンドや既存の承認 TLO とこのプロジェクトを含む類似の各施策は直面する課題や目的は異なるとは思うものの，目指す方向性は同じである。したがって，これらが有機的に結合することが望ましく，各施策がバラバラとなっては国家的にも大変なロスとなる。そのためには，実質的，総合的に補完関係が各当事者はもちろん，国民にも見えるようにする必要がある。

　一方，大学教職員さらには学生の教育の場としての活用という面も必要ではないか，特に，今後の人財育成においては大学内にノウハウを蓄積するということも検討すべき重要テーマである。

（梅原潤一）

Ⅲ．科学研究の不正問題と研究倫理

1．はじめに

　研究者は，科学研究のために公的研究費を獲得し，その研究費の適正な使用のもとに科学研究を遂行し，その研究成果を公表し公開することによって社会的責任を果たしている。研究成果の論文は，研究業績の実質的な評価の対象になり，さらに公的研究費の獲得や受賞に繋げる対象にもなっている。それは，研究者の昇進などの業績評価の指標になる。その中で，研究者は，研究の適正化のために，公的研究費の不正使用と研究成果の論文に関する不正行為を回避するための研究倫理の涵養が求められる。科学研究を遂行することは，相反する社会的な評価が加えられることになる。

　公的研究費の不正使用については，利益相反（conflict of interest：COI）がある。利益相反とは，多様なとらえ方ができるが，本稿では研究者と研究者が所属する組織との間で公的研究費の使途や研究成果に関して生じる利害関係ととらえることにする。また，研究成果の論文に関する不正行為として，研究成果の公表に関する論文に実験データの捏造（fabrication），改ざん（falsification）や盗用（plagiarism）の問題がある。なお，plagiarismは，論文が著作権の制限の中で他者の研究成果をクレジット表示することなく取り込むことからいえば盗用ではなく剽窃が適切であろう。

　科学研究の不正問題に対して，たとえば第5期科学技術基本計画では，研究者は，研究の公正性を維持する責務を改めて認識し，研究倫理を学び，自ら修得した研究倫理を後進に伝えるなど，研究の公正性が自律的に維持される風土の醸成に努めることが求められるとしている[1]。そこで，研究者と研

1　総合科学技術・イノベーション会議『第5期科学技術基本計画』（2016年1月22日）48頁。

究組織は，研究活動に関する法令順守（compliance）や研究倫理（research ethics）の対策が求められることになる。そのために，研究不正の対応に関するガイドラインがある。たとえば，研究倫理教育（日本学術振興会「科学の健全な発展のために」編集委員会『科学の健全な発展のために―誠実な科学者の心得―（日本語テキスト版）』（2015 年））やそのロールプレイングによる研究倫理 e ラーニングコース（e-Learning Course on Research Ethics [eL CoRE]）が提供されている。そして，それらの教材の通読・履修と，その状況調査が行われるようになっている。科学研究費助成事業などにおける研究代表者および研究分担者は，研究倫理教育に関する教材の通読・履修をすること，または研究倫理教育を修了していることが条件になる。ただし，科学研究の不正問題の現況からいって，研究不正の防止のための現状の研究倫理教育の実効性に疑問がある。

　研究活動における環境は，他者の研究成果に関する著作権・知的財産権の制限のもとに自由な発想によって研究成果が創造される。その研究環境を前提にして，研究不正の直接的な対策は，公的研究費の使途や研究成果に関する真正性と研究倫理との関連性の明確化にある。本稿は，研究不正に関する責任の所在の観点から，研究成果の著作権・知的財産権の帰属を明らかにし，研究を合理的に進める上の研究倫理について説明する[2]。

2．科学研究の不正問題と研究倫理との課題

　我が国の科学研究は，文部科学省・日本学術振興会・科学技術振興機構などにより交付される公的研究費の研究助成を受けて，その公的研究費をもとに，研究組織に所属する研究者が単独か共同研究を行う。科学研究費補助金等の執行は，科学技術振興機構の戦略的創造研究推進事業等一部を除き，契約に基づいて執行されるわけではなく，文部科学省のガイドラインに則ることになる。なお，諸外国では，我が国と比較して，研究の遂行は詳細な内容

2　児玉晴男『（特別講義）研究不正と研究倫理』（放送大学，2019 年 4 月）。

にわたる契約によっている。いずれにしても，研究の適正な遂行とその責任の所在は，研究者が本来有する研究成果における権利の帰属の明確化が前提になろう。そして，創造活動による研究成果として論文・研究報告書や発明などが創造され，それらが公表され公開されることになる。研究成果をもとにして，新たな科学研究に対する公的研究費が申請されることになる。ここで，論文・研究報告や発明の定量的・定性的な評価が，公的研究費を得ていくための主要な指標となる。すなわち，科学研究をすすめることは，研究者の業績評価をたかめることになる。研究成果が評価されると，ノーベル賞から学会における論文賞などまでの受賞に繋がる。

　他方，科学研究のサイクルの中の研究成果の評価と関連して，公的研究費の不正受給や研究成果の利益相反が生じ，その対応として研究倫理が求められてくる関係にある。研究倫理に関しては，科学技術・学術審議会　研究活動の不正行為に関する特別委員会『研究活動の不正行為への対応のガイドラインについて─研究活動の不正行為に関する特別委員会報告書─』（2006 年8 月8 日）と，その改訂の『研究活動における不正行為への対応等に関するガイドライン』（2014 年8 月26 日文部科学大臣決定）がある。それらガイドラインでは，「研究者の倫理と社会的責任の問題として，その防止とあわせ，まずは研究者自らの規律，並びに研究者コミュニティ，大学・研究機関の自律に基づく自浄作用としてなされなければならない」ということが受け継がれている。また，日本学術会議は，2006 年に「科学者の行動規範」の声明を出し，その改訂版「科学者の行動規範─改訂版─」の声明を 2013 年に出している。「科学者の行動規範─改訂版─」では，科学者は，研究の実施，研究費の使用等にあたっては，法令や関係規則を遵守することなどが受け継がれている。ところが，それらの期間の前後を通して，同様の研究不正が繰り返され，かえって撤回論文数や研究者とその所属機関との社会的な責任は拡大傾向にあるといってよい（表1 参照）。その状況は継続している点からいえば，公正な研究活動を推進するための従来の研究倫理のとらえ方と行動規範の再度の確認を求めることだけでは，実効性を見いだすことはできない。

　公的研究費の使い道と研究成果との関係は，研究者のアイデアをもとにし

表1　論文不正の事例

年度	関係者名（所属機関）と研究不正の対象		不正行為の内容
2005	下村伊一郎（大阪大学）	肥満研究	実験データの不適切性
2006	杉野明雄（大阪大学）	DNA 複製	データの改ざん
2006	多比良和誠（東京大学）	RNA 研究	データの捏造の可能性
2012	藤井喜隆（東邦大学）	麻酔学	データの捏造 （撤回論文ワースト 1 位）
2012	森直樹（琉球大学）	ウイルス学	剽窃
2013	加藤茂明（東京大学）	核内受容体	画像の改ざん
2013	ノバルティスファーマ日本法人（京都府立大学，慈恵会医科大学，千葉大学，名古屋大学，滋賀医科大学） 降圧剤（商品名：ディオバン）		データの捏造
2014	小保方晴子（理化学研究所）	幹細胞	捏造
2016	斎藤祐司（東京女子医科大学）	麻酔科学	データの改ざんまたは捏造
2016	佐藤能啓（弘前大学）　アルツハイマー病に関する研究		捏造，改ざん

出所：著者作成。

　て仮説として提示するものであり，直接に公的研究費の額の多寡に結びつくものではない。たとえば宇宙航空研究開発機構や高エネルギー加速器研究機構の巨大科学研究であっても，研究者個人の研究範囲に焦点を合わせれば，巨大科学研究が個人研究の集積または階層化された個人研究とみなすと，科学研究の不正行為における研究倫理の検討の必要性に，本質的な違いはない。そして，公的研究費の運用に不正があれば，研究代表者と共同研究者ともに連帯責任として，一定期間，公的研究費の提供が受けられない。論文の不正が発覚してそれらに負の評価が下されると，その論文は著作物としては存在し続けるが，論文自体の存在は否定されてしまう。論文誌から取り下げられた論文はその版面に"RETRACTED"と印字されて公表されるが，それによって論文を執筆した研究者は社会的な制裁を受けることになる。

　この社会的な制裁に関しては，論文のファーストオーサーの研究者と共同研究者との間に相互の間に違いがある。その社会的な制裁の軽重が，論文のファーストオーサーの研究者の責任，共同研究を監督するラストオーサーの責任研究者の監督責任，共同研究者の連帯責任に分けられる。「コレスポ」，すなわち「コレスポンディングオーサー」は，責任著者や主要著者と訳さ

れ，論文の内容に全責任をもつ。研究者の栄誉とされ，将来の資金獲得の武器にもなる。共同著作は代表者を一人決めることができるが，著作物である科学論文の構造は著作権法上の関係とはいえない仕組みがある。また，科学研究は，研究成果の論文では先行研究を引用や参考文献で表記していることから，他者の研究成果に関する著作権・知的財産権の制限のもとの研究活動の中ですすめられるものである。その前提からいえば，研究不正の対応は，研究倫理を個別に問うのではなく，研究不正と研究倫理との関連を研究成果の権利と義務から明らかにしておく必要がある。研究成果の権利と義務とは，科学研究が著作権・知的財産権の制限の中で遂行される研究活動による研究成果に関する共同研究者間の権利の帰属と研究成果の成り立ちに関する他者の研究成果の権利の保護と制限の対応関係になる。研究不正と研究倫理に関して，著作権や知的財産権の知識があれば，そして科学リテラシーを涵養すればよいのかといえば，そうではないだろう。

3．科学研究の不正問題

　科学研究の不正問題として，利益相反と科学研究の研究成果である論文に関する不正行為がある。

(1)　科学研究の利益相反
　文部科学省の利益相反の定義は，広義の利益相反と狭義の利益相反，責務相反，そして個人としての利益相反と研究組織としての利益相反に分類する（図1参照）。広義の利益相反(ア)は狭義の利益相反(イ)と責務相反(ウ)の双方を含む概念である。狭義の利益相反は，教職員または大学が産学官連携活動に伴って得る利益（実施料収入，兼業報酬，未公開株式等）と，教育・研究という大学における責任が衝突・相反している状況をいう。責務相反は，教職員が主に兼業活動により企業等に職務遂行責任を負っていて，大学における職務遂行の責任と企業等に対する職務遂行責任が両立しえない状態をいう。個人としての利益相反(エ)は狭義の利益相反のうち教職員個人が得る利益と教

図 1　利益相反の分類[3]

職員個人の大学における責任との相反になり，研究組織としての利益相反(オ)は狭義の利益相反のうち，研究組織が得る利益と研究組織の社会的責任との相反をいう。

　利益相反とは，法令違反とは異なる概念であり，適切なマネジメントを実施することで社会への説明責任を十分に果たすことができればよいことになる。本稿は，狭義の利益相反の観点から，個人としての利益相反に関してはオーサーシップとの関連で共同研究における共同研究者間の関係，研究組織としての利益相反に関しては共同研究者と研究組織との関係から検討する。

　表 1 の論文不正の事例の中から，STAP 細胞騒動とディオバン問題をとりあげて，オーサーシップと利益相反との関連から検討する。STAP 細胞騒動とは，2014 年 1 月末に小保方晴子（当時，理化学研究所）らによる STAP 研究が発表されたことから始まり，論文不正の疑義がたかまり 6 月に論文は撤回され，7 月 2 日には NATURE 誌により取り下げられた事例になる。ディオバン問題は，STAP 細胞騒動と同様に論文のデータ不正の面をもつが，データ不正が社会へ及ぼす誇大広告に関する問題になる。ディオバン問題とは，京都府立医科大学の松原弘明教授らが行った高血圧治療薬（降圧剤）バルサルタン（商品名「ディオバン」）の臨床研究において，その薬に有利になるようにデータが人為的に操作されていたとされるものである。STAP 細胞騒動とディオバン問題は，論文のデータの改ざんと捏造という不正行為がオーサーシップとの関連で利益相反が顕現するものになる。その論文不正は，共同研究者間または各研究者と企業（組織）との関係で社会的な責任が問われる問題になる。STAP 細胞騒動とディオバン問題は狭

3　科学技術・学術審議会・技術・研究基盤部会・産学官連携推進委員会・利益相反ワーキング・グループ『利益相反ワーキング・グループ報告書』（2002 年 11 月 1 日）4 頁。

義の利益相反との関係で明確に分けえない。STAP細胞騒動は共同研究者間の利益相反の面から，ディオパン問題は各研究者と研究組織との利益相反の面から考察する対象になる。ただし，研究不正の全体的な問題は，研究成果の各研究者が個々に関与した不正（故意・過失）か不正でないかの個別の評価をする必要がある。

　利益相反は産学官連携事業に伴う研究成果に問われるが，オーサーシップに関する利益相反は論文の権利の帰属の明確化が必要になる。ただし，本稿でいう権利の帰属は，論文の著作者と著作権等の帰属だけを指しているのではない。研究成果をいわゆる著作者人格権がだれに帰属しているかから見通すことになる。なぜならば，STAP細胞騒動とディオパン問題では，研究成果自体の共同研究者の責任と同時に，共同研究者間の個別の責任の所在が問われているからである。

⑵　科学研究の不正行為

　科学研究の不正行為の類型としては，論文の二重投稿，それと論文に含まれる第三者の論文の剽窃，論文に含まれる実験データの捏造・改ざんがある。

①　二重投稿

　二重投稿とは，原著性，すなわち新規性が要求されている場合に，既発表の論文または他の学術雑誌に投稿中の論文と本質的に同じ論文を投稿する行為である。それは，論文誌に投稿後に他の機関誌に投稿すること，説明文が異なっていても，研究対象，研究方法，得られた成果が同一である内容を投稿すること，学会の大会や研究会等で口頭発表の原稿の内容を複数機関で公表し，公表しようとする行為になる。

　ところで，二重投稿は，学会において取り扱いが異なる。研究成果は，国内の学会における口頭発表，国際会議の口頭発表，大学紀要，そしてレフェリー付き論文という一連の流れで公表される。したがって，一般に，口頭発表の研究発表は，研究段階として類似のテーマや内容になる。また，大学紀要に執筆した内容は，学会の査読付き論文として投稿できることもある。しかし，学会によっては，大学紀要，それどころか口頭発表された内容であっ

ても査読付き論文の投稿を認めないケースがある。さらに，国際会議の研究発表は，国内の学会に口頭発表と同様な面があるが，重複する内容を二重投稿とみなし，投稿される予稿集の調査がなされる事例もある。

　二重投稿が研究不正と関連づけられて争われた事例があるが，ここで問題とされるのは，研究成果の二重申告に対するものになる。二重投稿は，研究実績の不適切な水増しの面で問題とされるものになる。

②　剽窃・捏造・改ざん

　第三者の論文の剽窃，論文に含まれる実験データの捏造・改ざんについて見ていく。二重投稿は，論文の取り下げへの対象になるが，規約違反とはいえるにしても，論文に含まれる第三者の論文の剽窃，論文に含まれる実験データの捏造・改ざんとは性質が異なる。

　剽窃とは，他の研究者のアイデア，分析・解析方法，データ，研究結果，論文又は用語を当該研究者の了解または適切な表示なく流用することである。捏造とは，事実に基づかないデータ等を作り出すことになる。改ざんとは，研究資料・機器・過程を変更する操作を行い，データ，研究活動によって得られた結果等を真正でないものに加工することである。論文に含まれる第三者の論文の剽窃は，論文の取り下げとなり，著作権侵害または著作権の制限の引用表示の違反になる。

　また，論文に含まれる実験データの捏造，改ざんについても，論文の取り下げになる。そして，論文に含まれる実験データの捏造，改ざんは，故意・過失があれば，刑事告発の対象になる。たとえばディオバン問題におけるノバルティス論文不正問題がある。その論文不正に関する類型の事例は，毎年のように生じている。研究成果は，共同研究者に対して等しく，論文の仮説に関する権利（先取権）が付与され，論文の仮説に関する義務（論文取下げ（非公表））が課され，論文の仮説に関する倫理（論文の剽窃，実験データの捏造，改ざん）が求められる関係になる。

　文部科学省は，公的研究費の不正使用や，データ捏造などの不正行為を防止するため，研究者に支給する補助金の規定を見直し，罰則を強化する方針を出している。この点からの注意が必要になる。

⑶　科学研究の研究成果の権利の帰属

　研究不正の責任の所在は論文等の権利の帰属と関係があるが，オーサーシップのとらえ方と権利の帰属とにはずれがある。研究成果の権利の帰属は，まず各研究者間のオーサーシップの明確化に求められる。著作権法では，共同著作物は2人以上の者が共同して創作した著作物であって，その各人の寄与を分離して個別的に利用することができないものになる（著作権法2条1項12号）。ところが，理化学研究所「科学研究上の不正行為の防止等に関する規程」では，「論文を共同で発表するときには，責任著者と共著者との間で責任の分担を確認すること。」の規定がある。しかし，その規定は，共同著作という1つの研究成果を渾然一体となる著作権法における共同著作物のとらえ方とは異なる（図2参照）。著作者の権利を有する研究者と著作権のみを保有する研究者は，それらの権利の帰属によって判断は異なってくる。

図2　共同著作物の構造

オーサーシップ：合有物としての共同著作物のファーストオーサーからラストオーサーまで役割分担が明確

共同著作者：渾然一体化した共同著作物の著作者（著作権法における解釈）

出所：筆者作成。

①　共同研究の著作者の権利の研究組織への帰属

　研究機関がオーサーシップの関係を包含することが想定できる。職務上作成する著作物の著作者は，その限定した範囲においてではあるが，法人等が著作者となりえる（著作権法15条）。職務著作において，法人等が自然人と同じ著作者となり，法人等が著作者人格権と著作権を享有することになる。職務著作の規定は，我が国の著作権法の特色をなす。ところで，映画の著作物に関するものではあるが，職務著作と類似する規定として，法人等へ著作

権が帰属する規定がある（同法 29 条）。また，同じく，役割分担が明確といえる著作者の規定がある（同法 16 条）。ただし，映画の著作物が視聴覚著作物と言い換えてもよい状況にあり，研究成果に視聴覚著作物との関連性が少なくとも部分的には見いだせよう。職務著作の研究成果の著作者の権利の法人等帰属（同法 15 条）と研究成果の著作権の法人等帰属（同法 29 条）は，すなわち著作権法 15 条と 29 条とは二律背反の関係になっている。二律背反の関係とは，著作権法 15 条と 29 条とは，前者が大陸法系の権利の帰属になり，後者が英米法系の権利の帰属といえるからである。したがって，著作権の法人等帰属のとき，著作者の人格的権利（著作者人格権）との関係が問題になる。

　職務著作の権利の帰属について争われた事例に，「北見工業大学研究報告書職務著作事件」の著作権侵害差止等請求事件[4]と著作権侵害差止等請求控訴事件[5]がある。この事件の判示は，研究成果が職務著作のとき，研究組織へ著作者の権利が帰属するとき，そこに寄与する研究者には著作者の権利は認められないとの判断になる。他方，職務発明の規定では，発明による特許を受ける権利（特許権）は，発明者（研究者）への帰属（特許法 35 条 1 項，2 項）と使用者等（研究組織）への帰属（同法 35 条 3 項）が並存する。その関係から，論文が仮に職務著作であるとしたとき，職務著作の権利の帰属の対象が，たとえ著作権法 15 条と 16 条とが二律背反の関係にあるとしても，職務発明の発明者帰属の特許法 35 条 1 項，2 項の権利の帰属の通常実施権の許諾と専用実施権の設定の対応からいえば，著作権法 16 条は職務著作の自然人の著作者帰属の観点からの著作物の利用の許諾と出版権の設定という権利の帰属の起点になろう。したがって，研究成果の役割分担が明確でそれに対応する権利の帰属のパターン（著作権法 16 条）は，著作権法 15 条と 29 条の各パターンと並存しているといえる。

4　東京地判平成 22・2・18 平成 20（ワ）7142〈http://www.courts.go.jp/app/files/hanrei_jp/484/038484 _hanrei.pdf〉（2020/02/28 アクセス）。

5　知財高判平成 22・8・4 平成 22（ネ）10029〈http://www.courts.go.jp/app/files/hanrei_jp/576/080576 _hanrei.pdf〉（2020/02/28 アクセス）。

②　共同研究の著作者の権利の各研究者への帰属

　科学研究を遂行する留意点としては，実験担当者には実験ノートの保存（研究ノート，試料，実験データ）などの基本手順の遵守，研究代表者には共同研究者の実験データの吟味や研究のすすめ方などにあたっての監督責任が想起される。ここに，共同研究を遂行していく上の責任の分担が見て取れる。論文・研究報告においても，共同研究者としての大きな括りのとらえ方ではなく，科学研究の責任の分担に対応づけた共同研究者間の関係を見出すことができる。研究成果の論文は，100名を超える連名で公表されることがある。それに対して，研究組織の名称で論文を発表する場合がある。

　論文の寄与率は，オーサーシップの関連で一般的には，ファーストオーサーに高く，ファーストオーサー以外は順に減少していくという見方がある。論文の研究者の著作者名表記の順番に関する寄与率のとらえ方は，「学会誌著者順序入れ替え事件」に現れている[6]。その見方に対して，ラストオーサーが研究成果の成果に対する寄与率が相対的に高いとするものがある。

　科学研究を適正に遂行するうえで求められるものは，科学研究の役割分担と整合する研究成果の権利の帰属の明確化にあるといえる[7]。研究成果の仮説のシナリオを表現する研究者，実験データを図画で表現する研究者，実験内容を映像として撮影する研究者，論文として表現する研究者などは，それぞれ役割分担が明確な研究成果の論文に対応づけられる関係が存在することになる。

　そして，公的研究費を獲得し，研究全体を統括し，その研究成果に対して論文に関しては，ラストオーサーとして広く薄く関与している科学研究の推進者が関与している。この研究者（教育者）は，オーサーシップとしてではなく，論文の創作と公表を支援すると同時に，研究者養成の実質的な評価の対象者といえる。共同研究者の相互のオーサーシップの関係からいえば，共同研究の研究成果の対象は，研究業績だけでなく，教育業績を含むことにな

6　東京地判平成8・7・30平成5（ワ）1653（http://www.translan.com/jucc/precedent-1996-07-30.html）（2020/02/28アクセス）。
7　児玉晴男「学術コンテンツの創作と公表（出版）に関する権利の帰属と社会的な評価との整合性」日本セキュリティ・マネジメント学会誌22巻2号（2008年）29～39頁。

る。なお，発明に関する発明者も，論文・研究報告に関する著作者と同様の
ことがいえる。

③　共同研究の著作権の研究組織への帰属

　巨大な科学研究による研究成果は，研究者個人間またはその研究者の小規
模な集合ではとらえられない権利の帰属の様相を呈している。ノーベル物理
学賞の受賞者の益川敏英（当時，京都産業大学教授）は，巨大科学はまるで
映画製作のようだと表現されている。著作権法では，映画の著作物は映画製
作者（法人等）への著作権の帰属の規定がある（著作権法 29 条 1 項）。この
規定は，産官学による巨大な科学研究による研究成果の権利の帰属に適用で
きよう。

　著作権の帰属は，研究成果を事業化していくうえの可能性から判断され
る。そして，研究成果の研究組織への著作者の権利の帰属は，「研究成果の
著作者への著作者の権利の帰属」と「研究成果の著作権の研究組織への帰
属」とを均衡するものとしての権利の帰属といえる。ここで，共同研究にお
ける研究成果の権利の帰属の 3 パターンのうち，研究成果の研究組織への著
作者の権利の帰属は，仮想上といってよいものになっている。それは，著作
権の譲渡において，著作者人格権の不行使特約が付されることがある点から
要請される。「研究成果の著作者への著作者の権利の帰属」は，著作権の譲
渡における著作者人格権の不行使特約の付加という我が国の著作権法の適用
における不適切な対応を回避することになる。共同研究における研究成果の
権利の帰属の 3 パターンは，特許権（特許を受ける権利）でも想定できる。

4．研究不正と研究倫理との関係性

　研究不正に対して，公的研究費の返還が求められ，公表し公開された研究
成果の取り下げによって，研究者に対する社会的な制裁が加えられる。あわ
せて，研究者が所属する研究組織の社会的な責任が問われることにもなる。
ノバルティス論文不正に関する刑事告訴は，データが人為的に操作されてい

たこと自体にあるのではなく，医薬品や医療機器の効果についてのうそや大げさな広告を禁止した医薬品の誇大広告等にあたるとするものである（医薬品，医療機器等の品質，有効性及び安全性の確保等に関する法律66条）。そして，研究成果のうち論文にかかる信ぴょう性は，科学的な再現性に求められる。その論文の信ぴょう性に疑問が生じることに対して，社会的な責任が問われ，研究倫理が求められることになる。それは，創作的に表現された著作物との整合にあるのではなく，発明の新規性・進歩性，そして産業上の利用可能性との関係性を顕在化させるといってよい。

　研究活動の場は，他者の研究成果を著作権の制限と特許権の制限によって使用し実施することによってすすめられる。科学研究における著作権の制限は，公正な慣行に合致するものであり，かつ研究等の引用の目的上正当な範囲内で行われるものであれば，公表された著作物を引用して利用することができるとしている。ここで，研究成果のうち論文は著作権の制限の引用によって創作される著作物になるが，その行為の中に論文の不正行為として他者の研究成果の剽窃が含まれていることがある。

　研究倫理が問われるのは，他者の研究成果の自由な使用の中に，条件によっては著作者の権利の侵害が生じうる構図になる。この観点は，自己の研究成果のオーサーシップと他者の研究成果のオーサーシップとの相互の関係になっている。なお，国際医学雑誌編集者委員会（ICMJE）が定めたオーサーシップに関するガイドラインには，「著者と指定された者は すべて著者としての資格を有し，著者としての資格を有する者はすべて列記すべきである」と記載されている。また，科学研究における特許権の制限は，試験または研究のためにする特許発明の実施には及ばないとするものになる。そして，科学研究による成果がソフトウェアの場合は，著作権の制限と特許権の制限がかかわってくることが想定できる。科学研究において著作者と発明者は，同一かオーバーラップする関係にあることから，研究成果のオーサーシップの相互の関係になっているといってよい。

　研究倫理は，学会の倫理綱領・行動規範に規定されている。学会の倫理綱領の理念は，世界人権宣言（Universal Declaration of Human Rights）に求めることができる。科学研究を適正にすすめるうえで「人権宣言に対する保

障」が関わりをもち，研究成果に関しては「文化生活に関する権利」が関係している。科学研究を適正にすすめて研究成果につなげていくために，倫理綱領は，著作権法・知的財産法との関連で本来あるべき権利の帰属に配慮することが求められる。研究不正に関するガイドラインや研究倫理教育を実効性あるものとするためには，まず研究成果のオーサーシップを介して利益相反と研究倫理との関係を明確にする必要がある。この関係は，研究倫理が問われる研究成果に対する共同研究者間の権利と義務の関係になっていよう。

　上記で説明してきたことは，公的研究費による研究成果を実質的に評価することになり，公的研究費の配分に関する「不合理な重複」や「過度の集中」を避ける点からも有効であろう。なお，科学研究の研究成果がソフトウェアのときは，著作物と発明および営業秘密が相互に関連している。また，研究不正と研究倫理が問われるケースに，たとえばクローン羊ドリーがあり，そしてゲノム編集ベイビーがある。さらに，科学研究のデュアルユースの問題がある。その対応も，本稿の研究不正に関する研究倫理の検討内容の想定内になっている。

5．おわりに

　研究不正の対応を考えていくためには，科学技術基本計画と科学技術基本法から科学技術法でとらえる必要があろう。科学技術法という枠組みは，たとえば電子情報通信学会，情報処理学会，日本機械学会などの研究会に見られ，民事法研究会の法律専門誌「Law & Technology」があるが，我が国で定着しているといえない。ところが，米国においては，「Science & Technology and Law」のジャーナルや教育プログラムが存在している。また，中国でも，科技法とよばれる法領域がある。知的財産基本法との対応から知的財産法の体系化がすすめられ，「高度情報通信ネットワーク社会形成基本法」（IT 基本法）・官民データ活用推進基本法・サイバーセキュリティ基本法との対応から情報法の体系が概観できる。したがって，我が国の科学研究に関しては，科学技術基本法との対応から科学技術法の体系化が必要で

ある。

　また，研究倫理教育は，科学リテラシーの涵養の観点から進められている。リテラシー教育と法令との関係に着目すると，学会の倫理綱領や研究機関の研究倫理では，著作権・知的財産権の保護と著作権・知的財産権の制限の2つの関係が含まれている。ここで，リテラシーに対比する概念にオラリティがある[8]。リテラシーが著作権・知的財産権の保護と対応し，著作権・知的財産権の制限がオラリティと対応するとの仮定から，研究倫理を二つの観点からとらえることができよう。著作権・知的財産権の制限の観点からいえば，著作権・知的財産権の保護の観点からの科学リテラシーの概念よりも，科学オラリティという概念に馴染む。科学研究を適正にすすめるための研究倫理は，科学リテラシーと科学オラリティとの協調関係に見いだせよう。科学研究が科学リテラシーにおいて法令違反しなければよいというわけではない。逆に，科学研究が科学オラリティのもとに自由な発想ですべてすすめられるわけでもない。しかも，法も倫理も，国によって解釈や理解は異なる。リテラシーとオラリティとの対応関係から，我が国の文化や社会制度と親和する研究倫理のコンセプトを明確にすることが求められる。

（児玉晴男）

8　Walter J. Ong, *Orality and literacy : the technologizing of the word*（Methuen, 1982）pp. 10-11.

Ⅳ．オープンサイエンスの法的課題とその対応

1．はじめに

　インターネットの出現で科学の営みは劇的に変わりつつある。そして，インターネットを活用し研究データを一般の人に公開することで，科学研究を効率的に発展させる動きがある。それがオープンサイエンスとよばれるものになる。オープンサイエンスとは，オープンアクセスと研究データのオープン化を含む概念である[1]。情報通信技術を貪欲ともいえる形で取り入れたのが科学である。コンピュータに蓄積された膨大なデータを対象に理論構築，シミュレーション，データ分析を駆使し，それらのデータをネットワークの利用により世界中で協力して分析することによって，科学を推進しようとする方法論（e-Science）がオープンサイエンスの背景にあろう。

　オープンサイエンスは，オープンアクセスが関係する。ブダペスト宣言（2002 年 2 月 14 日）では，オープンアクセスとは，「インターネット上で論文全文を公開し，無料で自由にアクセスできる」と定義される。オープンサイエンスをすすめるためには，オープンアクセスのインターネット環境が形成されていなければならない。それは，研究データやソースプログラム，そしてコンテンツへオープンアクセスできる法的な対応が必要である。

　我が国でも，内閣府によりオープンサイエンスに関する方針[2]が出されるなど，たとえば学術情報の流通について新たな転機を迎えつつある。このような動向を受け，国内の各学協会における現在のオープンサイエンス対応状況および今後のオープンアクセス方針策定予定について調査が行われ報告が

1　総合科学技術・イノベーション会議『第 5 期科学技術基本計画』（2016 年 1 月 22 日）32 頁。
2　国際的動向を踏まえたオープンサイエンスに関する検討会『我が国におけるオープンサイエンス推進のあり方について～サイエンスの新たな飛躍の時代の幕開け～』（2015 年 3 月 30 日）。

なされている[3]。筆者は，企業法学会において「オープンサイエンスについてのアンケート」の回答を担当している。その回答に当たって，オープンアクセスに関する質問の中に「学協会が論文の著作権の譲渡を受けているか」という，著作物の公表において我が国の著作権法の理解とは違和感のある項目が含まれている。

　オープンサイエンスとオープンアクセスをすすめるための技術的な対応として，国際標準化が必要である。そして，欧米の法制度を背景とするオープンサイエンスとオープンアクセスに対しては，我が国の社会制度や文化を背景とする我が国の法制度との整合が求められよう。本稿は，オープンサイエンスにおいてオープンアクセスの対象物であるオープンデータ，オープンコンテンツ，そしてオープンソースを合理的に利活用するときの法的な対応について説明する。

2. オープンサイエンスの法的な課題

　第4期科学基本計画では，「国は，大学や公的研究機関における機関リポジトリの構築を推進し，論文，観測，実験データ等の教育研究成果の電子化による体系的収集，保存やオープンアクセスを促進する。」とし，「学協会が刊行する論文誌の電子化，国立国会図書館や大学図書館が保有する人文社会科学も含めた文献，資料の電子化及びオープンアクセスを推進する。」とある[4]。また，同計画では，オープンサイエンスをすすめるためには，オープンアクセスの対象物の研究データ・ソースプログラム・コンテンツの充実が伴う。オープンアクセスは，政府および公的助成機関，研究者，大学・研究機関，学協会，出版社，大学図書館の多くの関係者の協同で成り立つ[5]。それらにかかわる者や機関は，オープンサイエンスとオープンアクセスを産官

3　機関リポジトリ推進委員会『国内学協会のオープンサイエンス対応状況調査（報告）』（2016年6月）。
4　総合科学技術・イノベーション会議『第4期科学技術基本計画』（2011年8月19日）39頁。
5　国立大学図書館協会『オープンアクセスに関する声明〜新しい学術情報流通を目指して〜』（2009年3月16日）。

学ですすめるプレイヤーである。

　政府および公的助成機関は，コンテンツの制作を他の者に委託しまたは請け負わせるに際してその委託または請負に係るコンテンツが有効に活用されることを促進するため，そのコンテンツに係る知的財産権について，その知的財産権を受託者または請負者から譲り受けないことができる（コンテンツの創造，保護及び活用の促進に関する法律25条1項）。研究者は，思想感情を創作的に表現する論文等では著作者の権利を原始取得し，技術的な思想の創作によって発明者の権利を原始取得しまたは特許を受ける権利により特許権を取得しうる。大学・研究機関は，職務著作また職務発明により，著作者の権利を原始取得しまたは著作権が帰属し，そして特許を受ける権利または特許権が帰属しうる。学協会は，学協会員の研究者から著作権の譲渡，出版権の設定，著作物の利用の許諾を受けることがある。出版社は，複製権等保有者（著作権者）から出版権の設定により出版権者になりうる。大学図書館は，機関リポジトリに関与し，大学教員の論文等のオープン化にあたる。

　オープンサイエンスとオープンアクセスを産官学ですすめるプレイヤーの中には，オープン性とは相反する立場から関わりをもつプレイヤーが同時に関与することになる。オープンアクセスの対象物の法的な関係の検討は，オープンサイエンスをすすめるうえで，オープンアクセスされる対象のクローズとオープンとの関係性，たとえば権利の保護と権利の制限との関係性が明らかにされなければならない。なお，デジタル化・ネットワーク化においては，著作者および著作権の価値は消滅するという見解がある[6]。その見解は，オープンサイエンスの視座のオープン性と連動する。しかし，その認識は，インターネット環境の権利意識と逆行してさえいる。そして，知的財産推進計画2015では，公的助成を受けた研究成果について，データの所有権や著作権ポリシーなどデータの権利に関する課題についての論点整理を行うとある[7]。研究データやコンテンツに創作性または有用性があれば，知的財産として知的財産権が発生しうる（知的財産基本法2条1項，2項）。さ

6　黒崎政男「電子メディア時代の「著者」」『新科学対話』（アスキー出版社，1997年）213～216頁。

7　知的財産戦略本部『知的財産推進計画2015』（2015年7月）43頁。

らに，コンテンツ制作に関しては，コンテンツに係る知的財産権の管理が伴う（コンテンツの創造，保護及び活用の促進に関する法律2条2項）。

オープンアクセスの対象物のオープンデータ・オープンソース・オープンコンテンツは，無償提供が前提になっており，それぞれ定義や規約がある。ただし，それらは，我が国の法制度に基づくものとはいえないことから，我が国の法制度との整合がとられているとはいえない。しかも，たとえばソフトウェアは，著作物であり，発明でもあり，ソースコードは営業秘密になる。そうすると，オープンデータ・オープンソース・オープンコンテンツは，著作物と発明および営業秘密に関連し，クローズドデータ・コード・コンテンツとの関係もある。オープンサイエンスとオープンアクセスの法的課題は，オープンアクセスの対象物に対する法的な対応になる。それは，オープンデータ・オープンソース・オープンコンテンツの定義や規約に対して，我が国の法制度との整合について説明し，オープンサイエンスとオープンアクセスを産官学ですすめるプレイヤー間の法的な対応を明らかにすることである。

3. オープンアクセスの対象物
―オープンデータ・オープンソース・オープンコンテンツ

オープンアクセスの対象物は，それぞれ研究データ，プログラム，電子ジャーナル・電子書籍（論文・書籍）などのデジタル化されたものである。それらがオープンデータ，オープンソース，そしてオープンコンテンツであり，それぞれ定義や規約がある。

(1) オープンデータ

日本学術会議は，「研究データのオープン化」と「データ共有」のあるべき姿をまとめている[8]。そこでは，研究分野を超えた研究データの管理およ

---

8 日本学術会議オープンサイエンスの取組に関する検討委員会『オープンイノベーションに資するオープンサイエンスのあり方に関する提言』（2016年7月6日）。

びオープン化を可能とする研究データ基盤の整備，研究コミュニティでの
データ戦略の確立，データ生産者およびデータ流通者のキャリア設計などに
ついての提言がまとめられている。オープンアクセスの対象物に研究データ
やそれによる学術論文がある。それらは，公的資金を得て実施された研究成
果のオープン化に連動している。たとえば大学のデータ駆動型学術研究を加
速するために，オープンサイエンスにおける研究データのオープン化がいわ
れ，オープンサイエンスにおけるオープンデータのテーマが取り上げられて
いる。それは，これからの科学方法論に絡む様々な問題と施策と関係する。
学術論文や学位論文等は，原則として，オープンコンテンツである。例外と
しては，臨床心理学系の学位論文は，個人情報との関連でクローズ性を有し
ている。また，研究データのオープン化は，論文の捏造・改ざん問題とも関
係している。

　オープンデータは，オープンデータの定義（Open Definition）によれば，
誰でも自由に利用することができ，再利用や再配布も自由に行うことができ
るデータのことである。オープンデータの定義は，オープンなライセンスを
規定する。オープンとは，ソフトウェア分野におけるオープンソースの定義
（Open Source Definition）と関係をもつ用語であり，フリーソフトウェアの
定義（Free Software Definition）および自由文化作品の定義（Definition of
Free Cultural Works）で定められているフリー（free）や自由（libre）など
の用語と同義である[9]。オープンなライセンスの必須となる許諾事項として，
利用（use），再頒布（redistribution），改変（modification），分割（separa-
tion），編集（compilation），差別条項の禁止（non-discrimination），伝播
（propagation），利用目的制限の禁止（application to any purpose），料金領
収の禁止（no charge）の規定がある。オープンなライセンスの付帯許容条
項として，帰属情報表示（attribution），完全性の維持（integrity），継承
（share-alike），注記（notice），元データ提示（source），技術的な制限の禁
止（technical restriction prohibition），非侵害（non-aggression）が規定さ
れる。総務省の「オープンデータ戦略の推進による定義」は，オープンデー

─────────────

9　"Open Definition"〈http：//opendefinition.org/od/2.0/en/〉（2020/02/28 アクセス）。

タの定義に準拠する。オープンデータは，機械判読に適したデータ形式，人手を多くかけずにデータの二次利用を可能とするものとされる。オープンデータの公開レベルは，公開文書（編集不可），公開文書（編集可），機械判読可能な公開データになる。オープンデータの研究データは，研究データを産み出す者と機関に関して研究データに発生する権利が帰属しており，その権利は第三者により研究データが利活用された派生物に対しても及ぶ。その関係は，派生物に対しても同様になり，多重の入れ子になる。その入れ子は，権利の帰属の多重性になる。

　また，オープンデータとの関連で，著作物性のないデータの自由な利用が当然のようにいわれることがある。事実，創作性のないデータベースは，一般的には，著作権法では保護されない。ただし，データの収集は，無償でなされるものではない。勝手に，抽出（extraction），再利用（reutilization）ができるとすることに，公平性の見地からの説明はできない。そこで，データベース製作者の投資保護の面から，創作性のないデータの編集物に係る権利として *sui generis* 権が認められている（データベースの法的保護に関する 1996 年 3 月 11 日の欧州議会及び理事会指令（96/9/EEC）7 条）。*sui generis* 権とは，著作権で保護されるとはいえないにしても，著作隣接権や不正競争などで保護しうる特別な権利をいう。創作性のないデータの編集物は，著作権・著作隣接権，不正競業の枠内に拘束されない権利として提案される。

　ビッグデータとともに，オープンデータの活用の推進がうたわれている[10]。オープンデータにパーソナルデータが含まれるとき，個人情報の法的な対応が求められる。さらに，研究データの使用にあたっては，著作物性や特許性，さらに企業秘密と国家機密情報，さらに研究倫理とのかかわりからの検討を要しよう。そうすると，オープンデータとされる研究データであっても，企業秘密と国家機密情報と判断される研究データおよびその関連論文は，全体的か部分的かを問わず，クローズ性の対象になる。

10　高度情報通信ネットワーク社会推進戦略本部『世界最先端 IT 国家創造宣言』（2013 年 6 月 14 日・閣議決定，2016 年 5 月 20 日改訂）。

⑵　オープンソース

　オープンソースは，ソフトウェアのソースコードを無償で公開するもので
ある。オープンソースの定義（The Open Source Definition：OSD）では，
オープンソースとは，単にソースコードが入手できるということだけを意味
するのではない。オープンソースライセンスが満たすべき条件として，1.
再頒布の自由，2. ソースコード，3. 派生ソフトウェア（derived works），
4. 原著作者のソースコードとの区別（integrity），5. 特定人物・集団に対す
る差別の禁止，6. 使用分野（fields of endeavor）に対する差別の禁止，7.
ライセンスの権利配分，8. ライセンスは特定製品に限定してはならない，
9. ライセンスは他のソフトウェアを制限してはならない，10. ライセンスは
技術中立（technology-neutral）でなければならない，との要件がある[11]。

　オープンソースは，フリーソフトウェアと関連する。フリーソフトウェア
は，利用者の自由とコミュニティを尊重するソフトウェアを意味し，そのソ
フトウェアを，実行，コピー，配布，研究，変更，改良する自由を利用者が
有することを意味する。GNU（GNU's Not UNIX）は，UNIX 互換のソフト
ウェア環境をすべてフリーソフトウェアで実装するプロジェクトである。
1984 年，マサチューセッツ工科大学（MIT）人工知能研究所のリチャー
ド・ストールマン（Richard Stallman）が GNU 運動を開始し，ソフトウェ
アを複製する自由，使用する自由，ソースプログラムを読む自由，変更する
自由，再配布する自由を唱えている。GNU は，著作権（copyright）に対し
てコピーレフト（copyleft）と表示し，著作権を保持したまま，二次的著作
物も含めて，すべての者が著作物を利用・再配布・改変できなければならな
いという考え方である。GNU 運動は，コンピュータプログラムの特にソー
スコードについてのものであるが，それ以外の著作物にも適用しようという
動きがあり，その１つがクリエイティブ・コモンズである。フリーソフト
ウェアは自由の問題であり，値段の問題ではない。この考え方を理解するに
は，ビール飲み放題（free beer）ではなく，言論の自由（free speech）に
なる。また，フリーソフトウェア開発では，特許などの知的財産権の保護が

11　"The Open Source Definition"〈https://opensource.org/docs/osd〉（2020/02/28 アクセ
　ス）。

十分検証されていない。ソフトウェアの使用は，著作権の制限だけでなく，特許権の制限との関係が生じる。

　オープンソースには，TRON（The Real-time Operating system Nucleus），Linux などがある。TRON は，1984 年，坂村健（東京大学）によって提唱される。TRON の理念は，コンピュータを機器別に扱うのではなく，ある程度，標準的な仕様を設けて連携することにある。財団法人トロン協会会員企業による検討の結果策定された OS 等の仕様である。著作権はトロン協会に帰属するが，その実装・商品化は誰でも自由に行うことができる。トロン協会は 2010 年 1 月 15 日付けで解散され，TRON プロジェクトは T-Engine フォーラムに引き継がれている。Linux の創始者はリーナス・トーバルズ（Linus Torvalds）であり，彼は Linux の著作者になる。Linux は，GPL（GNU General Public License）による PC 向け UNIX クローンであり，PC 用の高性能，高機能な OS でインターネット用サーバの構築などが可能である。それらは，一般に無料で公開される。TRON の普及，啓蒙などは，トロンフォーラムが担っている。また，Linux の普及，保護，標準化を進めるために，オープンソースコミュニティに資源とサービスを提供する機構として Linux Foundation が設立されている。ソフトウェア（ソースコード）は，プログラムの著作物であり，物の発明であり，ソースコードは営業秘密になる。ソフトウェア（ソースコード）自体がオープン性とクローズ性との二重性の関係がある。

⑶　オープンコンテンツ

　オープンコンテンツは，オープンソースから類推されて生まれた概念である。オープンコンテンツは，狭義の学術情報として，電子ジャーナルとして提供される。また，オープンコンテンツは，論文の内容をリライトして，広義の学術情報として，電子書籍で提供されることもある。オープンコンテンツに，クリエイティブ・コモンズ（Creative Commons）がある。クリエイティブ・コモンズの発起人に，ローレンス・レッシグ（Lawrence Lessig）がいる。クリエイティブ・コモンズとは，著作物の適正な再利用の促進を目的として，著作者が自らの著作物の再利用を許可するという意思表示を手軽

に行えるようにするための様々なレベルのライセンスを策定し普及を図る国際的プロジェクトおよびその運営主体である。クリエイティブ・コモンズは，著作物の公開における活動である。このアイディアは，作家やクリエイターたちが自分たちのコンテンツに自由を与えるマークを付するシンプルな方法の定義にある。その規約は，Creative Commons License（CC ライセンス）に準拠する。その基本ライセンスは，1. 帰属（表示）（attribution），2. 非営利（noncommercial），3. 派生禁止（改変禁止）（no derivative works），4. 同一条件許諾（share alike）の4条件がある。CC ライセンスでは，権利制限規定に基づくときはライセンス規定に従わなくてもよいとあり，パブリシティ権，肖像権，人格権は保証されておらず，いわゆる "All rights reserved" ではなくて "Some rights reserved" になっている。そうすると，オープンコンテンツの権利の帰属は，我が国の権利の構造と米国の権利の構造との違いを考慮する必要がある。それは，我が国の権利制限規定と米国の権利制限規定は原則として営利性がなければ許諾と利用料が不要であるとされているが，我が国の権利制限規定では補償金と権利者への通知を必要とする傾向性にあることである。

　クリエイティブ・コモンズの関連で，教育コンテンツがオープンコンテンツとして無償でネット公表されている。オープンコンテンツは，オープン教育資源（Open Educational Resources：OER）によりすすめられている。大学講義は，オープンコンテンツの流れの中で，我が国でもネット公開されている。その契機は，MIT のオープンコースウェア（OpenCourseWare：OCW）になろう。MIT OCW は，教育コンテンツをオープンコンテンツとして無償でネット公表している。OCW は，米国国内から，欧州連合（EU）やアジアなどへ影響を及ぼしている。我が国は，日本オープンコースウェア・コンソーシアム（Japan OpenCourseWare Consortium：JOCW）がある。オープンコンテンツの流れは，OCW から，大規模公開オンラインコース（Massive Open Online Courses：MOOC）へと展開している。それは，オープンコンテンツの提供にとどまらず，単位認証も視野に入れている。MOOC のたとえば courser，eddy，audacity，そして英国の公開大学がすすめる FutureLearn などは，単位認証も視野に入れたオープンコンテンツ

である。我が国では，一般社団法人日本オープンオンライン教育推進協議会（Japan Massive Open Online Courses Promotion Council：JMOOC）が設立されている。ただし，MOOC は，OCW と異なり，クローズドコンテンツも対象になる。

4.　オープンアクセスをすすめるプレイヤー間の法的な対応

オープンアクセスをすすめるプレイヤー間の法的な対応とは，著作物に関しては政府および公的助成機関，研究者，大学・研究機関，学協会，出版社，大学図書館等の間の関係になり，発明に関しては政府および公的助成機関，研究者，起業家，研究機関，企業，特許情報プラットフォーム（J-PlatPat）との間の関係に与えられる。なお，オープンソースは，ソフトウェアとして，プログラムの著作物として著作権制度での法的な対応が関与し，また物の発明として産業財産権制度での法的な対応が関わりを持つ。また，オープンコンテンツは，コンテンツ制作にあたっては，その取扱いについて知的財産権制度が法的な対応になる。

⑴　政府・公的助成機関と教育研究者
政府および公的助成機関は，教育研究者への研究資金の提供によって，学術研究を促進する上で貢献する。これが，オープンアクセスの起点になる。研究成果の権利の帰属に対して，政府・公的助成機関と教育研究者との法的な対応は想定されていない。ただし，コンテンツを有効に活用することを促進する限り，受託者等に知的財産権が帰属する関係がある（コンテンツの創造，保護及び活用の促進に関する法律 25 条）。

⑵　教育研究者・起業家と大学・研究機関
大学と研究機関に所属する教育研究者は，オープンアクセスの対象物を活用して学術研究をすすめ，その研究成果を論文または発明として公表し公開する。研究成果としての学術情報は，大学・研究機関の機関リポジトリで公

開される。機関リポジトリでの学術情報は，©表示に研究機関が記されるものが見られるが，一般に，教育研究者と大学・研究機関との間で法的な対応は想定されていない。しかし，大学と研究機関に所属する教育研究者は，研究成果の権利の帰属に関する法的な対応として職務著作条項と職務発明条項との関わりを有する。

　教育研究者は，研究成果と関連して論文と学術図書を出版する。それらに，職務著作が関わりを持つことはないであろう。ただし，教育コンテンツでは，職務著作が想定できる。オープンコンテンツといえるものに，たとえば放送大学講義がある。放送大学講義の一部は，クリエイティブ・コモンズとして運用している。放送大学講義は，放送大学学園が職務上作成する著作物の著作者，いわゆる職務著作の対象とは明記されていない。しかし，職務著作規定といえるものとして，放送大学学園は，その目的を遂行するため必要な範囲において無償で自由に利用することができるとする規則がある（放送大学学園就業規則 38 条 2 項）。これは，著作物の利用の許諾に相当しており，職務著作規定との関連性はない。

　教育研究者は，研究成果としての発明に関しては，職務発明の法的な対応が関与する。大学・研究機関と教育研究者との法的な対応は，教育研究者が大学・研究機関へ，特許を受ける権利（特許権）を譲渡するか，仮専用実施権・専用実施権を設定するか，仮通常実施権・通常実施権を許諾するのかがある。たとえば情報通信研究機構（NICT）では NICT が保有する知的財産の実施許諾を行っているが，知的財産の実施許諾は特許権に関する権利の帰属は明確になっているが，知的財産権の譲渡や著作権，ノウハウ等についての権利の帰属は明確であるとはいえない[12]。特許発明と著作物および営業秘密の法的な対応により明示する必要がある。また，職務発明には，教育研究者の発明と同時に，大学・研究機関に特許を受ける権利が帰属するという規定を有している。たとえば iPS 細胞研究から創出された特許を管理するために，京都大学 iPS 細胞研究所（Center for iPS Cell Research and Application：CiRA）の iPS 細胞関連知財管理連携体制がある。CiRA が中

12　「NICT の実施許諾方針について」〈https：//www.nict.go.jp/out-promotion/technology-transfer/4otfsk00000obrtv-att/license_policy.pdf〉（2020/02/28 アクセス）。

心となり，京都大学産官学連携本部や京大iPS細胞関連特許の実施権を許諾する iPS アカデミアジャパン株式会社と連携して運用している。これは，職務発明規定の選択的な運用の関係になる。

　ところで，職務著作と職務発明に関する規定を著作権法15条と特許法35条とには直接の対応関係にはない。しかし，職務著作に関して職務著作条項を離れて関連する条項を考慮して比較対照すると，職務発明規定と整合する条項が存在する。前述の放送大学学園就業規則38条2項は，職務発明規定の通常実施権の無償の許諾と同様になる（特許法35条1項）。また，映画製作者への映画の著作物の著作権の帰属は，職務発明規定の使用者等への特許を受ける権利と相同である（同法35条3項）。それらの関係は大学・研究機関と教育研究者との職務創作の相補的な法的な対応になるが，職務著作規定が法人等を自然人として著作者としているのに対して，職務発明規定は使用者等（法人等）を自然人として発明者として規定するものがない。

　発明の創作時に関する発明者の権利の創作者帰属は，発明者が自然人としていることから，著作物の創作時に関する著作者の権利の創作者帰属と同様のはずである。職務著作規定と職務発明規定との整合の観点から，使用者等を自然人の発明者と擬制して，発明者の権利を認めることが考えられる。職務著作と職務発明の権利の帰属の関係を巨大科学の研究データの権利の帰属に類推適用すれば，職務発明は，①職務発明に寄与する複数の創作者帰属，②職務発明の特許を受ける権利（特許権）の法人帰属，③職務発明の自然人を擬制した発明者の権利の法人帰属の3つの関係でとらえうる。その関係は，発明と著作物との権利の帰属を整合し，大陸法系と英米法系との2つのとらえ方とその橋架けすることにもなる。しかし，職務著作規定が著作者の権利と著作権等とを架橋する規定とみれば，発明者の権利と特許権とを架橋する仮想的な規定を想定すれば，実質的に同じになろう。

(3)　大学・研究機関と企業

　大学講義のコンテンツにおいては，大学・研究機関と企業は特別な法的な対応を配慮することはない。ただし，オープンソースとオープンコンテンツは，商標とかかわりをもつ。プログラムに関する名称の多くは，商標または

登録商標である。また，大学・研究機関のキャラクターは，著作物だけでなく，登録商標の場合もある。コンテンツに登録商標が付されるとき，大学・研究機関と企業の商標権者は，我が国では商標登録である旨の表記に努めなければならない（商標法施行規則 17 条）。その場合，CC BY[13]のように，我が国の法制度と直接に関連しない™や ® のマークを表示することで代替可能であろう。

⑷　教育研究者と学協会

　オープンデータやオープンコンテンツに関しては，学協会の論文について，学協会が著作権を有することが求められている。教育研究者と学協会とは，論文の投稿にあたっては，たとえば情報処理学会の投稿論文等の著作権は，情報処理学会に最終原稿が投稿された時点から原則として本学会に帰属するとしている。ところが，情報処理学会の出版物に投稿された論文等が本学会の出版物に掲載されないことが決定された場合，当学会は当該論文等の著作権を著作者に返還するとなっている（情報処理学会著作権規定 2 条 3 項）。電子情報通信学会も，同様になる。情報処理学会や電子情報通信学会への著作権が譲渡された論文は著作者人格権の不行使特約が付され，その論文はさらに学術著作権協会（著作権等管理事業者）へ信託譲渡されている。ところが，情報処理学会や電子情報通信学会でも学術図書に関しては出版権の設定になっている。そうすると，それら学会の著作権の譲渡は，copyright transfer の翻訳になり，著作権等管理事業法の信託譲渡（著作権等管理）であり，我が国の著作権法の規定とは必ずしもいえない。

　他方，特定の理系の学協会以外は，論文の著作権（著作者の権利）は論文掲載者にあるとし，論文の掲載について許諾する形式にある。我が国の学協会の著作権の帰属は，著作権と出版権と著作者人格権の帰属には多様性があ

13　CC BY は，クリエイティブコモンズ表示のことであり，帰属（表示），非営利，派生禁止（改変禁止），継承の組み合わせからなり，CC BY（Creative Commons Attribution），CC BY-NC（Creative Commons Attribution-NonCommercial），CC BY-ND（Creative Commons Attribution-NoDerivs），CC BY-NC-ND（Creative Commons Attribution-NonCommercial-NoDerivs），CC BY-SA（Creative Commons Attribution-ShareAlike），CC BY-NC-SA（Creative Commons Attribution-NonCommercial-ShareAlike）からなる。

る。日本セキュリティ・マネジメント学会は，出版権の設定で論文は公表されるとしていたが，掲載された研究論文等の著作権は当学会と著者に帰属するとなっている。また，情報通信学会で論文の公表にあたっては，著作権は学会に帰属し，著作者人格権は著作者に帰属するとある。そして，日本知財学会は，投稿論文の著作権は著作者が保持し，投稿論文の著作者は本学会のあらゆる利用行為を許諾するとし，この許諾は著作者人格権に影響を及ぼすものではないとある。文系の学協会は，情報処理学会や電子情報通信学会の著作権規定とは異なり，著作者の権利は論文の著作者にあり，出版権の設定または著作物の利用の許諾によって論文を公表していると推定される。

　上記の教育研究者と学協会との権利の帰属に関する法的な対応は，copyright transfer の翻訳になる著作権の譲渡と出版権の設定および著作物の利用の許諾と併存し，それらに信託譲渡（著作権等管理）が関与している。

⑸　教育研究者と出版社

　教育研究者と出版社は，教育研究者と学協会と同様の法的な対応が考えられる。教育研究者と大学出版社との関係を拡張した法的な対応の例として，教育研究者と放送大学教育振興会および教員と放送大学学園との間に，コンテンツの制作・著作にあたっての個別の権利関係が設けられている。その関係とは，放送授業のシナリオと関わりを持つ印刷教材においては，教員研究者が著作した原稿に対して，教員と放送大学教育振興会とは「出版契約」である。放送授業では，教員と放送大学学園とは「出演者用の承諾書」によっている。「出版契約」は，教員の放送大学教育振興会への出版権（複製権と公衆送信権等）の設定になる。「出演者用の承諾書」は，教員が出演し，著作物等の提供を行った放送授業の放送・配信の承諾に関する教員の放送大学学園への著作物の利用の許諾といえるものである。「出演者用の承諾書」によって，放送事業者である放送大学学園が制作・著作し，BSデジタル放送および radiko.jp でネット同時配信される。ここでは，著作権者である教育研究者と著作隣接権者としての放送大学学園という関係がある。

　なお，出版権に対応する権利は，ドイツと中国では著作隣接権のカテゴリーで規定される（ドイツ著作権法70条，中国著作権法30条）。また，放

送授業や，OCW と MOOC の視聴覚著作物は，映画の著作物であり，そこで想定される法的な対応が求められる。

⑥　教育研究者と学協会・出版社および国立国会図書館

　教育研究者による論文や学術図書は，学協会・出版社経由で国立国会図書館へ納本される。納本される学術情報は，上記で検討してきた教育研究者と学協会・出版社との間の法的な対応を内包する。納本された学術情報は，当然に教育研究者による著作者の権利があるが，学協会・出版社は論文や学術図書の所有権を放棄した関係になる。オンライン資料収集制度（eデポ）では，電子ジャーナルと電子書籍の著作権は，学協会・出版社に帰属することが求められる。国立国会図書館では，納本制度に関連するインターネット資料収集保存事業（Web Archiving Project：WARP）とオンライン資料収集制度（愛称：eデポ）がある。WARP では，ウェブサイトを定期的に収集・保存して，収集したウェブサイトをオリジナルの状態のまま保存している。eデポは，2013 年 7 月 1 日から，私人が出版したオンライン資料を収集・保存している。当面，無償かつ DRM（技術的制限手段）のないものに限定して，収集し，有償のオンライン資料については実証実験を行っている。

　オープンアクセスは，政府および公的助成機関，研究者，大学・研究機関，学協会，出版社，大学図書館の多くの関係者の協同で成り立つという観点に立てば，研究者が出版社・学協会の書籍・ジャーナルで公表するデータ・コンテンツの国立国会図書館（納本制度）との併存による有料を含むサービス提供があろう。オープンアクセスの対象物とその派生物は，オープンアクセスに関りを持つプレイヤー間での法的な対応が求められる。eデポと同様の機能は，J-STAGE，CiNii，機関リポジトリ等で提供されている。また，特許情報は，特許情報プラットフォーム（J-PlatPat）のサービス提供がある。もしオープンサイエンスをすすめる複数の機関で学術情報・特許情報を提供するときは，オープンサイエンスをすすめる機関の役割分担を明確にして，eデポと連携し，権利の制限の中で一元化が必要になろう。

5. おわりに

　オープンアクセスの対象物のオープンデータ・オープンソース・オープンコンテンツは，それらを使用するときに，許諾を必要とすることなく，無償で使用できるとされる。それは，オープンデータの定義，オープンソースの定義，CC ライセンスによっている。しかし，それらは，我が国の社会文化的な背景とは異なる法理から導出される定義や規約になる。公共機関において，オープンコンテンツに関して CC ライセンスの準拠を表記しているが，上記で見てきたように，我が国において直接にオープンな CC ライセンスが適用されるものではない。それは，オープンデータの定義，オープンソースの定義，CC ライセンスの定義や規約の内容を実現するためには，上記で説明してきた我が国の著作権法等のオープンアクセスの対象物を活用するうえでの法的な対応を必要とするからである。

　オープンデータとオープンコンテンツは著作権法の保護の対象であり，オープンソースはプログラムの著作物（著作権法 10 条 1 項 9 号），物の発明（特許法 2 条 3 項 1 号），営業秘密（不正競争防止法 2 条 6 項）として著作権法，特許法，不正競争防止法の保護の対象になりうる。また，オープンソースの Linux やオープンコンテンツの OCW は，登録商標との関係がある。Linux Foundation は，Linux の商標を管理する。MIT や OCW は登録商標であり，OCW はオープンコンテンツとして無償であっても，OCW の登録商標の使用は許諾を要する。データベース・コンテンツ・ソースコードの全体の制作者・創作者がオープンデータの定義やオープンソースの定義，そして CC ライセンスのもとにオープン性を宣言したとしても，部分を構成する研究データ・ソースプログラム・コンテンツの制作者・創作者の判断が関係する。この関係は，引用だけではなく，編集著作物・データベースの著作物や二次的著作物がかかわりをもつ。しかも，その中には財産権のあるデータや著作物，それに実演・レコード・放送・有線放送また出版もありうる。

　オープンアクセスの対象物のオープンデータ・オープンソース・オープン

コンテンツは，知的財産権の制限と保護との均衡による知的財産権管理によりオープンアクセスの対象物として使用できる関係にある。さらに，オープンアクセスの対象物のオープン性とクローズ性との関係の情報管理により，オープンデータ・オープンソース・オープンコンテンツはアクセスの可否が判断される。その法的な対応によって，オープンサイエンスとオープンアクセスが産官学で促進されることになる。

（児玉晴男）

Ⅴ．科学研究のデュアルユース問題の法的な対応

1．はじめに

　産学連携や国際共同研究を視野に入れた科学研究を遂行するためには，外部資金として公的資金の獲得が前提になる。そのような研究環境の中で，2017 年 3 月 24 日の「軍事的安全保障研究に関する声明」（以下，「学術会議「声明」」と略称する。）において，防衛装備庁の「安全保障技術研究推進制度」の問題が指摘されている。学術会議「声明」は，軍事的安全保障研究では，研究の期間内および期間後に，研究の方向性や秘密性の保持をめぐって，政府による研究者の活動への介入が強まるとの懸念を表明している[1]。

　「安全保障技術研究推進制度」は，2015 年度に発足した防衛装備庁の競争的資金制度である。この科学研究のための公的資金は，近年の技術革新の急速な進展が防衛技術と民生技術のボーダレス化をもたらしており，防衛技術にも応用可能な先進的な民生技術，いわゆるデュアルユース技術を積極的に活用することが重要となっているとの観点から，防衛分野での将来における科学研究に資することを期待し，先進的な民生技術についての基礎研究を公募するものである[2]。

　ところで，デュアルユースの定義として，例えば「数多くの科学技術が，国家，社会，個人，環境等に対して有益な効果のみならず，深刻な損害をももたらしうる可能性をも内包している。このように科学技術が「正と負」の両面を有している状況を，『科学技術のデュアルユース的側面』と定義し，このような科学技術の「負」の側面によって，自国や国際社会の利益に反し

1　日本学術会議「軍事的安全保障研究に関する声明」（2017 年 3 月 24 日）。
2　「安全保障技術研究推進制度」〈www.mod.go.jp/atla/funding.html〉（2020/02/28 アクセス）。

て，人類や社会，環境等に何らかの損害や危害がもたらされることを『科学技術のミスユース』」とするものがある[3]。科学研究のデュアルユース問題は，巨額な防衛予算を背景に本格化する大学の軍事研究という観点に立っていよう[4]。それは，軍事用と民生用との二分化ができるという観点にある。しかし，科学研究のデュアルユース問題は，軍事用から民生用へというスピンオフの観点だけでなく，科学研究が軍事用と民生用との二重性と民生用から軍事用への転換の観点からの対応も考慮する必要がある。しかも，我が国においては産官学連携の民生用の科学研究であっても，それが国際科学研究において諸外国にとっては軍事用の科学研究に繋がりうる。学術会議「声明」の観点の有効性は，科学研究が軍事用と民生用に明確に区分けができて，産学官連携と我が国を取り巻く諸外国の国際科学研究における軍事研究の実状を考慮しない限定的なものといえる。

　産官学連携と国際科学研究による科学研究は，そもそも軍事用と民生用とが二分できる性質にあるのではなく，必然的に軍事用と民生用とが表裏の関係にある。科学研究のデュアルユース問題に関しては，大学等の各研究機関とそれらに所属する研究者に対する倫理的な対応として研究倫理が中心にある。しかし，この研究倫理の中に，科学研究のデュアルユース問題に直接に関係するものは見いだせない。ただし，大学等の各研究機関の研究倫理と学協会等の倫理綱領には，法的な対応の観点が含まれている。したがって，科学研究のデュアルユース問題の検討は，倫理的な対応と共に法的な対応の明確化も求められる。倫理的な対応の中の法的な対応としては科学研究に関する知的財産と知的財産権に関わりのある事項が含まれ，それは安全保障に関わりを持っている。本稿は，科学研究がデュアルユースであることを前提に，研究成果に関する大学等の各研究機関とそれらに所属する研究者との間の知的財産管理および国との関わりからのセキュリティ管理との関係について説明する。

3　河原直人「安全保障政策とバイオセキュリティ―安全保障の観点から見た科学者の社会的責任について」四ノ宮・河原編著『生命科学とバイオセキュリティ』（東信堂，2013 年）216 頁。
4　池内了『科学者と軍事研究』（岩波書店，2017 年）165～172 頁。

2. 科学研究のデュアルユース問題の課題

　学術会議「声明」に対して，研究者の自由な発想を縛り，日本の科学を一層低迷させかねないとの懸念がある[5]。ここで，軍事用と民生用との関係は，コンピュータ，インターネット，全地球測位システム（Global Positioning System：GPS），ドローン，衛星，そして人工知能（Artificial Intelligence：AI）などに見いだすことができ，我々の日常生活において恩恵を被っている科学技術の中には，軍事用の民生用への転換または軍事用と民生用との二重性がある。ただし，実世界において機械製品や電気・電子製品は軍事用と民生用とを二分できるように扱うことはできるかもしれないが，たとえ民生用の機械製品や電気・電子製品であっても，それらは，宇宙空間では多様な武器となりえて，軍事用と民生用との区分けを無効とする。そして，情報技術・情報通信技術は，モノのインターネット（Internet of Things：IoT）やサイバー空間では，サイバー攻撃手段と関連しうる。

　さらに，学術会議「声明」に関しては，大学等の各研究機関において産学官連携と国際科学研究をすすめることを可能とするかどうかという疑問がある。企業との産学連携では，例えば三菱重工業，石川島播磨，川崎重工といった防衛産業にも関わっている民間企業は防衛省との産官連携が背景にあり，コマツが生産する重機械とIoTは軍事用になりうる。そうすると，民間企業関連の財団等における研究助成においても，防衛装備庁「安全保障技術研究推進制度」と同様のことがいえる。そして，米国と中国との各々の国際科学研究では，例えばアマゾン社，アップル社，マイクロソフト社における科学研究の背景に国防総省等との産学官連携があり，そして中国の大学では例えば軍事用の科学技術研究院（国防科学技術研究院）が存在する。また，トヨタはマサチューセッツ工科大学およびスタンフォード大学と連携研究センターを設立し，トヨタ財団は東アジア等との国際助成プログラムがあ

　5　読売新聞社説「研究の自由をはき違えるな」読売新聞朝刊13版，3面。

る。そこには，軍事用と民生用との二重の関係が存在しており，我が国の大学等の各研究機関が学術会議「声明」を受け入れているとしても，日米または日中の国際科学研究によって科学研究を遂行するときには，軍事用も関連してこよう。もし学術会議「声明」を国内対応とともに国際対応として受け入れるとしたら，日米と日中の国際科学研究による科学研究はそもそも不可能なはずである。科学研究のデュアルユースに関する課題は，大学等の各研究機関が産学官連携と国際科学研究で民生用としてすすめられている科学研究が実態として軍事用と民生用とのデュアルユースになっていることにある。

　ところで，大学等の各研究機関は，それらに所属する研究者の研究成果に対して知的財産管理に関わりを持つ。そしてその対象は，国外の研究者と国内の大学等の各研究機関との関係もある。例えば米国の研究所から我が国の理化学研究所脳科学総合研究センターへ転職したチームリーダーらが遺伝子などの試料（DNA，細胞株溶液，分子構造の一部の構成物）を持ち出したとされる事件がある。本件は，アメリカの経済スパイ法（Economic Espionage Act）の外国政府の利益のために行われるスパイ行為を罰する経済スパイ条項（18 U.S. Code § 1831）が問われたものである。これは我が国では不正競争防止法による秘密管理の対応になり，その知的財産管理の対応はセキュリティ管理とも関わり合う。

　研究成果は知的財産法に関係することから，知的財産管理において，研究者の創作者としての権利と研究者が所属する大学等の各研究機関との権利の帰属との明確化が求められる。そして，国内の産官学連携と国際科学研究を適正にすすめるためには，科学研究は，科学技術のデュアルユースを前提として，科学技術自体だけでなく，社会科学・人文科学を含めた科学技術と社会とのかかわりの中で，科学研究のデュアルユースの知的財産管理とセキュリティ管理のシームレスな対応が必要になろう。

3. 科学研究のデュアルユース問題の対応[6]

　学術会議「声明」は，大学等の各研究機関およびそれらに所属する研究者に対して，倫理的な対応を求めている。また，科学研究のデュアルユース問題の知的財産管理とセキュリティ管理との対応からいえば，法的な対応も考慮する必要がある。

⑴　科学研究のデュアルユース問題の倫理的な対応

　学術会議「声明」のいう科学研究のデュアルユース問題の対応は，デュアルユースの軍事的な面への研究者個人，大学等の各研究機関，そして学協会の自主的な倫理的な対応からの軍事研究の回避を求めるものである。その倫理的な対応は，大学等の各研究機関における研究倫理であり，学協会等の倫理綱領に求められる。

①　大学等の各研究機関の研究倫理

　学術会議「声明」は，大学等の各研究機関は，軍事的安全保障研究とみなされる可能性のある研究について，その適切性を目的，方法，応用の妥当性の観点から技術的・倫理的に審査する制度を設けるべきことを求めている。「第5期科学技術基本計画」では，研究の公正性の確保のために，研究者は，研究の公正性を維持する責務を改めて認識し，研究倫理を学び，自ら修得した研究倫理を後進に伝えるなど，研究の公正性が自律的に維持される風土の醸成に努めることが求められる[7]。科学研究のデュアルユース問題における研究活動の場も，他者の研究成果に関する著作権・知的財産権の制限のもとに自由な発想のもとに研究成果が創造されるものになる。そこで，研究者と大学等の各研究機関は，研究活動に関する法令遵守（compliance）と利益相

6　児玉晴男「研究開発におけるデュアルユースと知財管理」パテント71巻7号（2018年）133〜139頁。
7　『科学技術基本計画』（2016年1月22日）48頁。

反（Conflict of Interest：COI）など研究倫理の対策が求められることになる。大学等の各研究機関にとっての研究倫理は，研究不正との関わりからとらえられており，科学研究のデュアルユース問題に対応する規則は見いだせないことから，研究者の自己の判断によらざるをえない。

②　学協会等の倫理綱領

　学術会議「声明」は，学協会等には，それぞれの学術分野の性格に応じて，ガイドライン等を設定することも希求している。学協会等の倫理綱領には，知的財産権と知的財産法に関連する規定がある。例えば日本機械学会倫理規定では，不公正な競争を避けて真摯な態度で討論すると共に，他者の知的成果などの業績を正当に評価し，知的財産権を侵害せず，非公開情報の不正入手や不正使用を行わないとし，また，複数の関係者によって成果を創出した場合には，貢献した者の寄与と成果を尊重するとしている[8]。電気学会倫理綱領では，他者の生命，財産，名誉，プライバシー，他者の知的財産権と知的成果を尊重するとしている[9]。また，情報処理学会倫理綱領では，他者の人格とプライバシーを尊重し，他者の知的財産権と知的成果を尊重するとある[10]。

　大学等の各研究機関の研究倫理にしても学協会等の倫理綱領にしても，それらから直接に科学研究のデュアルユース問題の対応へ導くことは困難である。なお，大学等の各研究機関の研究倫理や学協会等の倫理綱領では，法令遵守の規定がある。その法令は，知的財産法と関わりがある。科学研究のデュアルユースと倫理との関連性は，大学等の各研究機関とそれらに所属する研究者との研究成果に対する権利の帰属と知的財産管理との関係に見いだせる。

8　「日 本 機 械 学 会 倫 理 規 定」〈https：//www.jsme.or.jp/about/ethical-consideration/〉（2020/02/28 アクセス）。

9　「電気学会倫理綱領」〈www.iee.jp/?page_id=2304〉（2020/02/28 アクセス）。

10　「情報処理学会倫理綱領」〈https://www.ipsj.or.jp/ipsjcode.html〉（2020/02/28 アクセス）。

⑵　科学研究のデュアルユース問題の法的な対応

　大学等の各研究機関において，研究成果は，知的財産の関わりの中で知的
財産管理の対象になる。知的財産は，知的財産法の中で現れる大学等の各研
究機関とそれらに所属する研究者における人格的価値（人格権）と経済的価
値（財産権）との関わりからとらえうる。したがって，科学研究のデュアル
ユース問題の法的な対応には，大学等の各研究機関とそれらに所属する研究
者による研究成果の権利の帰属の明確化による知的財産管理が必要になる。

①　研究成果に関する権利の帰属

　研究成果は，原則として，自然人である研究者に原始的に帰属する。ただ
し，大学等の各研究機関に研究成果の権利が帰属する場合がある。それは，
職務創作において見られる。ただし，大学等の各研究機関とそれらに所属す
る研究者の科学研究に関する権利の帰属は，著作権法と特許法では権利の帰
属の態様が異なっている。それは，職務著作と職務発明との関係において顕
著であり，人格権と財産権との帰属の違いもある。職務著作規定と職務発明
規定では，研究者の研究成果の人格権も考慮する著作者の権利（著作者人格
権と著作権）と発明者の権利（特許を受ける権利と発明者掲載権）との関係
からの権利の帰属での整合が必要である。

　また，職務考案および職務意匠の創作は，職務発明の権利の帰属と同様に
なる（実用新案法11条3項と意匠法15条3項で特許法35条を準用）。ただ
し，仮専用実施権に係る部分は除かれている。職務育成品種は，職務発明等
と同じ内容である（種苗法8条）。そして，発明者掲載権と同様，出願品種
の育成をした者の掲載権が規定されている（同法5条1項4号）。それに対
して，職務上の回路配置の創作は，職務著作と同様に，法人等が回路配置の
創作をした者となることができる（半導体集積回路の回路配置に関する法律
5条）。法人等に著作者人格権と同様，回路配置を創作した者の掲載権が認
定できる（同法3条2項4号）。そうすると，職務創作の権利の帰属は，職
務著作の権利の帰属と職務発明の権利の帰属との整合が見いだせなければな
らないだろう。しかし，職務著作規定（著作権法15条）と職務発明規定
（特許法35条）との対応関係からは見いだしえない。

　職務著作は，創作時の著作者帰属が法人帰属になりうるものであり，法人を自然人に擬制し，著作者の権利を帰属させることを含む。職務発明は，発明時は発明者帰属であるが，段階的に特許を受ける権利または特許権は法人帰属になりうるものと，特許を受ける権利が発明時に法人帰属する2つのパターンがある。職務創作の権利の帰属は，自然人である創作者への原始帰属だけでなく，法人の創作者への原始帰属が含まれる。それが職務発明の権利の帰属に関する全体的な面とすれば，職務発明の権利の帰属に関する部分的な面，すなわち物権的な権利と債権的な権利の帰属の関係の検討を要する。そして，職務著作と職務発明の権利の帰属の関係は，著作権法29条2項と特許法35条3項との対応関係からの考慮も必要である。

　ここで留意すべきことは，著作権法29条2項の著作権の帰属は米国著作権法の職務著作物の著作権の所有（ownership）と対応し，特許法35条3項の特許を受ける権利の帰属は米国特許法の職務発明の特許権の所有（ownership）と対応する。著作権の所有は著作権の譲渡（copyright transfer）により，特許権の所有は特許権の譲渡（patent right assignment）による。この譲渡は，信託の法理における譲渡であり，我が国における物権と債権の観点による譲渡とは性質を異にしている。信託の法理の著作権の譲渡（copyright transfer）は我が国では物権的な著作権の譲渡と出版権の設定および債権的な著作物の利用の許諾に対応し，信託の法理による特許権の譲渡（patent right assignment）は我が国では物権的な特許権の譲渡と専用実施権の設定および債権的な通常実施権の許諾に対応する。

②　研究成果に関する知的財産権侵害と安全保障

　科学研究は，産業スパイ行為と関わりを持っている。我が国では，技術情報の不正な持ち出しなどの産業スパイ行為を取り締まる法整備は，事業者間の公正な競争およびこれに関する国際約束の的確な実施を確保するためという観点から不正競争防止法による。具体的には，会社の機密文書を窃取した従業者から，それが営業秘密であると知って，産業スパイが当該機密文書を受け取る行為等がある（不正競争防止法2条1項5号）。そして，その例としては，営業秘密を取得した後に，その営業秘密に関する産業スパイ事件が

大々的に報道されて不正取得行為が介在していた事実を知りながら，営業秘密を使用または開示する行為がある（同法2条1項6号）。

　また，研究成果における知的財産権の侵害に関して，たとえ我が国において合法にある組織としても，国際共同研究を通して諸外国の組織と連携している場合，テロ等準備罪，「組織的な犯罪の処罰及び犯罪収益の規制等に関する法律」における実行準備行為を伴う組織的犯罪集団による重大犯罪遂行の計画（6条の2）が適用されることが起こりえよう。それは，別表第三（6条の2関係）では，著作権の侵害等（著作権法119条1項，2項）の罪，特許権等の侵害（特許法196条，196条の2）の罪，実用新案権等の侵害（実用新案法56条）の罪，意匠権等の侵害（意匠法69条，69条の2）の罪，商標権等の侵害（商標法78条，78条の2）の罪，育成者権等の侵害（種苗法67条）の罪，営業秘密の不正取得等（不正競争防止法21条1項〜3項）の罪が例示されている。

　我が国においてはたとえ民生用の技術情報・製品であっても，諸外国へ移転すると，軍事用の機微技術へ転換しうる。それらには，著作物（論文）の公表や発明の実施などの知的財産が含まれる。大学等の各研究機関の研究成果の知的財産管理は，大学等の各研究機関の研究成果の情報管理，すなわち「外国為替及び外国貿易法」（以下，「外為法」と略称する。）の機微技術管理とも関わりを持っている。外国為替，外国貿易その他の対外取引が自由に行われることは基本的な観点になる。しかし，対外取引に対し，必要最小限の管理または調整を行うことが生じる。それが安全保障貿易に係る外為法による機微技術管理になる（外為法25条1項）。いわゆる役務取引等の技術提供の形態は，技術データと技術支援になる[11]。

　技術データは，文書またはディスク，テープ，ROM等の媒体もしくは装置に記録されたものであって，青写真，設計図，線図，モデル，数式，設計仕様書，マニュアル，指示書等の形態をとるものまたはプログラムになる。技術データに該当するもの（アナログとデジタルともに対象）は，①技術報告書，発表・投稿原稿，研究記録，②設計図面，回路図，製造方法書，試験

11　経済産業省貿易管理部『安全保障貿易に係る機微技術管理ガイダンス（大学・研究機関用）第三版』（2017年）28〜29頁。

方法書，評価方法書，③使用マニュアル，ユーザーズマニュアル，④実験機器等の技術仕様書，⑤コンピュータプログラムになる技術支援は，技術指導，技能訓練，作業知識の提供，コンサルティングサービスその他の形態になる。技術支援に該当するものは，①プレゼンテーションソフトによる表示，説明，②口頭による研究発表や指導などになる。それらは国際共同研究において通常の研究活動といえるものではあるが，意図せざる技術流出や法令違反を未然に防止するために，規制対象技術を保有する研究者一人一人の外為法規制の理解と遵守活動の実践が必要不可欠である。外国に向けて技術提供を行おうとするときは，必ず外為法に基づく許可の諾否の確認が必要になる。

4. 科学研究のデュアルユースの知的財産管理とセキュリティ管理

　研究成果に関して，知的財産に関する管理と知的財産を内包する安全保障に関する管理が関与する。その管理に関与する者は，研究者，大学等の各研究機関，そして国になる。研究者と大学等の各研究機関は知的財産管理に関与し，国はセキュリティ管理に関わってくる。

⑴　研究成果に関する知的財産管理

　知的財産管理は，知的財産権者による知的財産管理と，自然人の創作者の権利からの知的財産管理がある。自然人の創作者の権利から知的財産管理を検討する必要がある。知的財産管理は，我が国では，著作権法と著作権等管理事業法および産業財産権法と信託業法が関与している。この関係は，1国2制度といってよい関係から並存していることになる。

①　オープン面の知的財産管理

　著作権法の権利管理の対象は，著作者の権利とそれに隣接する権利（著作者人格権，著作権，出版権，実演家人格権，著作隣接権）になる。産業財産権法の権利管理の対象は，産業財産権と専用実施権・専用使用権になる。著

作権等管理事業法の権利管理は，著作権と著作隣接権になる。なお，コンテンツ事業者は，著作権だけでなく，知的財産基本法2条2項の知的財産権の管理に関与する（コンテンツの創造，保護及び活用の促進に関する法律2条2項3号）。そして，信託業法に基づいて，特許権は信託譲渡され，信託会社が特許権を信託として引き受けることができる。特許権が信託として譲渡されると，受託者は，特許権を管理し，管理過程で生み出される利益を受益権として流通化を図ることができる。特許庁への移転登録が効力発生の要件であり，受託者は権利の名義人として特許権者になる。我が国において，権利管理は，権利帰属と同様に，大陸法系のパンデクテン体系の著作権法と特許法および英米法系の信託法理による著作権等管理事業法と信託業法が併存している。それらの関係は合理的な整合が求められる。

　知的財産管理には，著作権等の管理事業者，知的財産権の管理者，営業秘密の事業者の権利管理がある。知的財産管理は，財産権で説明されることが多い。知的財産の創作は，自然人の創作，すなわち人格権と財産権との連携・融合する権利構造を前提にする。知的財産管理は，人格権は創作者の一身専属にかかるものであり，創作者自身が管理者になる。財産権の管理に関しては，創作者以外の管理者が関係することがある。大学等の各研究機関の知的財産管理は，発明だけでなく，コンテンツ（著作物），そして発明と著作物との二重性のソフトウェアの比重が高まっている。大学等の各研究機関のオープン面の知的財産管理としては，例えば京都大学 iPS 細胞研究所（CiRA）の iPS 細胞関連知的財産管理連携体制は，iPS 細胞研究から創出された特許を管理するために，CiRA が中心となり，京都大学産官学連携本部や京大 iPS 細胞関連特許の実施権を許諾する iPS アカデミアジャパン株式会社と連携している[12]。

　公序良俗と公衆衛生を害する発明は，特許を受けることができない発明（特許法32条）であり，人体に関わる発明や原子核変換に関する発明があるが，そして人体を殺傷する登録発明さえある。なお，「医薬又は二以上の医薬を混合して一の医薬を製造する方法の発明」と「原子核変換の方法により

---

12 「CiRA の知的財産」〈https://www.cira.kyoto-u.ac.jp/j/research/special.html〉（2020/02/28 アクセス）。

製造されるべき物質の発明」は，特許法の旧法では特許を受けることができない発明であった。前者は，人類の生存，生命に直接関係するものであることによるものであり，物の発明も方法の発明も特許を受けることができないとするものである。後者は，当時の我が国の原子力産業が他国に比して遅れていることによるものであり，物の発明であり方法の発明は特許を受けることができる。なお，現行特許法では，前者は特許権の制限（特許法69条3項）になり，後者は削除されている。

②　クローズ面の知的財産管理

　科学研究は，オープン＆クローズ戦略のもとに知的財産管理するものであり，研究成果を論文や特許発明として公表し公開するだけでなく，営業秘密として非公知のもとに秘密管理することも考慮される。オープン＆クローズ戦略とは，技術などを秘匿または特許権などの独占的排他権を実施するクローズ・モデルの知財戦略に加え，他者に公開またはライセンスを行うオープン・モデルの知財戦略を取り入れ，自己利益拡大のための戦略的な選択を行うことが重要になるとするものである。オープン＆クローズ戦略や営業秘密管理など総合的な知的財産の保護・活用戦略の推進が必要になっている。大学等の各研究機関のクローズ面の知的財産管理の対象として，大学等の各研究機関に所属する研究者の研究成果の技術情報に関する営業秘密が想定されるが，その営業秘密にはソフトウェアのソースコードも含まれる。

　民生用の研究成果がオープン面の知的財産管理とすれば，軍事用の研究成果の知的財産管理として秘密特許制度が関与する。米国には，国家の安全保障に関わる技術を非公開とする「秘密特許制度」が導入されている。米国では出願後に国家が国防に関する技術と認定した場合，秘密特許となり出願自体も秘匿とされる。これは，国防に関する技術情報との観点から非公表となる。我が国では，秘密特許制度が1899年に導入され，1948年に廃止されている。ただし，「防衛目的のためにする特許権及び技術上の知識の交流を容易にするための日本国政府とアメリカ合衆国政府との間の協定」という，1956年に日本とアメリカ合衆国との間で締結された軍事関連特許の秘密保持に関する条約がある。本協定3条では，「一方の政府が合意される手続に

従つて防衛目的のため他方の政府に提供した技術上の知識が，提供国で秘密に保持されている特許出願の対象たる発明をあらわすものであるときは，その特許出願に相当する他方の国でされた特許出願は，類似の取扱を受けるものとする。」と定められている。なお，我が国でも秘密特許制度の検討が再度なされていたが，産業情報の流出が産業競争力および安全保障上の大きな問題になっており，その防止の観点が背景にある。

⑵　研究成果に関するセキュリティ管理

研究成果は，共同で創作され，創作者と企業が複数国にまたがって関与する。研究成果は，不開示性情報および軍事用と関わりをもっている。研究成果は，知的財産として知的財産管理とともに，セキュリティ管理の対象になる。科学研究のデュアルユース問題を顕在化させるものに米中貿易摩擦がある。米中貿易摩擦は，知的財産問題の関わりの面から，先端技術分野の知的財産権侵害と技術の強制許諾が指摘されている。その知的財産問題は，華為技術（ファーウェイ）の5G（第5世代移動通信システム）に関する半導体や情報技術が対象になり，知的財産権利用料の支払いさえあれば問題とならないということではない。米中貿易摩擦は，研究成果に関する秘密特許と企業秘密および国家機密における安全保障に関するセキュリティ管理が絡んでいる。

①　知的財産権に関するセキュリティ管理

研究成果の非開示性情報は，企業秘密や国家機密と関わりがある。企業秘密は，営業秘密でもあるが，秘密特許と国家機密でもありうる。研究成果が企業間または国家間の観点からは，知的財産管理とともに別な観点が関与する。サイバー攻撃による知的財産の漏えいまたは産業スパイ・スパイ行為は，経済面の知的財産管理とともに安全保障面のセキュリティ管理を要することになる。したがって，秘密特許と企業秘密および国家機密に関する情報に関しては，知的財産管理とセキュリティ管理のシームレスな法的な関係が指向される。

米中貿易摩擦の知的財産権侵害とは，特許権侵害と産業スパイ行為であろ

う。ただし，プログラムに関しては著作権侵害も想定され，プログラムの
ソースコードでは営業秘密に関する侵害になり，知的財産の侵害も想定でき
る。技術の強制許諾，すなわち先端技術の国外への移転が問題になってい
る。例えばデジタル家電などの中核情報をメーカーに強制開示させる「情報
セキュリティ製品の強制認証制度」[13]は，中国で生産・販売する外国製の情
報技術製品について，製品を制御するソースコードの開示をメーカーに強制
するものである。この制度導入の目的は，ソフトウェアの欠陥を狙ったコン
ピュータウイルスの侵入防止などが挙げられている。ただし，ソースコード
の相手の同意による開示は，プログラムの著作物と物の発明の実質的な保護
対象のソースコード（著作物と特許発明）の利用を許諾することと同義にな
り，ソフトウェアの技術的な評価とは別の知的財産権侵害が申し立てられる
ことへの抗弁にあろう。

　秘密特許の管理主体は特許権者になり，営業秘密である企業秘密の管理主
体は事業者になる。しかし，国家機密の管理主体は，知的財産法上におい
て，国という法的な根拠を有しえない。もし研究成果が秘密特許，企業秘
密，国家機密として国家間の関係にあれば，それらの管理主体が国になる場
合が想定されてもよい。非開示性情報に関する知的財産管理は，非開示性情
報に関する安全保障に関するセキュリティ管理と連携する。

②　安全保障に関するセキュリティ管理

　「情報セキュリティ製品の強制認証制度」は，企業秘密の損失だけでなく，
国家機密の漏洩につながる可能性もある。それに，研究成果の海外移転を含
む措置が国益にかなうかの問題も同時に検討されなければならない。企業の
生産拠点の移転は，経営的な責任と研究成果の権利の帰属とは別な判断を必
要とする。例えば半導体製造には，基本特許とともに，フッ化ポリイミド，
レジスト，フッ化水素といった製造法のノウハウを必要とする。改良発明と
いった関係から，基本特許と応用特許の構図をもつ。応用発明を実施するた
めには，基本特許の許諾を必要とする。フッ化ポリイミド，レジスト，フッ

13　「情報セキュリティ製品の強制認証制度」〈http://www.ccc-us.com/ccc.htm〉（2020/02/28
　　アクセス）。

化水素は安全保障上の戦略物資でもあり，基本特許と製造法のノウハウという知的財産管理は安全保障に関するセキュリティ管理と表裏一体化する。

　研究成果は民生用か軍事用かといった評価が関係する。学術会議「声明」に関して，軍事用と民生用とを区分けすることは無理があるとの意見[14]を待つまでもなく，研究成果は軍事用と民生用との二重性がある。例えばGAFAのG（Google），A（Apple），F（Facebook），A（Amazon）と米国大学等研究機関の背景に国防総省等との産学官連携があり，そして中国のGAFAとの関係にあるB（百度），H（華為技術），T（騰訊），A（阿里巴巴集団）は米国と同様な関係が存在しよう。米国の情報関連企業は，我が国の防衛産業に関わる企業と同様に，民生用の情報技術・情報通信技術だけでなく，軍事用の情報技術・情報通信技術に関与する。また，中国においても，純粋の民間企業が想定しえないことから同様である。そこには軍事用と民生用との二重の関係が存在しており，我が国の大学等の各研究機関が学術会議「声明」を受け入れているとしても，日米または日中の国際共同研究によって科学研究を遂行するときには，軍事用も関連してこよう。

　もし学術会議「声明」を国内対応とともに国際対応として受け入れるとしたら，日米と日中の国際共同研究による科学研究はそもそも不可能なはずである。科学研究は，大学等の各研究機関が産学官連携と国際共同研究で民生用としてすすめられている科学研究が実態として軍事用と民生用とのデュアルユースになっていることにある。科学研究の産官学連携と国際共同研究を適正にすすめるためには，科学研究のデュアルユースを前提として，知的財産管理とセキュリティ管理とのシームレスな法的な対応が必須である。

5.　おわりに

　科学研究は，倫理にしても法にしても，研究成果の財産権・物質的価値ではなく，人格権・精神的価値に焦点を当てるものになっている。1948年12

14　玉井克哉「論点 線引き難しい「軍事」と「民生」」読売新聞朝刊12版，9面。

月10日，第3回国際連合総会において採択された世界人権宣言（Universal Declaration of Human Rights）では，創作者（author）であるすべての人は，科学的（scientific），文学的（literary）または美術的（artistic）な成果物（production）から生ずる精神的（moral）および物質的（material）な利益を保護される権利を有する（世界人権宣言27条2項）。例えば素粒子研究と核兵器開発との関連から，「反省と沈思の日々を送って来た」とされる研究者の日記がある[15]。研究者の研究成果の活用に関する研究者の関わりは，知的財産管理において明確ではない。研究成果に対する大学等の各研究機関と研究者との関係では，大学等の各研究機関の知的財産管理の対象は研究成果の財産権にあり，研究成果の人格権は研究者自らが管理することになる。

　研究成果は，研究者の創作者としての精神的な権利と物質的な権利，いわゆる人格権と財産権からなっている。研究成果とその波及効果への法的な対応は，研究者による研究成果の権利の帰属（人格権と財産権）および大学等の各研究機関の職務創作の研究成果の権利の帰属（人格権と財産権）と研究成果の知的財産管理からなる。その関係の中では，研究成果の財産権の中での観点になっているが，研究成果の財産権は有期である。他方，研究者の研究成果の人格権は，一身専属であり，研究者が死亡すれば消滅するといえるが，少なくとも財産権の保護期間，さらに言えば半永久とさえいいうる。研究者（著作者と発明者）の氏名は表示され，研究者の思想感情を創作的に表現された論文（著作物）や技術的思想の創作である発明が化体した研究成果は同一性が保持される。それら人格権の保護は，財産権と異なり，有期とする必要はない。発明者や発見者に与えられるエポニミィ（eponymy）があり，さらに著作者の著作権（人格権）の氏名表示権，変更権，同一性保持権の保護期間を無期限とする規定がある（中国著作権法20条）。科学研究のデュアルユースの知的財産管理としては，民生用の知的財産管理と軍事用の知的財産管理とのシームレスな関係の観点から行う必要がある。そのとき，研究成果の財産権が有期であることから，大学等の各研究機関の知的財産管

15　「湯川日記（京都大学基礎物理学研究所湯川記念館史料）」〈https://www2.yukawa.kyoto-u.ac.jp/~yhal.oj/diary.html〉（2020/02/28 アクセス）。

理の対応とは別な研究者の研究成果の人格権，とくに同一性保持権による対応が重要になる。

　さらに，科学研究を合理的に遂行するための法的な対応は，知的財産管理とセキュリティ管理とのシームレスな関係の構築にある。科学研究に関する知的財産管理は，創作者（自然人）と企業（法人）が関与しうるが，国が直接に関与する法的な根拠が明確ではない。その法的な根拠としては，著作権法の 3 つの権利関係（著作権法 26 条，16 条，15 条）を類推適用して，知的財産権の帰属，創作者の権利の原始取得，法人の創作者の権利の原始取得の適用が考えられる。そして，国が知的財産管理に関与することに関しては，コンテンツ事業と秘密特許の知的財産権の帰属の関係がある。また，科学研究のセキュリティ管理に関しては，知的財産管理との関わりから国が直接に関与する法的な根拠が検討されることはない。知的財産権は，承継者がいなければ，国庫に帰属するのではなく，パブリックドメインとなる。公的資金による研究成果の知的財産権は，自然人の創作者にある。そのことは，論文においては適切な対応といえようが，ソフトウェアの著作権と特許権等の産業財産権に関しては一定の制約を課す必要があろう。国の科学研究費補助事業や民間の公的資金は，国と企業の資金によるものであり，国民の税金に直接・間接に関わりを持っている。企業による科学研究も，同様な構図にある。そして，知的財産権の行使が公共の福祉に反し，知的財産権の侵害と技術移転の強制が国益に反する場合は，創作者に創作者の権利があるにしても，知的財産管理は国または企業に知的財産権の利用権の帰属のもとにセキュリティ管理にあたることが想起しうる。

（児玉晴男）

第 2 章

情報科学技術と法

Ⅰ．FRAND 宣言した標準規格必須特許について

1. はじめに

　近時，技術革新が盛んな分野において，業界内で先進的な新しい技術を業界共通の標準規格として採用し，技術の標準化を進める活動（以下「標準化活動」という）が盛んに行われている。特に，情報通信技術（ICT）の分野においては，製品の規格，仕様等の標準化と規格化は欠かせないものである。なぜなら，通信機器メーカによって異なる機種間のスムーズな情報通信を行うには，通信方式を共通化し，情報通信システムの相互接続性を確保することが必要不可欠であるからである。現在，移動通信業界では，次世代通信技術である第 5 世代移動通信システム 5G（5th Generation System）の標準化作業が進められているが，これもその 1 つの動きである。

　しかし一方で，標準化活動の参加事業者（例えば，アップル，サムスン，ファーウェイのような大手通信機器メーカ）による特許権等の行使（例えば，差止請求権，損害賠償請求権）によって，標準化活動の円滑な進行及び発展が妨げられることへの懸念が高まっている。特に，標準規格に採用された技術が特許権等の知的財産権の対象となっている場合に，標準規格の策定後にその特許権が行使されることで，他の参加事業者が標準規格を利用することが困難となり，標準規格の円滑な普及が妨げられるおそれがある。このようなおそれが現実のものとなった代表的な事件が，2013 年に起きたアップルとサムスンの訴訟である。

　2013 年 2 月 28 日，東京地裁は，わが国で初めて FRAND 宣言（後述）をした標準規格必須特許（Standards Essential Patent：SEP）についての判断を下した[1]。標準規格必須特許とは，標準規格に準拠した製品を製造するにあたって必須の特許である。被告であるサムスンは，この判決及び決定を不

服とし直ちに控訴し，知財高裁の特別部（大合議部）において審理が行われ，2014年5月16日，差止請求権を否定しつつも，ライセンス料の範囲での損害賠償を認容するという判決が言い渡された[2]。

　類似の訴訟は，米国，ドイツ，中国などでも提起されており，一定の場合において特許権の権利行使を制限する判決がみられるが，国ごとに適用される法令，解決のためのアプローチ及び裁判所の判断が異なることから，特許権者及び標準規格必須特許を利用する参加事業者にとって，国際的に展開する標準規格必須特許の権利行使及びその制限に関する法的安定性及び予見可能性に欠けることが問題となっている。

2.　FRAND宣言とホールドアップ

　特許権は，独占的かつ排他的な権利であり，第三者が権限なく特許権を実施するときは，特許権者は損害賠償を請求できるほか，その実施を差止めて排除することができる。しかし，特許権者が差止請求権を行使して第三者の特許発明の実施を不可能にすることが，正当な権利行使として疑わしい場合もあり得る。

　標準規格が策定・決定された後になって，標準化活動への参加事業者に対して特許権を行使する行為，例えば，特許権者が，他の参加事業者が採用する標準規格が自らの特許権を侵害しているとして差止請求を行ったり，法外なライセンス料を要求したりすること等は，一般にホールドアップと呼ばれ，それに起因する諸問題は，標準化活動におけるホールドアップ問題と呼ばれる。

　このため，多くの標準化団体では，ホールドアップの発生を未然に防ぐため，標準化活動の参加事業者に対し，自己の保有する特許権が，当該標準規格の必須特許となると思われる特許であると判断した場合，当該特許を「公平・合理的かつ非差別的な条件（fair, reasonable and non-discriminatory

---

1　東京地判平成25・2・28判時2186号154頁，判タ1390号81頁。
2　知財高判平成26・5・16裁判所HP。

terms and conditions）（FRAND 条件）で，標準化活動の参加事業者及び第三者に対してライセンスする旨を，標準規格策定前に宣言する FRAND 宣言を行うことを義務付けている。すなわち，FRAND 宣言とは，FRAND 条件でライセンスを許諾する取消不能な宣言であり，FRAND 宣言をした標準規格必須特許権者は，公正，合理的かつ非差別的な条件で競業他社とライセンス交渉及び許諾を行うことが求められる[3]。

標準規格の策定に当たっては，標準規格必須特許のライセンス料等のライセンス条件に関し，標準規格の決定に先立って事前に開示を行わせ，参加事業者間の事前協議を経て標準規格必須特許の策定・決定を行うプロセスが採られる。事前に開示を行わせるとは，具体的には，標準化団体が標準規格策定過程（特に標準規格が策定される前の段階）において，当該標準化活動の参加事業者に対して，策定される標準規格に取り込まれる可能性がある技術が特許権の対象となっている場合，当該特許権の存在を開示させ，併せて標準規格策定後に，当該標準化活動の参加事業者及び第三者に当該特許権をライセンスする際の条件（ライセンス料の上限を含む）をも開示させることである[4]。

標準規格必須特許の使用許諾の方法については，一般に，①無償で許諾（または権利放棄），②公平・合理的かつ非差別的な条件での有償許諾，③その他（①及び②の扱いをしない）の3つのうちの1つを選択する方法がとられる。この3つの選択肢のうち，②の「公平・合理的かつ非差別的な条件」というのが FRAND 条件であり，これに基づく特許権者の宣言が FRAND 宣言である[5]。

標準技術の利用において，なぜ差止請求権を制限する必要性があるのか，また，なぜ FRAND 宣言のような約束を行うことが合理的なのであろうか。技術の標準化の経済的な価値は，標準技術自体の価値ではなく，主として標準技術を利用する参加事業者及び第三者の投資で決定される。にもかかわら

3　高田寛「標準規格必須特許の権利行使と差止請求権の制限についての一考察」富山大学経済論集 60 巻 2 号（2014 年）196 頁。
4　公正取引委員会「標準化活動におけるホールドアップ問題への対応と競争法（概要）」（2012 年）1 頁。
5　高田・前掲注（3）222 頁。

ず，標準技術が普及した段階では，選択された標準技術を保有している事業者が大きな市場支配力を有することになる。このため事後的に独占力を発揮しないことを事前に約束すること（FRAND宣言）で，参加事業者及び第三者の投資を促し，また標準規格を普及させ，さらに標準技術の開発企業も利益を得ることができることが主な理由である。

　また，標準規格必須特許の侵害を理由として，特許権者が差止請求権を行使する場合，標準規格に準拠した事業を行う者は，設備投資等を行った事業の継続が困難となるため，特許権者に対して著しく不利な立場にあり，そのような権利行使は，その後の企業の経営や，当該標準規格の普及そのものにも悪影響を及ぼすおそれがある。

　このような理由から，特許権者の差止請求権の行使は，事前の約束（FRAND宣言）の一方的な破棄と考えられ，また，法外なライセンス料の要求は，社会的にみても製品価格を高めて市場競争を損なうことにつながりかねない[6]。

　標準規格の策定後にその知的財産権が行使される懸念は従前から存在していた。しかし，従前の標準化活動においては，知的財産権の行使が標準規格の普及を妨げる事態はほとんど発生しなかった。なぜなら，従前の標準化活動の参加事業者が，製品を供給するメーカ，すなわち参加事業者自体が標準規格の利用者でもあったからである。つまり，自らが標準規格を利用するためには，他の参加事業者から特許権のライセンスを受ける必要があったため，自らが損害賠償請求権や差止請求権等の特許権の行使を行うと，他の参加事業者から特許権のライセンスを受けられなくなり，標準規格を利用するおそれがあるからに他ならない。

　ところが，近時，特に情報通信分野において，製品の製造等を行わず研究開発を専門に行う事業者（研究開発専門事業者）が出現し，標準化活動に積極的に参加するようになってきた[7]。

6　一般財団法人知的財産研究所「標準規格必須特許の権利行使に関する調査研究（Ⅱ）報告書」（2013年）i頁。
7　公取委競争政策研究センター「標準化活動におけるホールドアップ問題への対応と競争法」（2012年）2頁。経済産業省産業技術環境局基準認証ユニット「標準化実務入門」（2010年）155頁。

　研究開発専門事業者は，従前の参加事業者と異なり，標準規格を利用する製品を供給することはない。これらの研究開発専門事業者には，自ら開発した技術について特許権を取得し，標準化活動に参加することにより，その技術が標準規格に取り込まれることでライセンス料を得るという特殊なビジネスモデルの実態がある[8]。また，近時は，研究開発専門事業者だけでなくパテントトロールを主な業とする特許管理事業者も出現し，これらの特許権の行使が標準化活動の円滑な進行及び発展を妨げることが懸念され，ホールドアップ問題の解決は，技術分野において喫緊の課題といえる。

3. 信義則違反による判断

　ホールドアップ問題を起因とする訴訟の中でも，特許権者の信義則違反とする裁判例は，わが国，中国などでみられる。以下，わが国の代表的な裁判例を紹介する。

　移動通信業界では，アップル，サムスンの 2 社がスマートフォンやタブレット端末の世界市場で大きなシェアを持つが，双方は互いに，これらに関連した特許について，欧米，韓国，わが国など 10 カ国で計 50 件以上の訴訟を繰り広げている。

　かかる一連の訴訟の中，アップル対サムスン事件において，東京地裁は，2013 年 2 月 28 日，わが国で初めて FRAND 宣言をした標準規格必須特許について，被告であるサムスンの信義則違反による判断を下した（東京地判平成 25・2・28）。その後，サムスンは，この判決及び決定を不服とし直ちに控訴し，知財高裁の特別部（大合議部）において審理が行われたが，2014 年 5 月 16 日，知財高裁は，差止請求権を否定しつつもライセンス料の範囲での損害賠償を認容するという判決を下した（知財高判平成 26・5・16）。なお，判決に先立ち，本件の論点である FRAND 宣言を行った標準規格必須特許にかかる権利行使の範囲について，異例の意見募集が行われたことで

8　一般財団法人知的財産研究所「イノベーションの創出に資する知的財産制度の在り方に関する調査研究所」（2010 年）44 頁。

も注目を集めた。また，並行して同部で審理されていた2件の仮処分命令申立事件についての決定も同日行われた（知財高決平成26・5・16）（以下，原審及び控訴審を併せて「本件」という）。

本件では，サムスン（被告，控訴人）が有するUMTS規格の標準規格必須特許権に関する，米国アップルの日本法人である日本アップル（以下「アップル」という）（原告，被控訴人）の侵害による損害賠償請求権及び差止請求権の制限等が争点となったが，このケースでは，サムスンは，標準化団体である欧州電気通信標準化機構（ETSI）（以下「ETSI」という。）の構成員であり，かつUMTS規格の標準規格必須特許権者であったため，サムスンはETSIの知的財産権（IPR）ポリシー（以下「IPRポリシー」という。）6.1項に従って，FRAND宣言をしていた。

なお，本件に先立ち，サムスンは，2011年4月，アップル社製のスマートフォン及びタブレット端末の各製品「iPhone3GS」「iPhone4」「iPad Wi-Fi + 3G モデル」「iPad2 Wi-Fi + 3G モデル」（本件各製品）の輸入・譲渡等の行為が本件特許権の直接侵害または間接侵害を構成する旨主張して，本件特許権に基づく差止請求権を被保全権利とし，アップルに対し，本件各製品の生産，譲渡，輸入等の差止め等を求める仮処分命令の申立てをしていた。

原審は，これに対する反訴であり，標準規格を使用した製品を販売しているアップルが，標準規格必須特許の権利者であるサムスンに対し，アップルによる本件各製品の輸入，譲渡等の行為は，サムスンが有する特許権の侵害行為に当たらないなどと主張し，アップルがサムスンの上記行為に係る本件特許権侵害の不法行為に基づく損害賠償請求権を有しないことの確認を求めた債務不存在確認請求の事案である。なお，本件特許権及び本件各製品は，いずれも通信の標準規格に関するものである。

本件では，標準規格必須特許についてFRAND条件でのライセンス契約に向けての重要な情報を相手方に提供して誠実に交渉を行うべき信義則（民法1条2項）上の義務を尽くすことなく，当該特許の特許権に基づく損害賠償請求権を行使することは，権利の濫用（同法1条3項）に当たるのか，及び特許権者であるサムスンの差止請求権の制限等が主な争点となった。

　原審では，① FRAND 宣言がなされた標準規格必須特許についてライセンスの申出があった場合，特許権者は，申出者が標準化団体の参加事業者であるか第三者であるかを問わず，上記ライセンス契約の締結に向けて，誠実に交渉を行うべき義務を負い，両者は，互いに重要情報を提供する信義則上の義務を負う，また②上記義務に違反する者による特許権の行使は権利の濫用に該当する場合がある，という 2 つの意義を有する。

　また，控訴審では，FRAND 条件でのライセンス料相当額を超える部分について損害賠償請求権を行使することは，特段の事情がない限り権利濫用に当たるが，かかる特段の事情の認められない本件訴訟においては，控訴人の損害額は FRAND 条件でのライセンス料相当額に限られるべきであるとし，ライセンス料相当額を超える部分と範囲内にある部分とでは，権利濫用法理の適用に相違があるとした点に意義がある。

　原審では，サムスンのアップルに対する損害賠償請求権の行使は信義則に反し権利濫用に当たり許されないとしたが，この理由として，主に①誠実交渉義務違反，②適時開示義務違反，③差止めを求める仮処分の申立て，④その他の諸事情，の 4 点が考慮された[9]。

　また，仮処分命令申立事件についての決定（知財高決平成 26・5・16）は，上記①，②，④を考慮し，サムスンの本件特許権に基づく差止請求権の行使は，権利濫用に当たり許されないとして申立てを却下した。

　本件では，米国アップルからの再三の要請にもかかわらず，サムスンが，ライセンス提案が FRAND 条件に従ったものかどうかを判断するのに必要な情報を提供せず，また具体的な対案を示すことがなかったとして，裁判所はサムスンの誠実に交渉する過程において信義則違反を認めた。この判断は，個別の案件ごとに吟味する必要があるが，交渉過程において，どの程度の「必要な情報」を提供すればよいかは明確な基準がなく，サムスンとアップルとの間の標準規格必須特許のライセンス契約に関する情報まで及ぶかについては議論の余地があるものと思われる。

　特に，米国アップルが，本件特許のライセンスに係る具体的な FRAND

9　飯塚佳都子「アップル対サムスン事件知財高裁大合議判決・決定速報─ FRAND 宣言に係る標準規格必須特許の権利行使について」ビジネスロージャーナル 77 号（2014 年）45 頁。

条件でのライセンス料率の開示をサムスンに求めたところ，サムスンは，約4カ月半経過した後にライセンス料率の条件を提示し，また，サムスンは，他のライセンシーに対して実際にどの程度のライセンス料率で支払いを求めているかについての情報の開示を他のライセンシーとの秘密保持契約を理由に拒絶した。これにより，米国アップルは不当に高いライセンス料率を提示された可能性があり，FRAND 条件といえるかどうかについて判断できなかったとする。

　一方，権利濫用に関して，裁判所は信義則違反を論じた後，①サムスンが仮処分の申立てをしていること，②サムスンの ETSI に対する本件特許の開示が，本件特許に係る技術が標準規格に採用後，約2年を経過していたこと，③その他のライセンス交渉経過の諸事情，の3点を総合的に考慮して権利濫用と判断した。特に，①は具体的にはサムスンのアップルに対する差止請求であり，ホールドアップ問題が生じた場合，特許権者がとり得る典型的な対応として考慮すべき問題である。

　本件に類似した訴訟は諸外国でも提起されているが，FRAND 宣言に基づき，特許権者の損害賠償請求権を認めないとする原審及び損害賠償請求権に一定の制限を設けた控訴審判決はわが国で初めてであり，今後，類似の訴訟が提起された場合に先例となり得るものである。

　原審及び控訴審ともに，信義則（民法1条2項）及び権利濫用法理（同法1条3項）により判断を下したが，特許法68条は，「特許権者は，業として特許発明の実施をする権利を専有する。」と規定している。また，同法100条に，侵害停止請求権・侵害予防請求権についての規定を設け，付随的に侵害の原因となっている物件等の廃棄・除去等の作為を求める請求権を含む[10]。

　このように，特許法100条は，特許権を侵害する者，または侵害するおそれがある者に，侵害の停止または予防を請求できると規定しており，一定の判断基準の下に，この行使を制限する直接的な規定は，前述した裁定制度のほかに現行特許法にはない。そうすると，第三者の行為が当該特許権の技術

10　竹田稔「差止請求権の制限」ジュリ1458号（2013年）41頁。

範囲に属すると判断されれば，差止請求権の行使が正当化される可能性が高い[11]。

　本件では，特許法のみのアプローチには限界があり，わが国における私法秩序の基本的な一般法である民法の信義則及び権利濫用法理を適用することにより，一定の解決を試みたと思われる。しかし，民法の信義則及び権利濫用法理により判断を下すためには，交渉過程の詳細な調査を必要とし，本件では，どのような場合に信義則及び権利濫用法理が適用されるのかの具体的な判断基準は示されておらず，法的安定性及び予見可能性に欠けると思われる。

4. 独占禁止法からのアプローチ

　わが国のアップル対サムスン訴訟は，民法の一般条項である信義則から権利濫用の法理を導き出し，権利制限の判断を下した。また，中国のファーウェイ対インターデジタル訴訟も中国民法通則及び中国契約法から同様の判断を下したが，標準規格必須特許の差止請求権の権利行使に制限を与える場合，独占禁止法上の優越的地位の濫用規定からの検討が考えられる。わが国では，優越的地位の濫用は，独占禁止法において不公正な取引方法の1つとして禁止されている（独占禁止法19条及び一般指定14号）。

　優越的地位の濫用は，自己の取引上の地位が相手方に優越している一方の当事者が，取引の相手方に対し，その地位を利用して，正常な商慣習に照らし不当に不利益を与える行為のことであり，ホールドアップ問題に適用される可能性があるが，これを阻んでいるのが独占禁止法21条である。

　独占禁止法21条は，同法は知的財産権の行使と認められる行為にはこれを適用しないと規定し，特許権の行使には独占禁止法を適用しないとする。しかし，近時の学説の通説である「再構成された権利範囲論」及び公正取引委員会の「知的財産の利用に関する独占禁止法上の指針」（2016年改訂）に

11　竹田・前掲注（10）42頁。平嶋竜太「特許権に基づく差止め請求権の合理的根拠と限界」高林龍ほか編集代表『知的財産法の理論的探究』（日本評論社，2012年）13頁。

よれば，事業者に創意工夫を発揮させ技術の活用を図るという知的財産権の趣旨を逸脱し，または同制度の目的に反すると認められる場合には，独占禁止法21条に規定する「権利の行使と認められる行為」とは評価せず，独占禁止法が適用されるとしている[12]。

　すなわち，知的財産権の行使に係る行為が独占禁止法の適用除外となるか否かについて，①それが「権利の行使」と認められる行為かどうか（形式的判断），②「権利の行使」と認められる行為であっても，さらにそれが「権利の行使と認められる行為」かどうか（実質的判断）という2段階の判断が必要とされ，「権利の行使」については，知的財産権の行使を「本来的行使」と「非本来的行使」に分け，「権利の行使」が「非本来的行使」であれば，独占禁止法上のアプローチからも権利濫用法理を基にした議論が可能になると思われる。

　実際の技術の標準化活動は，具体的な製品がまだ存在せず，市場が立ち上がる前に標準化団体の参加事業者で，どの技術を標準とするかが話し合われ，事前標準として策定する。この時点では，事前標準として決められた技術の特許は何ら経済的な価値を持つものではなく，市場に製品が投入されて初めて経済的価値を生むものである。標準規格必須特許として採用された事業者は，この標準規格に採用されたことで他の参加事業者に対して優位に立つことができ，この経済的価値は，当該事業者の努力によって生み出されたものではない。

　このような状況下で，標準規格が策定された後になって，標準化活動への参加事業者に対して，特許権者が，標準規格が自らの特許権を侵害しているとして，法外なライセンス料を要求したりする行為は，知的財産権の「本来的行使」とは言えず，「非本来的行使」として特許権者の優越的地位の濫用を議論することは可能であろう。

　特に，情報通信分野などの先端技術分野においては，多くの場合，将来の迅速な製品化を目的として，参加事業者が，標準規格の策定と並行して，多

12　高田寛「ソフトウェア・ライセンスにおける独占禁止法21条問題についての一考察─優越的地位の濫用を例に─」企業法学研究2012第1巻1号（2013年）39～40頁。高田・前掲注（3）211頁。

額の投資をして製品の開発を行うことが多い。そのため，当該標準規格の策定が途中で頓挫したり，標準規格の策定後に特許権が行使されて当該標準規格が利用できなくなったりすると，投資が回収できなくなるという事態が生じてしまうという懸念が存在する[13]。

このような理由から，独占禁止法上からのアプローチも可能であると思われるが，これらについては法制度として明文化されていないため，独占禁止法21条を否定するにはハードルが高く，訴訟になった場合，原告側も積極的にこのアプローチをとることに躊躇せざるを得ないと推察される。少なくとも，独占禁止法を根拠にホールドアップ問題を解決するためには，独占禁止法21条の改正が不可欠であると思われる。

5．第三者のためにする契約

(1)　差止めが認められるための考慮要素

米国では，特許権侵害に対する救済として裁判所が差止めを命じることができる（米国特許法283条）（35 U.S.C. § 283）。一般に，コモン・ロー上の救済は金銭賠償であるのに対し，差止めはエクイティ上の救済であり，コモン・ロー上の救済では不十分な場合に例外的に認められ（補充性の原則），エクイティ上の救済を命じるかどうかは裁判所の裁量に委ねられている。同条に「衡平の原則に従って」（in accordance with the principles of equity）と明記されている通り，特許権侵害に対する救済としての差止めについても同様である[14]。

また連邦巡回控訴裁判所（CAFC）も，特許権侵害に関し，従前，差止請求を認容する運用を行い[15]，特許権侵害があれば積極的に差止請求を認めてきた[16]。

13　公取委競争政策研究センター・前掲注（7）7頁。
14　公取委競争政策研究センター・前掲注（7）47〜48頁。
15　小泉直樹「標準規格必須特許の権利行使」ジュリ1458号（2013年）14頁。
16　Smith International, Inc. v. Hughes Tools Co., 718 F. 2d 1573（Fed. Cir. 1983）[Lexis13679]. H. H. Robertson Co. v. United Steel Deck, In., 820 F. 2d 384（Fed. Cir. 1987）[Lexis289].

　このような中，2006 年の eBay 事件最高裁判決[17] は，差止めが認められるためには，①特許権者が回復不能の損害（irreparable injury）を被っていること，②金銭賠償のような（コモン・ロー上）法的に利用可能な救済では損害の救済として不十分であること，③特許権者（原告）と被告の困窮度（hardship）のバランスからみて，エクイティ上の救済が正当化されること，及び④終局的差止めが公益に反しないこと，の 4 つの要素を立証する必要があると判示し[18]，特許訴訟においても同様であるとした[19]。

　このように，アメリカでは，裁判所が差止命令を発行するには，これら要素を考慮して判断するという eBay 基準が確立している。

(2)　FRAND 宣言の法的性格

　わが国のアップル対サムスン事件では，アップルは，サムスンの FRAND 宣言をライセンスの申出（申込み），アップルによる本件各製品への UMTS 規格の実装を黙示の承諾と構成することにより，ライセンス契約が成立している旨を（代替的に）主張していたが，原審及び控訴審とも，アップルとサムスンが契約締結準備段階にあり，FRAND 宣言はライセンス契約の申込みとは認められないと認定し，FRAND 宣言によって第三者のためにする契約の成立を否定した[20]。

　すなわち，FRAND 宣言を契約の成立と考えるには，①本件 FRAND 宣言は「取消不能なライセンスを許諾する用意がある」とするのみで，文言上確定的なライセンスの許諾とはされていない，②ライセンス料率が具体的に定められておらず，ライセンスの範囲も確定していない等の条件が定まっていない，及び③ ETSI の IPR についての指針（1.4 条）でも，当事者間で交渉が行われることが前提とされている部分がある等，ETSI においても，本

Richardson v. Suzuki Motor, Co. Ltd., 868 F. 2d 1226（Fed. Cir. 1989）[Lexis1684]. などの裁判例がある。

17　Bay Inc. v. MercExchange L.L.C., 547 U.S. 388（2006）[Lexis3872].

18　公取委競争政策研究センター・前掲注（7）48 頁。

19　Sean M. McGinn, Joseph P. Hrutka「連邦巡回控訴裁判所（CAFC）判決を覆す連邦最高裁判所の最近の動向― CAFC は無力化したのか―」パテント 2010, Vol.63 No.7（2010 年）47～48 頁。

20　鈴木将文「標準規格必須特許権の行使と権利濫用―東京地判平成 25・2・28」ジュリ 1458 号 17 頁。

件 FRAND 宣言を含めて，その IPR ポリシーに基づいてされた FRAND 宣言が，直ちにライセンス契約の成立を導くものではないことを前提としていることを理由に，FRAND 宣言を契約の成立と認定することを否定した。

　しかし，アメリカ契約法では第三者のためにする契約が成立するという考え方が従前からある。たとえば，ワシントン西部地区連邦地裁のマイクロソフト対モトローラ事件[21] では，マイクロソフトを第三受益者とする第三者のためにする契約とし，「申込み」を標準化団体がモトローラに対して FRAND 条件でのライセンスを許諾するか否かの意思を確認する行為とし，「承諾」をモトローラが標準化団体に FRAND 宣言書を提出すること，また「約因」はモトローラがその保有する必須特許を FRAND 条件でライセンスすることを約束することと引き換えに当該特許を標準として採用することとしている[22]。このように FRAND 宣言を契約の成立とみなすことにより，FRAND 条件でのライセンス拒否や FRAND 条件を逸脱したライセンス料を要求する行為は契約違反となり得る。

　わが国でも，民法 537 条 1 項は，給付を請求する権利を第三者に付与する場合には第三者のためにする契約を認めており，また同法 537 条 2 項は，第三者の意思表示がなされた時点で，その給付を受ける権利が確定することを規定している。そのため FRAND 宣言に関し，FRAND 宣言した特許権者と標準化団体との間で，標準化団体の参加事業者及び第三者を受益者とする第三者のためにする契約が成立するかどうかが従前から議論されてきた。

　これら民法の条文を基に FRAND 宣言を，第三者のためにする契約と解せるのではないかと考えられるが，これを阻んでいるのが FRAND 宣言で用いられる文言である。例えば，"be willing to grant" なる表記があれば，確定的なライセンスの効果を発生させるものではないという解釈もでき，また契約の成立に必要な条件も定まっていないことから，第三者のためにする契約とまでは言えず，ライセンスの成立に向けて誠実な交渉をする義務を負担するのみにとどまるのではないかという疑問が生じる。

21　M.D. v. Dep't of Educ., 864 F. Supp. 2d 993（D. Haw. 2012）［Lexis44007］.
22　小泉・前掲注（15）14 頁。

　わが国のアップル対サムスン訴訟も，この点を踏まえ，第三者のためにする契約法理を否定した。しかし，FRAND 宣言の趣旨及び法的性質を考慮すると，第三者のためにする契約と解釈する有力説もある[23]。標準規格必須特許における FRAND 宣言の趣旨を鑑みれば，FRAND 宣言を第三者のためにする契約と積極的に解する法律構成が必要であろう。

　従来，標準技術をめぐる紛争は，特許権侵害訴訟として争われるのが通例であったが，マイクロソフト対モトローラ事件は，ライセンスを受けないまま特許発明を実施していた者が逆に特許権者を相手取り，特許権者によるライセンス料の申出が FRAND 条件を逸脱しているとして，契約不履行を理由に出訴に及んだという点でユニークであるとともに[24]，標準化必須特許の紛争に契約理論を適用することによって，一定の解決を図るという点で今後検討すべき問題であると思われる。

　また，マイクロソフト対モトローラ事件は，アメリカ連邦最高裁判所による eBay 判決で示された差止めの認容基準（eBay 基準）を採用したことも注目すべきである。

　このように，米国では，FRAND 宣言を第三者のためにする契約と解し，また，裁判所が差止命令を発行するには，eBay 基準による 4 要素を考慮して判断する。

6. ホールドアップ問題の解決にむけて

　FRAND 宣言をした標準規格必須特許にかかるホールドアップ問題は，直接的に特許権に係ることから特許法による解決が望ましいが，特許法には FRAND 宣言をした標準規格必須特許に関する直接的な規定がなく，また裁定制度も使いづらいことから，現行特許法による解決は難しいと思われ

23　田村善之「FRAND 宣言をなした特許権に基づく権利行使と権利濫用の成否（1）―アップルジャパン対三星電子事件知財高裁大合議判決―」NBL No.1028（2014 年）62 頁。田村善之「標準化と特許権― RAND 条項による対策の法的課題」知的財産法政策学研究 43 号（2013 年）87〜97 頁，105〜107 頁。

24　小泉・前掲注（15）15 頁。

る。

　また，ホールドアップ問題を解決するためには，①民法の信義則違反及び権利濫用法理，②独占禁止法，③第三者のためにする契約，からの３つのアプローチがあり，その解決方法は国によって異なるが，一定の場合において標準規格必須特許権者の特許権の行使に制限を加えるという考え方では共通している。

　民法の信義則違反及び権利濫用法理からのアプローチの方法は，契約当事者同士の交渉の実態を主に注視し，その交渉過程における実態から裁判所が判断を下すという方法であるが，FRAND 宣言をした標準規格必須特許の社会及び市場経済への影響を考えると，これらを総合的に考慮する独占禁止法からのアプローチの方が適切であろう。

　特に，FTC や DOJ が報告書の中で指摘しているように，標準化団体の参加事業者による標準化策定のための議論が，談合に通じるカルテルを形成するのではないかという懸念がある。もちろん，技術の標準化のためには参加事業者による会合は欠かせないが，その参加事業者はいずれも同じ業界内の企業や団体であり，どの技術を標準規格として採用するかの策定行為だけでなく，その技術に含まれる特許の開示，当該特許を使用した製品の製造の方法，それにまつわるノウハウの開示など，様々な技術情報の共有化が行われる。そして，最終的に，どのような条件でライセンスするかという議論の段階になると，製品の価格操作が可能となり，これがカルテルに該当するのではないかという疑問が生じる。

　FTC や DOJ は，標準化団体の参加事業者による FRAND 宣言をした標準規格必須特許の策定方法については，明示的にカルテルに相当するとまでは言及していないが，合理の理論により判断するとし，その懸念があることは認めている。

　このように FRAND 宣言をした標準規格必須特許に関する問題は，市場経済に与える影響が大きいことから，その多くは独占禁止法の射程の範囲に属し，ホールドアップ問題を解決するための有力なアプローチであると考えられる。ただし，このアプローチにも欠点がある。それは，独占禁止法のみでは FRAND 宣言の法的性質について十分に説明することができないこと

である。

　前述の3つのアプローチのうち，FRAND 宣言の法的性質について言及しているのは，唯一，第三者のためにする契約法理である。わが国のアップル対サムスン事件では，第三者のためにする契約の成立は否定されたが，もし仮にこの解釈が可能であるならば，国際的なホールドアップ問題が統一的に解決できるのではないだろうか。現状のままでは，世界に3つのアプローチが存在し，国によっても解釈も判断も異なるとなると，場合によってはフォーラム・ショッピングが起こる可能性があり，このような状態は国際訴訟手続き上も決して好ましいものではない。そのためには，今後，国際的な共通のルール化を図っていかなければならず，FRAND 宣言を第三者のためにする契約と解釈する方法は，その緒になるのではないかと考える。

　アップル対サムスン事件で，第三者のためにする契約の成立が否定された理由は，FRAND 宣言に契約とするための法的根拠が薄弱であるということである。特に，FRAND 宣言は，取消不能なライセンスを許諾する用意があるとするのみで，文言上確定的なライセンスの許諾ではなく，ライセンス料率等の条件も定まっておらず，その範囲も確定していないこと，またFRAND 宣言が直ちにライセンス契約の成立を導くものではなく，ライセンス契約はあくまで当事者間の交渉で決まるとしている点が主な理由である。

　これらはすべて FRAND 宣言の法的性格に依るものであり，逆に，これらの否定的な問題点をすべて満足させることができれば，FRAND 宣言を第三者のためにする契約と解することはできないだろうか。すなわち，これらすべてを満たす明示的な文言が標準化団体の IPR ポリシー又は指針に存在し，当該 IPR ポリシー又は指針に基づいて FRAND 宣言をしたならば，FRAND 宣言を第三者のためにする契約と解することは容易にできるのではないだろうか。

　広東省高級人民法院も，ファーウェイ対インターデジタル訴訟[25] の判決の

25　(2013) 粤高法民三終字第 305 号。河野英仁「中国における標準特許と FRAND 義務の適用〜公正，合理的，かつ，非差別的なライセンス条件とは〜」(2014 年)〈http://www.knpt.com/contents/china/2014.06.10.pdf〉(as of Mar 15, 2019)。

中で，特許権者が FRAND 宣言によっていかなる義務を負うか否かは，会員による FRAND 宣言を求める ETSI の IPR ポリシーによって確定すべきと述べているように，標準化団体の IPR ポリシー又は指針によって FRAND 宣言の法的性格が決まると言ってもよい。

　例えば，ETSI では，IPR ポリシー及び IPR についての ETSI の指針の中で，①会員の義務として，標準規格必須特許権者は，FRAND 条件でライセンスを許諾することを保証することが求められていること，②会員の権利として，標準規格に関し，FRAND 条件でライセンスが許諾されること，及び③第三者の権利として，少なくとも製造および販売，賃貸，修理，使用，動作するため，標準規格に関し，公正，合理的かつ非差別的な条件でライセンスが許諾されること，を定めている。

　しかし，このような規定では，第三者のためにする契約とみなすためには表記があいまいであり，ETSI もライセンス契約については当事者に委ねていると考えても不思議ではない。特に，IPR についての ETSI の指針 1.4 項の，"have certain rights under the Policy but do not have legal obligations" という表記は，第三者のためにする契約の成立を否定する根拠となり得る。

　そこで，FRAND 宣言を第三者のための契約とするために，"FRAND licensing undertakings made pursuant to Clause 6 shall be interpreted as a legal binding contract for ETSI Members and Non-Members of ETSI, …" という文言を入れ，さらにライセンス料率を Pro-rata 基準に従う等のライセンス条件を明示しておけば，十分に FRAND 宣言を第三者のための契約とみなすことも可能となるであろう。また，"not only have certain rights under the Policy but also have legal obligations" という表現を採れば，FRAND 宣言を明らかに法的拘束力のある宣言ととらえることも可能ではないだろうか。

　契約法の法理は，準拠法に依って微妙に異なることが問題となるが，明らかに FRAND 宣言が第三者のための契約と解することができれば，どの国でも契約違反による債務不履行問題として対処でき，特許権者及び標準規格必須特許を利用する参加事業者も，FRAND 宣言を契約法理として解することにより，ホールドアップ問題を未然に回避することができるのではないだ

ろうか。

　ホールドアップ問題を回避・解決するための国際ルールは，できるかぎりシンプルなものが望まれ，これによって FARND 宣言をした標準規格必須特許の法的安定性が保たれ，さらにはホールドアップ問題の予見可能性を高めることにつながる。

　ホールドアップ問題を議論するためには，市場経済からの検討も必要であるため，法理論としては，独占禁止法からの議論も必要であるが，実務的対応策を考えれば，FRAND 宣言を，比較的わかりやすい第三者のためにする契約と解する方が，統一的な問題の解決に近づくと思われる。そのためには，ETSI のような標準化団体の IPR ポリシー又は指針に，FRAND 宣言に法的拘束力を与えるような文言を含ませることが最低条件として必要であろう。

　いずれにせよ，FRAND 宣言をした標準規格必須特許に係るホールドアップ問題を解決するためには，FRAND 宣言を，第三者のためにする契約と解する方向で標準化団体が IPR ポリシー及び指針を改訂することが，実務上解決のための一番の近道であると思われる。

7.　おわりに

　保有する特許を標準規格必須特許として採用された事業者は，標準規格に採用されたことで他の参加事業者に対して優位に立つことができ，この経済的価値は，当該事業者のみの努力によって生み出されたものではない。にもかかわらず特許権者が他の参加事業者に対して，FRAND 条件でライセンスすることなく，損害賠償請求権や差止請求権などの特許権を行使する行為は，特別な事情がない限り許されるものではないであろう。

　研究開発専門事業者やパテントトロールを主な業とする特許管理事業者も，今後，標準化団体の参加事業者として標準規格必須特許の策定に深く関わることも予想され，さらに標準規格必須特許権が譲渡・移転された場合，その後の FRAND 宣言の法的効力が維持されるのかなど，当該特許権の消

尽の問題等の検討も，今後，益々重要性をおびて来ると思われる。

（髙田　寛）

Ⅱ．AI研究開発に関する責任の所在について

1．はじめに

　人間を介さずに，IoT（Internet of Things：モノのインターネット）のデータがM2M（Machine to Machine）で伝達され集積されるビッグデータが人工知能（Artificial Intelligence：AI）によって分析・総合され，3Dプリンタによって人工物が産み出される世界が喧伝されている。そして，未来の産業創造と社会変革に向けた新たな価値創造の取組の中で，超スマート社会における基盤技術として，超スマート社会サービスプラットフォームに必要となる技術と，新たな価値創出のコアとなる強みを有する技術が掲げられている[1]。また，IoT，ビッグデータ，AIなどのデジタル・ネットワーク分野での急激な技術革新を推進力とする第4次産業革命が進展しつつあるとし，たとえばAIによる自律的な創作活動が想定されている[2]。

　世界的なネットワーク化が急速に進み，IoT，ロボット，AIといった情報技術が社会の中に実装され始め，より豊かで効率性の高い社会システムが実現されるとの期待が高まっているとされている。他方で，AIには，コンピュータが人間に取って代わる世界をイメージさせる2045年問題があり，シンギュラリティ（singularity：技術的特異点）や代替可能な職業の議論に代表されるような人間や社会に対する脅威論も語られている。その議論は，コンピュータ・情報通信技術・AIの進展における情報社会の究極の課題になろう。そのとき，IoTのモノが引き起こす障害とAIにより産み出される人工物（AI創作物）の瑕疵に関する責任の所在が問われる。

　人間を介さずという点からは，AI創作物に関する創作性の検討が必要に

1　総合科学技術・イノベーション会議『第5期科学技術基本計画』（2016年1月22日）12〜13頁。
2　知的財産戦略本部『知的財産推進計画2016』（2016年5月）6〜12頁。

なる。そして，ビッグデータに含まれる IoT データの権利とその帰属は，明確にしておかなければならない。IoT データは，開示性情報または非開示性情報に分けられる。開示性情報の中に，創作性が認められれば，その権利は原始的に創作者へ帰属する。創作者とは，著作者であり，発明者になる。思想または感情を創作的に表現したプログラム・データベースは著作物（著作権法 10 条 1 項 9 号，12 条の 2 第 1 項）として著作権法で保護され，プログラムは物の発明（特許法 2 条 3 項 1 号）として特許法で保護される対象になる。開示性情報の中には，オープンデータ，オープンコンテンツ，オープンソースとして使用できるものがある。そして，非開示性情報の中に，営業秘密，個人情報と企業秘密および国家機密情報がある。ただし，開示性情報と非開示性情報は，ビッグデータの中で明確に二分されているわけではない。

　AI 創作物の瑕疵に関する責任の所在は，無体物の情報に関しては製造物責任に直接に関係づけられるものではない。また，科学技術に関する知見の水準として，シンギュラリティでいわれる AI が人智を超えるという真偽は，将来に任さざるをえない点を含む。AI 創作物の情報の瑕疵に関する責任は，まずは，IoT データと AI 創作物の情報の権利の帰属とその権利の管理の検討が必要である。本稿は，AI 創作物の瑕疵の責任の所在を AI 創作物に関する情報管理の観点から説明する。

2.　AI 研究開発に関する責任の所在の課題

　IoT と M2M で集積されるビッグデータを活用して，AI 創作物の世界は，人間の寄与のないことが喧伝されている。そこに，AI 創作物の瑕疵の責任の所在が問われる問題がある。ビッグデータと関連して IoT がある。IoT は，世の中に存在する様々なモノに通信機能を持たせ，インターネットに接続したり相互に通信したりすることにより，自動認識や自動制御，遠隔計測などを行うことをいう。IoT データ・ビッグデータを構成するデータの出所は，多様である。自動車の位置情報をリアルタイムに集約して渋滞情報を配信するシステムや，大型の機械などにセンサと通信機能を内蔵して稼働状況

や故障箇所，交換が必要な部品などを製造元がリアルタイムに把握できるシステム等が考案されている。

また，ビッグデータには，ウェブ環境の配信サイトで提供される音楽や動画等のマルチメディアデータがあり，ソーシャルメディアにおいて参加者が書き込むプロフィールやコメント等のソーシャルメディアデータがある。さらに，全地球測位システム（Global Positioning System：GPS），IC カードや RFID（Radio Frequency Identifier）において検知される位置乗車履歴や温度等のセンサデータがビッグデータになる。

IoT データ・ビッグデータは，デジタル形式になる。その態様は，デジタル化されるデータ・コンテンツとそもそもデジタルデータ・コンテンツとして存在するボーンデジタル（born digital）からなる（コンテンツの創造，保護及び活用の促進に関する法律 2 条 1 項）。デジタルデータ・コンテンツは，主として著作権法でアナログとデジタルとを峻別しない無体物として保護される対象である。また，デジタル環境の流通においては，「著作権に関する世界知的所有権機関条約」（World Intellectual Property Organization Copyright Treaty：WCT）および「実演及びレコードに関する世界知的所有権機関条約」（World Intellectual Property Organization Performances and Phonograms Treaty：WPPT）によって各国に技術的保護手段の義務と権利管理情報の義務が課され，商標表示が付されることがある。技術的保護手段の義務は，技術的保護手段の回避の対応である（WCT § 11，WPPT § 18，著作権法 30 条 1 項 2 号，17USC § 1201，情報社会における著作権及び関連権の一定の側面のハーモナイゼーションに関する欧州議会及び理事会指令（European Parliament and Council Directive on the harmonization of certain aspects of copyright and related rights in the Information Society）2001/29/EC Article 6）。権利管理情報の義務は，権利管理情報の改変等の行為に対する規制である（WCT § 12，WPPT § 19，著作権法 113 条 3 項，著作権法 30 条 1 項 2 号，17USC § 1202，2001/29/EC Article 7）。IoT データ・ビッグデータの中には情報財が含まれ，オープンアクセスの情報であっても，当然，何らかの権利を有している。データ利活用に関して，官民が管理・保有するビッグデータを，個人情報保護に配慮しつつ新産業の創出やイ

ノベーションの原動力として広く活用できるような施策が講じられている。それが官民データ活用推進基本法である。本基本法は，インターネットその他の高度情報通信ネットワークを通じて流通する多様かつ大量の情報を適正かつ効果的に活用することにより，官民データ活用の推進に関する施策を総合的かつ効果的に推進し，国民が安全で安心して暮らせる社会および快適な生活環境の実現に寄与することを目的とする。官民データ活用推進基本法は，AI や IoT を活用した産業競争力強化に向けた法制化になる。官民データ活用の推進に当たっては，AI，IoT，クラウド等の先端技術の活用が促進されなければならない（官民データ活用推進基本法 3 条 8 項）。

　AI 研究開発例としての AI ソフトに，IBM のディープ・ブルー（Deep Blue），Google のアルファ碁（AlphaGo），山本一成と下山晃の共同開発の ponanza（ポナンザ），そして Microsoft の Tay がある。また，テスラモーターズの自動運転やシンシナティ大学と産業界，米空軍との共同開発の ALPHA があり，オープンソースには GNU Shogi がある。今日，それら AI ソフトの AI が人智と対峙する構図にある。しかし，AI 研究開発において，IoT データ・オープンデータは，少なくとも，人間の関与が認めうるデータ・情報・知識を含む。ビッグデータに含まれる IoT データの権利とその帰属は，明確にしておかなければならない。それは，開示性または非開示性に分けられる。IoT データの開示性情報の中には，オープンデータ，オープンコンテンツ，オープンソースとして使用できるものがある。開示性情報の中に創作性が認められれば著作物と発明が含まれ，非開示性情報の中には営業秘密と個人情報および企業秘密ならびに国家機密情報が含まれうる。ただし，開示性情報と非開示性情報は，ビッグデータの中で明確に二分されているわけではないだろう。科学技術に関する知見の水準として，シンギュラリティでいわれる AI が人智を超えることの真偽は，将来に任さざるをえない。法的には，創作物は自然人を原則として組み立てられている。また，権利帰属とその権利管理に関しては，自然人と法人（組織）との関係から制度設計されている。この延長で，自然人と法人（組織）との関係を AI との関係へ類推適用することができるだろう。また，AI 研究開発を進める上の知的財産権の制限を含む知財管理，そしてプライバシーやセキュリティに関す

る情報管理が明らかにされる必要がある。その問題を明らかにするために，AI の創作の始原である IoT データ・ビッグデータの態様と AI の創作についての検討を要する。

3. AI 研究開発における創作物と創作者

　IoT データ・ビッグデータの中の情報に創作性があれば，その情報は開示性（公表または公開）か非開示性かの 2 つの態様から検討しうる。開示性情報は，知的財産法の知的財産と知的財産権の関係を有する（知的財産基本法 2 条 1 項，2 項）。知的財産と知的財産権は，人間の創造的活動により生み出されるもので，発見または解明がされた自然の法則または現象であって，産業上の利用可能性があるものが含まれる。それらは，人間（自然人）の寄与を前提とする。AI 創作物は，現状においては，人間がデータの入力や操作やプログラミングを伴う行為に何らかの態様で介在しうる関係にある。AI ソフトなどの AI 創作物の創作者は，著作者であり，発明者になるが，それら自然人と AI との関連が問われる。法的には，創作物は自然人を原則として組み立てられている。

⑴　AI 創作物
　AI 創作物と知的財産との関係は，著作権法と産業財産権法により公表または公開され保護される対象になる。そして，知的財産の AI 創作物が営業秘密と秘密特許，さらに企業秘密，国家機密と称されるものになる。

①　著作物性
　AI 創作物の中に，思想または感情を創作的に表現したもの，すなわち著作物性（copyrightability）があれば，それは，著作権法で保護される文芸，学術，美術または音楽の範囲に属する著作物である（著作権法 2 条 1 項 1 号）。著作物は，著作者の権利，すなわち著作者人格権と著作権が創作時に発生する（同法 17 条 1 項）。著作権法は，無方式主義をとっており，登録，

表示など何らの方式も必要とされないで著作者の権利は発生する（同法 17
条 2 項）。ここで，AI 創作物は，人格権（著作者人格権）と財産権（著作
権）から構成される。

　そして，芸術の世界にも，著作物の例示の美術の著作物に適う AI 創作
物が見られるようになっている。巨匠・レンブラント（Rembrandt
Harmenszoon van Rijn）の筆致を再現した肖像画が描かれ，わずか 1 秒で
作られる交響曲がある。また，SF 作家の星新一から「らしさ」を学んだ小
説は，文学賞の 1 次選考を通過するまでになっている。しかし，人間の作品
を真似た AI の芸術は創造とよべるのかとの疑問がある。一方，人間の創造
も過去の作品のアレンジという見方もある。著作物性のとらえ方に，再考が
必要になろう。

②　特許性

　AI 創作物に自然法則を利用した技術的な思想の創作のうち高度なものが
含まれていれば，特許性（patentability）があり，発明になりうる（特許法
2 条 1 項）。ただし，特許性は，技術的な思想の創作であればよいわけでは
なく，新規性，進歩性，産業上利用可能性が求められる（同法 29 条）。ただ
し，AI 創作物が AI によるとしても，新規性，進歩性，産業上利用可能性
の判断は人間（審査官）によっている。発明の創作時に，将来に特許権とな
りうる特許を受ける権利が発生する。特許法は，方式主義をとっており，特
許権を得るためには一定の手続きが必要である。一定の手続きとは，特許を
受けようとする者が，特許出願の願書に必要事項を記載して特許庁長官に提
出しなければならない。そして，実体審査において特許要件を満たしている
と判断されると特許査定謄本が送達され，特許料を納付し，設定登録される
と特許権が発生する（同法 66 条 1 項）。

　また，発明者は，特許証に発明者として記載される権利を有する（パリ条
約 4 条の 3）。発明者の名誉権として，発明者の氏名を特許証に記入すべく
義務づけが発明者掲載権として認められている。なお，プログラムの著作物
とネットワーク型特許に同一性が認めうることから，それらの創作時に著作
者人格権と対応づけられる発明者人格権が想定されてもよいだろう。

③　秘密管理性

AI 創作物は，知的財産の構造が相互に関連する。AI 創作物がデジタルコンテンツのソフトウェアであれば，それはプログラムの著作物およびネットワーク型特許（物の発明）となり，ソースコードが営業秘密になりうる。オブジェクトコードと機械語も営業秘密になり，例えば機械どうしが機械語で会話する状況は AI のブラックボックス化とよびうる。すなわち，著作物として公表されるか，特許発明として公開されるか，営業秘密とされ非公表・非公開とされる場合がある。

営業秘密は，ノウハウ，トレード・シークレット，財産的情報などとよばれるものと同一性または類似性がある。ノウハウ（know-how）は技術上の情報とされ，トレード・シークレット（trade secret）が営業上の情報を含む点で異なる。トレード・シークレットは，我が国では営業秘密と訳されるが，企業秘密とも訳される。また，財産的情報は，世界貿易機関を設立するマラケシュ協定（WTO 設立協定）の附属書 1C「知的所有権の貿易関連の側面に関する協定」（Agreement on Trade-Related Aspects of Intellectual Property Rights：TRIPS 協定）で用いられた Proprietary Information の訳語である。財産的情報は，トレード・シークレットまたは営業秘密と同義で用いられることがあるが，製品登録の条件として政府等に開示された財産的価値のある情報を含む概念として用いられることがある。営業秘密は，秘密として管理されている生産方法，販売方法その他の事業活動に有用な技術上または営業上の情報であって，公然と知られてないものをいう（不正競争防止法2条6項）。営業秘密の秘密管理性，有用性，非公知性の3要件すべてを満たすことが法に基づく保護を受けるために必要となる。

なお，知的財産が企業秘密と国家機密とに関連づけられるとき，それらは，産業スパイ条項（不正競争防止法2条1項5号，6号）の営業秘密や軍事技術との関連の秘密特許として秘密管理性の対象になる。企業秘密と国家機密は，情報公開制度における不開示情報の法人情報と国家安全情報に対応する。

⑵　AI 創作物の創作者

　創作者は，原則，人間（自然人）になる。著作者と実演家は自然人であるが，著作者は法人であってもよい（著作権法 15 条 2 項）。他方，発明者は，自然人に限られる。AI の創作を考えるとき，データの収集・伝達・集積の操作からデータの分析・総合に関する思考過程のプログラミングまでの行為の中に，人間の関与を認めるか否かの評価が求められる。ただし，すでに，コンピュータ創作物関係の検討において，人間がコンピュータをツールとして使えば著作物といえるとし，また創作過程において人の創作的寄与，少なくとも人がキーボードを押す必要がある点をあげている[3]。

　そして，我が国は，AI と人間との関わりについての検討で，人間中心のAI 社会の観点から，人と協調できる AI を中期目標とする[4]。また，EU では，信頼できる AI は合法的で倫理的，堅固であるべきとし，その条件の 7 要件において AI が人間の活動と協調関係にあることを前提とする[5]。7 要件とは，人間の活動と監視（Human agency and oversight），堅固性と安全性（Technical robustness and safety），プライバシーとデータのガバナンス（Privacy and Data governance），透明性（Transparency），多様性・非差別・公平性（Diversity, non-discrimination and fairness），社会・環境福祉（Societal and environmental well-being），説明責任（Accountability）である。

　なお，AI が社会の構成員またはそれに準じるものとなるためには，学会会員と同等に倫理指針を遵守できなければならないと規定する（人工知能学会 倫理指針 9 条）。その規定の中で，将来のこととしながらも，AI に自然人を擬制する法的人格が想定されている。我が国の著作権法は，著作者の権利に隣接する権利（著作隣接権）も保護の対象とする。その中で，実演家は，実演家人格権も享有する。ただし，1996 年 12 月 20 日，ジュネーブで作成される WPPT で，実演家人格権は認められることとなる（WPPT5

3　文化庁『著作権審議会第 9 小委員会（コンピュータ創作物関係）報告書』（1993 年 11 月）。
4　人間中心の AI 社会原則検討会議「人間中心の AI 社会原則（案）」（2019 年 3 月 29 日）。
5　High-Level Expert Group on Artificial Intelligence "EU Ethics Guidelines for Trustworthy AI".

条）。実演家は，AI 著作物を伝達する行為を行う機能を有している。IoT で収集されたデータが M2M で伝達され集積する機能は，無体物の著作物を伝達する行為と共通する。それは，準創作性が擬制される。そうすると，AI やロボットは，実演家人格権を享有しない実演家の機能は有しえよう。

4. AI 研究開発に関する責任の所在

　AI 研究開発に関する責任の所在は，研究開発に携わる人間と AI との関わりの観点から AI 創作物の権利関係の検討が必要である。本節は，人間（自然人）と AI との関係から，AI 創作物の権利帰属について検討する。その関係から，AI 創作物の瑕疵の責任と免責について検討する。

(1) AI 創作物の権利関係

　AI 研究開発とその成果である AI 創作物に関しては，その権利帰属の関係が明らかにされておかなければならない。権利帰属は，創作者帰属と法人帰属になる。ここで，創作者は自然人になるが，著作者は法人であってもよい場合があるが，発明者は自然人に限られる。AI 創作物は，少なくとも人間の意思が基点ないし反映される主観を含む。したがって，AI 創作物に関する権利帰属は，自然人と AI の関係は，AI を擬人化するか法人化することが考えられる。

　また，AI 創作物が無体物であるので，AI 創作物を伝達する行為（AI が関与する実演，レコード，放送・有線放送）は著作隣接権になり，それは IoT や M2M において産業財産権と関わりを有している。そして，AI 創作物がデジタルコンテンツであれば，コンテンツの複製，上映，公演，公衆送信その他の利用（コンテンツの複製物の譲渡，貸与及び展示を含む。）またはコンテンツに係る知的財産権の管理の行為が伴っている。

　開示性情報の権利管理は，財産権の権利行使と権利侵害の対応に関係する。権利管理は，我が国では，著作権法と著作権等管理事業法および産業財産権法と信託業法が関与している。この関係は，1国2制度として並存して

いることになる。著作権法の権利管理の対象は，著作者の権利とそれに隣接する権利（著作者人格権，著作権，出版権，実演家人格権，著作隣接権）になる。産業財産権法の権利管理の対象は，産業財産権と専用実施権・専用使用権になる。著作権等管理事業法の権利管理は，著作権と著作隣接権になる。なお，コンテンツ事業者は，著作権だけでなく，知的財産基本法 2 条 2 項の知的財産権の管理に関与する（コンテンツの創造，保護及び活用の促進に関する法律 2 条 2 項 3 号）。そして，信託業法に基づいて，特許権は信託譲渡され，信託会社が特許権を信託として引き受けることができる。特許権が信託として譲渡されると，受託者は，特許権を管理し，管理過程で生み出される利益を受益権として流通化を図ることができる。特許庁への移転登録が効力発生の要件であり，受託者は権利の名義人として特許権者になる。我が国において，権利管理は，権利帰属と同様に，大陸法系のパンデクテン体系の著作権法と特許法および英米法系の信託法理による著作権等管理事業法と信託業法が併存している。AI 創作物の権利関係において，それらは合理的な整合が求められる。

　なお，肖像権（パブリシティ権）は，自然人に認められる権利である。SF の世界ではロボットに人権が認められるかという議論が見られる。その関連から，自然人に認められるパブリシティ権が競走馬の名称等が有する顧客吸引力などの経済的価値を独占的に支配する財産権「物のパブリシティ権」が競走馬の所有者に認められるかの判示がなされている[6]。これは，競走馬の所有者が信託管理人になりうるかの関係になる。その関係を AI 創作物に類推適用すれば，AI 創作物の所有者が信託管理人との見方がとりうる。

　AI 創作物に関する権利管理は，著作権等の管理事業者，知的財産権の管理者，事業者の営業秘密の秘密管理，そしてデジタル化・ネットワーク環境におけるサービス提供者の権利管理がある。権利管理は，財産権で説明されることが多い。知的財産の創作は，人間（自然人）の創作，すなわち人格権と財産権との連携・融合する権利構造を前提にする。しかし AI 創作物が人間の関与を前提にすれば，AI の創作を議論するときは，人格権も考慮される

6　最二判平成 16・2・13 平成 13（受）866, 867 民集 58 巻 2 号 311 頁。

べきであろう。AI 創作物に関する権利管理は，人格権は創作者の一身専属にかかるものであり，創作者自身が管理者になる。財産権の権利管理に関しては，創作者以外の管理者が関係することがある。将来，人格権が付与された AI がサービス提供者の立場で知財管理を行うことになるかもしれない。

(2)　AI 創作物の瑕疵の責任と免責

　AI 創作物の権利帰属と権利管理は，情報（知的財産）に関するものである。知的財産は無体物を対象とするが，実際は有体物との関連でとらえられる。その有体物の瑕疵が問題になるが，現状は，直接に無体物に問えることにはならない。プログラムの著作物や建築の著作物は，機能性の面でたとえばバグがあっても雨漏りがしても，著作権法で保護される対象である。また，特許発明は，請求項に記載された内容の再現性が求められるが，ノウハウが含まれていることがあり，必ずしも請求項に記載された内容どおりではないといわれている。そのとき，AI 創作物を内包する有体物は製造物といえる。製造物責任の概念は，欠陥製品の事故を生み出した企業責任を認める消費者の保護に立脚している。ここで，製造物責任は，契約法との関連も指摘されているが，責任要件を過失から欠陥に変更する民法 709 条の不法行為特別法に位置づけられる。欠陥商品の損害賠償を提訴する場合，民法では製造業者（人）の過失から立証していく間接的なアプローチをとらなければならない。それに対して，製造物責任法は，製造物の欠陥を直接に問題とすることができる。AI 創作物自体の責任主体は，製造業者等であり，たとえば商号，商標その他の表示（氏名等の表示）をした者になる（製造物責任法 2 条 3 項 2 号）。この製造物は，自然物・不動産・サービスは含まれておらず，民法では物に擬制されている電気・ガスも含まれない。製造物の概念と定義については，まず物ないし動産を製造物と定義しており（製造物責任法 2 条 1 項），包括的に同一の責任基準で処理する包括立法の形式になっている。したがって，無体物の知的財産は，製造物責任法の直接の対象ではない。製造物責任法の立法の過程で情報（著作物）の取り扱いが議論されたが，情報（著作物）は製造物責任の対象とされていない。なお，民法において，「物」とは，有体物をさす。有体物とは，無体物に対する概念として，空間の一部

を占めるものを意味する。民法上，電気は，有体物ではないと解釈されている。他方，刑法では，電気窃盗などを処罰する必要があり，「電気は，財物とみなす」と規定している。無体物のとらえ方は，法律によって異なっている。無体物の情報のとらえ方も，法律によって異なる。免責事由に，科学技術に関する知見の水準が関係する（同法４条１項１号）。シンギュラリティがいわれている AI 創作物において，科学技術に関する知見の水準は予測不可能といってよい。その製造物責任は，開発危険の抗弁の適用の範囲が広くなってしまう。ただし，AI 創作物の情報に寄与する創作者，権利者，管理者，サービス提供者などは AI 創作物の開発の説明責任（accountability）が問われ，それらの者が連携した緊急時を想定した AI 創作物の製造物責任に対応する判断基準が考慮されてよいだろう。

　AI 創作物に関する情報管理の合理的な関係は，情報の権利と義務の関係から，創作的に寄与した者（自然人，法人）の人格権と財産権との連携・融合の関係からとらえ直すことに他ならない。その対応は，オープン性の情報であっても，同様である。なぜならば，オープン性は，知的財産権（人格権を含む）の保護と制限に関わりがあるからである。ただし，著作権の制限と特許権の制限には，それぞれ文化の発展に寄与することを法目的とする著作権法と産業の発達に寄与することを法目的とする特許法とで違いがあり，ネット環境において整合が必要になろう。著作権法の制限には，デジタル化・ネットワーク化に関する情報技術・情報通信技術の発達に供するための制限規定とみなしうる規定が加えられている。そうすると，逆に，特許権の制限に公共政策的な面，たとえば個人の実施（複製）の規定があってもよいだろう。AI 創作物に関する瑕疵の責任は，情報の権利における人格権と財産権の保護およびそれらの制限の４つの関係から導出できる。この関係は，発信者情報開示等請求事件に見られる。損害賠償を請求するための発信者情報の開示を請求する本事件では，情報の開示性と非開示性との関係は，侵害された開示請求者への「名誉の棄損」と「社会的評価を低下させるもの」との間の個人情報の人格的価値だけではなく，個人情報の財産的価値をも含む対応関係になる[7]。また，公衆送信権（送信可能化権）の侵害により，発信者情報の開示が判示された本事件は，情報の開示性と非開示性とが財産権と

人格権との比較衡量により判断されたことになる[8]。AI 創作物に関する免責事由は，創作者の人格権から，著作物の同一性保持，発明の均等論（doctrine of equivalents），デザインのコンセプトの異同の判断が 1 つの指標になろう。均等論とは，特許請求の範囲の発明と本質部分は同一で微細な部分のみが異なる製品であったとしても，同じ技術的範囲内にあるものと評価する理論をいう。デザインのコンセプトとは，類似のデザインが元のデザインを明確化することをいう。

　ウェブサイトなどにアップロードされた著作権侵害に該当するようなコンテンツは，著作権者からの著作権侵害の通知を受けたインターネットサービスプロバイダ（ISP）の判断が問われる。その状況における免責として，DMCA のセーフハーバー条項の規定に関して，ノーティス・アンド・テイクダウンがある（17USC § 512 (d)）。ノーティス・アンド・テイクダウンとは，実際に違反しているのかどうかといった判断は行わずに，コンテンツをアップロードした会員に対し，そうした通知があったことを連絡したうえで，一定期間内に会員側からの異議申し立てがない場合は，その時点で該当のコンテンツを削除すること，またはそうした手続きをすることである。これは，「特定電気通信役務提供者の損害賠償責任の制限及び発信者情報の開示に関する法律」（プロバイダ責任制限法）の免責の規定と同様である。サービス提供者の免責は，たとえば一定期間（7 日以内）の対応が求められる（プロバイダ責任制限法 3 条 2 項 2 号）。この免責のための一定期間の対応は，インターネットモール事業者に関する商標権侵害差止等請求控訴事件の判示にも見られる。本事件は，インターネットモール事業者が商標権侵害を知ってから 8 日以内に商品をサイトから削除していたとして，訴えを退けた一審[9]を支持し，原告側控訴を棄却している[10]。AI 創作物の瑕疵に対する

7　最判平成 22・4・8 平成 21（受）1049 民集 64 巻 3 号 676 頁，最判平成 22・4・13 平成 21（受）609 民集 64 巻 3 号 758 頁。

8　知財高判平成 22・9・8 平成 21（ネ）10078〈http://www.courts.go.jp/app/files/hanrei_jp/666/080666_hanrei.pdf〉（2020/02/28 アクセス），東京高判平成 21・11・13 平成 20（ワ）21902〈http://www.courts.go.jp/app/files/hanrei_jp/267/038267_hanrei.pdf〉（2020/02/28 アクセス）。

9　東京地判平成 22・8・31 平成 21（ワ）33872〈http://www.courts.go.jp/app/files/hanrei_jp/657/080657_hanrei.pdf〉（2020/02/28 アクセス）。

責任の所在は，段階的に，財産権の帰属する管理者から権利者へ，そして最終的には人格権が帰属する創作者という階層の中で，人格権と財産権の関係からなるポートフォリオから判断される。

5. おわりに

　AI 研究開発における法的な対応は，研究開発に携わる人間と AI との関わりの中で，AI 創作物の知的財産法における客体，主体，権利の構造，そして権利の帰属の明確化になる。そこでは，知的財産法等の順守が求められる。したがって，AI 研究開発における法的な対応は，AI 研究開発と AI 創作物における個人・組織・AI による知財管理と人格権・プライバシーおよびセキュリティを含む情報管理にある。AI 創作物は，人間がデータの入力や操作やプログラミングを伴う行為に何らかの態様で介在しうる関係にある。AI 研究開発による AI 創作物に関しては，現行の著作権制度面からいえば，デジタルコンテンツの映画の著作物とその著作者，そして著作者の権利の構造を有し，AI 創作物を伝達する行為（著作隣接権）が関与し，著作権等の帰属のパターンが適用できる。そして，AI 創作物は，現行の産業財産権制度面から，発明，デザイン，商標等と関わりを持っている。さらに，AI 創作物は，知財管理の対象になる。ところが，著作権制度と産業財産権制度は，権利の発生，権利の構造，権利の帰属が異なっている。AI ネットワークにおいて，著作権制度と産業財産権制度とを架橋する知的財産権制度のデザインが求められる。たとえば映画の著作物には，実演家と実演家の権利の規定が見出しえない。職務発明には，発明者人格権との関連が明確になっていない。研究開発に携わる人間と AI との関わりからいえば，将来，人格権のある AI が登場するまでは，暫定的に，実演家と実演家の権利が AI との関連で，発明者人格権は著作者人格権と整合をとったうえで人間（自然人）を擬制した法人（AI）を関連づけすればよいだろう。

10　知財高判平成 24・2・14 平成 22（ネ）10076〈http://www.courts.go.jp/app/files/hanrei_jp/999/081999_hanrei.pdf〉（2020/02/28 アクセス）。

　AI研究開発に関する責任の所在の明確化は，AI創作物の権利構造と権利帰属および知財管理と情報管理の観点からの判断になろう。AI創作物に関する権利帰属は，3つのパターンになる。第一は創作者の権利（人格権と財産権）の自然人（AI）への帰属，第二は創作者の権利（人格権と財産権）の法人（AI）への帰属，第三が創作者の財産権の法人（AI）への帰属になる。それらの権利管理は，創作者と権利者およびAIネットワークにおけるサービス提供者の三重構造になる。AI創作物の瑕疵に関して，それら三者の責任と免責が関係する。AI創作物の瑕疵の責任は，有体物と無体物に分けられる。有体物の瑕疵に関しては製造者の責任とその免責が検討され，情報（無体物）の瑕疵に関してはサービス提供者，権利者，創作者の責任とその免責の関係になる。情報（無体物）の瑕疵に関しては，無体物のサービス提供者と権利者の責務は財産権に対して，情報（無体物）の創作者の責務は人格権の同一性の保持に帰着できる。AI創作物のブラックボックスに関しては，営業秘密の事業者が関与する。製造物は，アプリオリにその概念を決定しうるものではない。現状の狭義の製造物ばかりでなく，今後，情報（無体物），サービス（役務）といったものも検討される対象といえよう。製造物は，包括立法のカテゴリーで，各製造物ないし商品の特性を十分に把握し，その特性に応じて製造物責任法の規定を修正していくことが合理的である。

　AI研究開発に関する情報管理は，知的財産法と情報法の個別法を横断するレジリエンス（resilience）な法システムの対応が求められる。IoTデータがM2Mにより集積され，そのビッグデータからAIによって人工物が産み出される世界は，データ・情報・知識が多様な性質を継時的に見せるネット環境の法的対応に他ならない。そのためには，無体物の保護に関する知的財産法と情報の流通・促進に関する情報法との関係性をはかる制度デザインおよび知的財産を横断する知的財産法の個別法間の利用・抵触に関する条項および知的財産権の制限の相互の整合の整備が必要になる。

（児玉晴男）

Ⅲ. ネット上の権利侵害行為に対する情報開示 請求権について

1. はじめに

インターネットは，今や生活に欠かせない情報インフラとしての地位を確立しつつある。しかし一方で，名誉毀損，著作権侵害，商標権侵害等のネット上の権利侵害行為が頻発し，社会問題化している。特に，ネット上の匿名性のため，誰が侵害者なのか大半は不明で，権利を侵害されたとする者（以下「被侵害者」という。）は侵害者に対して，損害賠償又は差止請求を提起することさえ難しい状況が続いている。

2001 年 11 月 22 日，「特定電気通信役務提供者の損害賠償責任の制限及び発信者情報の開示に関する法律」（以下「プロバイダ責任制限法」という。）が可決・成立し，翌年の 2002 年 5 月 27 日から施行された。同法は，特定電気通信役務提供者（以下「プロバイダ」という。）の責任の制限を規定するとともに，被侵害者のプロバイダに対する発信者情報開示請求権（同法 4 条 1 項）が創設された。

しかし，同法に規定する発信者情報開示請求権の要件の 1 つである「権利侵害の明白性」の要件（同法 4 条 1 項 1 号）が厳格に過ぎるとして，総務省の「利用者視点を踏まえた ICT サービスに係る諸問題に関する研究会」において議論がなされたが，同研究会が 2011 年 7 月 21 日に公表した「プロバイダ責任制限法検証に関する提言」（以下「検証提言」という。）の中では，その考え方が述べられているものの，抜本的な法改正には至っていない。

侵害者が被侵害者の権利を侵害した場合，被侵害者は，プロバイダに対して侵害行為の目的物の削除を要求するが，それが受け入れられない場合に，侵害者を特定するために，発信者情報開示請求権に基づき，プロバイダに対

し侵害者の氏名等の個人情報の開示を請求することになる。しかし，「権利侵害が明白でない」という理由により，プロバイダは侵害者の個人情報を開示することを拒む傾向が強い。そのため，プロバイダは，同法により一定の責任を免れる一方で，被侵害者の発信者情報開示請求権を基に，被侵害者から直接，開示請求の訴訟を提起されることがある。また，被侵害者も，これらのプロバイダに対する訴訟のため，多大な労力及び時間を割かなければならず，発信者情報開示請求権は，実務的に実効性の薄いものとなっている。

2. プロバイダの判断

　発信者情報開示請求権は，被侵害者がプロバイダに対し，それを単独で行使することもできるが，一般的には，被侵害者がプロバイダに権利侵害情報の削除を要求したものの，プロバイダがそれを拒絶した場合に行使される場合が多い。すなわち，わが国では，権利侵害情報かどうかの判断をプロバイダが行い，明らかに権利侵害情報であると判断されない限り，プロバイダは権利侵害情報を削除しない。そのため，被侵害者は，プロバイダに対し，権利侵害者情報の開示を求め，侵害者に対して直接，権利侵害情報の削除要求を行う。それでも削除されなければ，被侵害者は侵害者に対して訴訟を提起することになる。

　このように，一般的には，発信者情報開示請求権は，プロバイダに対する権利侵害情報の削除要求を前提とするものである。そのため，被侵害者からの権利侵害情報の削除要求があった場合のプロバイダの対応が，その後の被侵害者の発信者情報開示請求権の行使に直接かつ密接にかかわる。

　わが国では，権利侵害情報か否かの判断をプロバイダに任せる法律構成をとっているが，諸外国では，プロバイダには判断させないことを前提にルール作りをしているところが多い。その代表的なルールが，ノーティス・アンド・テイクダウン（Notice and Takedown）とスリー・ストライク・ルール（Three Strike Rule）である。

(1)　権利侵害情報か否かの判断

①　ノーティス・アンド・テイクダウン

　ノーティス・アンド・テイクダウン（以下「N&TD」という。）とは，被侵害者からの通知により，プロバイダが，権利侵害情報か否かの実体的判断を経ずに，当該情報の削除等の措置を行うことにより，当該削除に係る責任を負わないこととするものである。

　つまり，被侵害者からの形式的要件を備える通知のみで，プロバイダが，当該著作物の削除等の措置を行うことにより，その情報に係る責任を負わないこととするものである。そこには，プロバイダに積極的な監視義務はない。プロバイダが発信者のアップロード時に何ら関与していない場合，プロバイダが著作権侵害の可能性があることを知るのは，多くは被侵害者からの通知等がある場合である。したがって，N&TD は，被侵害者からの通知があった時点で，プロバイダが講ずべき措置について一定のルールを定めることが必要であるという考え方に基づくものである。

　米国のデジタルミレニアム著作権法（以下「DMCA」という。）では，著作権の侵害を主張する者から法定の形式的要件を満たす通知を受領したプロバイダは，著作権侵害情報か否かの実体的判断を経ずに，いったん当該著作権侵害とされる情報を削除すれば，責任を負わないこととされている。また，削除された当該情報について，発信者に対して削除した旨を通知し，発信者から反対通知を受け取った場合には，当該著作権の侵害を主張する者に反対通知のコピーを送付するとともに，一定期間後に当該情報を復活させることを通知し，さらに，当該著作権の侵害を主張する者が一定の期間に発信者に対して侵害行為の差止請求訴訟を提起しない場合は，プロバイダが当該情報を復活させれば，責任を負わないこととされている。

　米国の DMCA では，この N&TD が規定されており，わが国にも同様の手続を導入すべきであるとの主張がある。これは，当該手続の導入により，本来情報の内容にかかわりのないプロバイダが権利侵害の有無に関する実体的判断をする必要がなくなること，権利侵害を主張する者からの法定の要件を満たす通知により権利侵害情報が迅速にいったん削除されることなどが期待できるとの考え方によるものである[1]。

②　スリー・ストライク・ルール

　インターネット上で著作権侵害情報をアップロードするなどの権利侵害行為を反復的に行う者に対して，電子メール等によって数回の警告を行い，警告にもかかわらず権利侵害行為を継続した場合に，一定の制裁措置を行う制度（いわゆる「スリー・ストライク・ルール」）（以下「3SR」という。）の導入が必要であるとの主張がある。これは，第三者であるプロバイダではなく，問題となる情報の発信者に対して直接措置するものであり，本来的な解決方法であるとともに，発信者による反復的な侵害を直接防止することができるため，より実効性が高いとの考え方である。このような制度としては，インターネット接続の制限（接続の遮断等）を行うものと，アップロード等のアカウントの利用の制限を行うものとが含まれているものと考えられるが，両者はその方法も効果も異なるものである[2]。

⑵　発信者情報開示請求－わが国のプロバイダの判断基準

　わが国では，N&TD はとっておらず，権利侵害情報か否かの判断はプロバイダに任されている。そのため，発信者情報開示請求における権利侵害の明白性を判断する基準として，プロバイダ責任制限法ガイドライン等検討協議会は，2016年2月，「プロバイダ責任制限法発信者情報開示関係ガイドライン（第4版）」（以下「情報開示ガイドライン」という。）を公表した。

　情報開示ガイドラインは，その目的を，特定電気通信による情報の流通によって権利侵害を受けた者が，発信者情報の開示を請求する権利を規定したプロバイダ責任制限法4条の趣旨を踏まえ，権利侵害を受けた者，情報発信者，開示関係役務提供者（具体的には，プロバイダのこと。情報開示ガイドラインでは，発信者情報開示請求のあったプロバイダを「開示関係役務提供者」と呼んでいる。）のそれぞれが置かれた立場等を考慮しつつ，発信者情報開示請求の手続や判断基準等を，可能な範囲で明確化するものであるとしている。

1　プロバイダ責任制限法検証 WG「プロバイダ責任制限法検証 WG 提言」（2011年6月）41頁〈http://www.soumu.go.jp/main_content/000134914.pdf〉（as of Apr 20, 2019）。

2　前掲注（1）43頁。

　このように，情報開示ガイドラインは，同法4条に基づいて開示関係役務提供者による開示又は不開示の判断が迅速かつ円滑に行われることを目的とするが，当該目的は情報開示ガイドラインのみによって達成されるものではなく，個別の事案において，開示関係役務提供者及び権利を侵害されたとする者が十分な意思疎通を行い，適切な協働関係を構築することも重要であり，情報開示ガイドラインの運用に当たっては，開示関係役務提供者及び権利を侵害されたとする者の双方においてかかる点を十分認識した適切な対応がなされることが重要であるとしている。

　なお，情報開示ガイドラインは，情報の流通による権利侵害の態様として，①名誉毀損，プライバシー侵害，②著作権等（著作隣接権を含む）侵害，③商標権侵害，の3種類に大別し，発信者情報の開示が認められた過去の裁判例等を参考に，類型ごとに権利が侵害されたことが明らかと考えられる場合や，その判断要素等について記載している。

　しかしながら，同ガイドライン自身も自認しているように，ガイドラインの内容も十分なものとは言えず，プロバイダが同ガイドラインを基に権利侵害情報か否かを判断することは難しく，却って混乱を招くだけのものである可能性がある。以下，当ガイドラインの具体的な判断基準を示す。

①　名誉棄損

　名誉毀損について権利侵害の明白性が認められるためには，当該侵害情報により権利を侵害されたとする者の社会的評価が低下した等の権利侵害に係る客観的事実のほか，①公共の利害に関する事実に係ること，②目的が専ら公益を図ることにあること，③事実を摘示した名誉毀損においては，摘示された事実の重要な部分について真実であること又は真実であると信じたことについて相当な理由が存すること，④意見ないし論評の表明による名誉毀損においては，意見ないし論評の基礎となった事実の重要な部分について真実であること又は真実であると信じたことについて相当な理由が存することの各事由の存在をうかがわせるような事情が存在しないこと，が必要と解されている。

　しかしながら，情報開示ガイドラインは，「これらの事情等は，個別の事

案の内容に応じて判断されるべきものであり，プロバイダ等において判断することが難しいものでもある。したがって，現時点において権利侵害の明白性が認められる場合についての一般的な基準を設けることは難しい。」とし，開示関係役務提供者自らが，独自に「権利侵害の明白性」を判断できるような具体的な判断基準を示していない。

さらに，発信者に対して意見を聴取した結果，公益を図る目的がないことや書き込みに関する事実が真実でないことを発信者が自認した場合などについては，名誉毀損が明白であると判断してよい場合があるが，これら以外の場合については，発信者情報の開示を認めた裁判例等を参考にして，権利侵害の明白性の判断を独自に行い，判断に疑義がある場合においては，裁判所の判断に基づき開示を行うことを原則とするとし，過去の具体的な裁判例をいくつか挙げるにとどめている[3]。

すなわち，情報開示ガイドラインは，権利侵害の明白性の具体的な判断基準を示すことなく，いくつかの裁判例を参考に，開示関係役務提供者に独自の判断を行うことを求めており，プロバイダにとって極めて困難な作業であり，実務的には不可能に近い。

② プライバシー侵害

情報開示ガイドラインでは，プライバシー侵害について不法行為の成立を認めた裁判例[4]による定義として，個人に関する情報がプライバシーとして保護されるためには「①私生活上の事実または私生活上の事実らしく受け取られるおそれのある情報であること，②一般人の感受性を基準にして当該私人の立場に立った場合に，他者に開示されることを欲しないであろうと認められる情報であること，③一般の人に未だ知られていない情報であることが必要である」旨判示していることを紹介している。

また，平成15年の最高裁判決[5]を引用し，学籍番号，氏名，住所及び電

---

3 高田寛「特定電気通信役務提供者に対する発信者情報開示請求権についての一考察」富大経済論集61巻2号（2015年）66～67頁。
4 東京地判昭和39・9・28判時385号12頁（宴のあと事件）。
5 最二判平成15・9・12判時1835号157頁（早稲田大学江沢民講演会事件）。

話番号のような個人情報についても，本人が，自己が欲しない他者にはみだりにこれを開示されたくないと考えることは自然なことであり，そのことへの期待は保護されるべきものであることを紹介している。

その上で，情報発信ガイドラインは，権利侵害の明白性が認められた事例として，2つの裁判例[6]の紹介とともに，「プライバシー侵害が明白であるとして発信者情報の開示が認められた事例なども考慮すれば，一般私人の個人情報のうち，住所や電話番号等の連絡先や，病歴，前科前歴等，一般的に本人がみだりに開示されたくないと考えるような情報については，これが氏名等本人を特定できる事項とともに不特定多数の者に対して公表された場合には，通常はプライバシーの侵害となると考えられ，このような態様のプライバシー侵害については，当該情報の公開が正当化されるような特段の事情がうかがわれない限り，発信者情報の開示を行うことが可能と考えられる」としながらも，名誉毀損と同様，情報の流通によるプライバシーの侵害について一般的な基準を設けることは難しいと結論づけ，具体的な基準を設けることに躊躇している[7]。

③　著作権侵害

著作権侵害について，情報発信ガイドラインは，①請求者が著作権者等であること，②著作権等侵害の態様，の2つをその判断の基準として挙げている。請求者が著作権者等であることの証明として，著作物等に関して，著作権法に基づく登録がなされている場合又は海外における法令に基づく登録がなされている場合には，当該登録が行われていることを証する書面などの具体的な証拠資料を挙げている。

このように具体的な資料が列挙されているものの，著作権がベルヌ条約で無方式主義が採られていることもあり，これらの証拠資料が存在しない場合も多く，著作権者がこれらを提出することは容易ではない場合もあろう。

また，著作権等侵害の態様について，情報開示ガイドラインは，発信者情報の開示請求を受けた開示関係役務提供者が，権利侵害の明白性を判断した

6　東京地判平成 15・9・12，東京地判平成 16・11・24。

7　高田・前掲注（3）67～68 頁。

上，裁判外で発信者情報の開示を行うためには，著作権等侵害があることを明確に判断できることが必要であるとし，そのような判断が可能となるようなケースとして，以下のものを列挙している。

① 情報の発信者が著作権等侵害であることを自認している

② 情報が著作物等の全部又は一部を丸写ししている

③ 著作物等の全部又は一部を丸写ししたファイルを現在の標準的な圧縮方式（可逆的なもの）により圧縮している

ここで問題になるのが，②の「丸写し」という表現である。「丸写し」であれば，その態様から比較的容易に判断でき「一見明白な著作権侵害」となり得るが，多くの場合の侵害事例は，「丸写し」の侵害事例よりも「一見明白な著作権侵害」とはいえない類似性が問題となる[8]。

このように，著作権侵害に関しては，情報開示ガイドラインは，「丸写し」のように明らかに「一見明白な著作権侵害」の場合のみ，発信者情報開示を認めており，これにより実効性の薄いものとなっているように思われる。そのため，著作権等侵害についても，名誉毀損，プライバシー侵害同様，開示関係役務提供者が，発信者情報開示請求訴訟に巻き込まれる可能性が高い。

以上のように，情報開示ガイドラインは，実質的なガイドラインとはなっておらず，プロバイダがこれを基に権利侵害情報か否かの判断をすることは極めて困難と言わざるをえない。

3. 発信者情報開示請求権

(1) わが国の法規制

プロバイダ責任制限法は，被侵害者のプロバイダに対する発信者情報開示請求権について，「特定電気通信による情報の流通によって自己の権利を侵害されたとする者は，次の各号のいずれにも該当するときに限り，当該特定

8　山本隆司「プロバイダ責任制限法の機能と問題点―比較法の視点から―」コピライト（2002年）10 頁〈http://www.mext.go.jp/b_menu/shingi/bunka/gijiroku/012/020802f.pdf〉（as of Apr 20, 2019）。

電気通信の用に供される特定電気通信設備を用いる特定電気通信役務提供者（以下「開示関係役務提供者」という。）に対し，当該開示関係役務提供者が保有する当該権利の侵害に係る発信者情報（氏名，住所その他の侵害情報の発信者の特定に資する情報であって総務省令で定めるものをいう。以下同じ。）の開示を請求することができる。」と定めている（同法4条1項）。すなわち，プロバイダが被侵害者の侵害情報の削除等の要求を拒否した場合，同規定により，被侵害者はプロバイダに対して，侵害者の発信者情報の開示を請求することができる。

　また，同法4条1項に規定する「発信者情報の開示を請求することのできる場合」とは，①侵害情報の流通によって当該開示の請求をする者の権利が侵害されたことが明らかであるとき（明白性），②当該発信者情報が当該開示の請求をする者の損害賠償請求権の行使のために必要である場合その他発信者情報の開示を受けるべき正当な理由があるとき（正当性）であり，これら2つの要件に該当していることが必要である[9]。

　同項の趣旨は，特定電気通信による情報の流通によって権利が侵害された場合，その被害回復のためには発信者情報の開示を受ける必要性が極めて高い一方で，発信者情報は発信者のプライバシー，匿名表現の自由等にかかる情報であり，正当な理由もないのに発信者の意に反して開示されることがあってはならないことから，一定の厳格な要件が満たされる場合に限って，発信者情報開示請求者（以下「開示請求者」という。）の請求に応じて発信者情報の開示に応じるべき義務が発生する旨を法定化したものである[10]。

⑵　明白性の要件

　同法4条1項規定の要件の1つである「権利が侵害されたことが明らかである」とは，権利の侵害がなされたことが明白であるという趣旨であり，この明白性は，不法行為等の成立を阻却する事由の存在をうかがわせるような事情が存在しないことまでを意味する厳格なものである[11]。

9　高田寛『Web2.0インターネット法―新時代の法規制―』（文眞堂，2007年）178頁。
10　大村真一ほか「特定電気通信役務提供者の損害賠償責任の制限及び発信者情報の開示に関する法律の概要」NBL730号32頁。判タ1326号122頁。高田・前掲注（3）61頁。

　この「権利侵害の明白性」の要件は，権利を侵害されたとする者の被害回復の必要性と，発信者のプライバシーや表現の自由の利益との調和の観点から規定されたものであるが，同法が「権利侵害の明白性」を開示請求の要件として規定した理由を，検証提言は，「被害者の被害回復の必要性が認められる一方で，発信者情報開示請求により開示される情報は，発信者のプライバシーに関わる事項であるところ，プライバシーは，いったん開示されると，原状に回復させることが不可能な性質のものであり，その取扱いには慎重さが当然に求められる。また，匿名表現の自由についても，その保障の程度はさておき，保障されることに疑問の余地はなく，可能な限り，萎縮効果を及ぼさないように配慮する必要がある。」としている。

　さらに，「権利侵害の明白性」の要件に関して，検証提言は「権利侵害が明白である場合にのみ，発信者情報の開示を認めることには必要性及び合理性があるといえ，発信者による権利侵害が明白でないのに，発信者のプライバシー等の利益が侵害されてもよいと考えることは相当ではない。」と結論付けている。

　違法性阻却に関しては，名誉毀損の場合，名誉毀損行為がなされたとしても，当該行為が公共の利害に関するものであり，もっぱら公益を図る目的であった場合に，適示された事実が真実であると証明されたときには，その違法性が阻却される[12]。すなわち，同法の「権利侵害の明白性」の要件は，単に権利侵害に該当するのみならず，このような違法性阻却事由が存在しないことをも含む[13]。

　特に政治的な表現において違法性阻却事由が問題となりやすいが，「権利侵害の明白性」に違法性阻却事由の不存在を要求しないとすると，匿名による政治的な表現活動に過剰な萎縮効果を及ぼすおそれもあり，匿名表現の自由の保障の観点から問題があるとする。

11　大村・前掲注（10）34頁。判タ1326号122頁。
12　最一判昭和41・6・11民集20巻5号1118頁。
13　東京地判平成15・3・31判時1817号84頁。

⑶　明白性の要件の弊害

　同法4条1項は，権利を侵害されたとする者の被害回復のための発信者情報開示の必要性と，発信者のプライバシーの保護及び匿名表現の自由の確保という，相反する権利利益の上に立脚するものであるが，要件の厳しさから判断すると，発信者のプライバシー及び匿名表現の自由の保護法益を重視したものとなっている。

　この背景には，国民の表現の自由の確保の重要性が根底にある。すなわち，匿名であったにも拘わらず，安易に発信者情報が開示されることにより，権利を侵害されたとする者は，容易に発信者を訴えることができるようになり，それが却って，発信者の表現の自由に委縮効果を与える危惧が存在するからである。また，開示された情報を不正に使用することにより，ストーカー行為やいやがらせ行為など，他の侵害行為を派生的に誘発させるおそれも考えられる。

　さらに，発信者情報は，発信者のプライバシー等重大な権利利益に関するものであり，いったん開示されると原状回復が不可能であることから，本法では，誤った開示が行われることがないよう必要な規定を設けている。

　具体的には，①開示関係役務提供者は開示の請求を受けた場合に，発信者の意見を聞かなければならないこと，②開示を受けた者は，発信者情報をみだりに用いてはならないこと，③開示関係役務提供者は，裁判外での開示請求について開示に応じないことによる損害については，故意・重過失がある場合でなければ賠償責任を負わないこと，とされている。このように，プロバイダ責任制限法は，極めて厳格かつ慎重に発信者開示情報の請求の要件を規定している。

　しかしながら，このような発信者情報開示請求に対する厳格な要件は，一方で弊害をもたらしていることも事実である。その根拠となるものが，同法4条4項の「開示関係役務提供者は，第1項の規定による開示の請求に応じないことにより当該開示の請求をした者に生じた損害については，故意又は重大な過失がある場合でなければ，賠償の責めに任じない。」という規定である。

　一方で，開示関係役務提供者が，明白性があると判断して権利を侵害され

たとする者に発信者情報を開示した場合の開示関係役務提供者を免責する明確な規定は存在しない。すなわち，情報を開示された発信者は，開示関係役務提供者に対して表現の自由等の権利侵害を理由に訴えを提起することができ，開示関係役務提供者は，故意又は重大な過失の存在に拘わらず，発信者から損害賠償を請求され，賠償責任を負うおそれがあるということを意味する。

　このことは，「権利侵害の明白性」という厳格かつ抽象的な文言のために，開示関係役務提供者の開示の要件を満たすか否かという独自の判断による開示の不安感から，権利を侵害されたとする者からの発信者情報の開示請求を拒否し，そのため，権利を侵害されたとする者は，多くの時間と費用を費やして開示関係役務提供者に対する訴訟による開示請求をしなければならない。このような状況は，権利を侵害されたとする者のみならず開示関係役務提供者にとっても，大きな不利益となっていることは否めない。

4. 新たな制度設計に向けて

⑴　ノーティス・アンド・テイクダウン（N&TD）

　上述のように，N&TD や 3SR を導入している国としては，米国，フランス，韓国などあるが，これらはすべて著作権侵害情報に限っており，すべての侵害情報に適用するものではない。すなわち，これらの国は，侵害情報を，著作権侵害情報とそれ以外とに区別し，その対応に差を設けている。

　ところが，わが国の検証提言も，「プロバイダ責任制限法検証に関する提言プロバイダ責任制限法検証 WG の 2011 年の「プロバイダ責任制限法検証 WG 提言」（以下「WG 提言」という。）も，侵害情報を区別することなく一律に議論し，画一的な結論を導いている傾向が見受けられる。

　たとえば，WG 提言は，N&TD について，「名誉毀損等の権利侵害情報に見られるように，形式的な要件の充足を確認することで情報を削除してしまうと，たとえば，特定の観点に基づく表現がノーティス（通知）によっていったん削除されてしまうことにより時宜にかなった表現が制限されてしま

うこと等も懸念され，表現の自由との関係で大きな問題が生じるおそれがある。そのようなおそれが生ずることがないようなノーティス（通知）の要件を設けることは，違法性阻却事由の有無など権利侵害情報であるか否かの判断が困難な場合も多く，難しいものと考えられる。」としている。これは，明らかに，名誉毀損等の権利侵害情報について妥当するものであり，著作権侵害情報については，妥当するものではない。

　著作権侵害情報について，WG 提言は「制度の濫用の防止という観点から，DMCA においては，ノーティスの要件に，偽証の罰則付ステートメントを求めており，ノーティスの濫用に対する制度的な担保があるのに対して，我が国には，そのような制度が存在せず，不当なノーティスを防止する制度的な手段が用意されていないという問題点がある。なお，アメリカにおいても，フェアユースの範囲で使用された蓋然性のあるコンテンツが著作権者からのノーティスによって削除されてしまった例が裁判で争われるなど，運用に混乱が見られるところであり，ノーティスの濫用の危険性等について，慎重に検討することが必要である。」としている。一見すると正当な議論のように見えるが，名誉毀損等の権利侵害情報のような本質的な議論にまで踏み込むことなく，あくまで制度上の形式的議論に終始しているようにみえる。N&TD を導入した場合，通知の要件に，偽証の罰則を付けることは当然考慮すべき事項であるし，米国のようなフェアユース規定を置いていないわが国に，米国の裁判例を持ち出して反対意見を言及するのは，いささか行きすぎた議論のようにも思う。

　さらに，WG 提言は「プロバイダ責任制限法においても，プロバイダ等において権利侵害が行われていると『信じるに足りる相当の理由』があれば送信防止措置を講じたとしても民事責任（損害賠償責任）を負うことはないとされている。また，著作権侵害及び商標権侵害については，『著作権関係ガイドライン』等において，信頼性確認団体からプロバイダ等に権利侵害の通知があった場合は，プロバイダ等は権利侵害の事実が確認できたものとして取り扱うことができ，当該ガイドライン等にのっとって，一定程度速やかに削除等が行われているところであり，実質的に N&TD に相当する仕組みが存在していると評価することも可能であるとの指摘もある。特に，商標権侵

害のように権利侵害か否かの判断が容易なものについては，すでに十分適切な対応が行われているという報告もある。……以上の理由により，我が国の法制度でN&TDを導入するには乗り越えるべき法的な問題が大きい上に，その必要性も乏しいと考えられることから，導入の是非については，慎重な検討が必要と考えられる」とし，N&TDの導入には否定的である。

　しかし，名誉毀損等の権利侵害情報と著作権侵害情報は，表現の自由という国民の権利及び法益から，その侵害の性質が根本的に異なり，一律に扱うことにはいささか問題があるのではないだろうか。確かに，名誉毀損等の権利侵害の対極には表現の自由があり，その権利は守るべきものである。しかし，著作権侵害の多くは複製や依拠であり，そこには発信者の表現の自由の要素は少ない。また，対抗言論のような要素もない。

　わが国では，発信者情報開示請求権の要件が厳しいため，その行使に実効性が薄いことを思えば，その上流に位置するプロバイダの判断を軽減するため，著作権侵害情報に対して，諸外国と同様，N&TDを導入してもよいのではないだろうか。特に，韓国は，N&TDと共に，3SRも導入し，著作権侵害情報に対し，その融合を図っており，わが国にも参考になると思われる。

(2)　発信者情報開示請求—裁判所の介入の是非

　発信者情報開示請求権で問題となるのが，「明白性の要件」の厳しさとともに，プロバイダ責任制限法4条4項の「開示関係役務提供者は，第1項の規定による開示の請求に応じないことにより当該開示の請求をした者に生じた損害については，故意又は重大な過失がある場合でなければ，賠償の責めに任じない。」という規定である。一方で，開示関係役務提供者が，明白性があると判断して権利を侵害されたとする者に発信者情報を開示した場合の開示関係役務提供者を免責する明確な規定は存在しない。

　このため，ともすれば，プロバイダは，被侵害者から，発信者情報開示請求権を行使されたとしても，開示には応じない判断に傾くこととなる。そのため，被侵害者は，プロバイダに対して，発信者情報開示請求権に基づく訴訟を提起することになり，双方とも多大な労力と時間を費やすことになる。

これを打開するためには，プロバイダ以外の第三者による判断が必要となるのではないだろうか。

　発信者情報開示請求があった場合には，米国は，著作権侵害情報について，連邦地方裁判所が関与し，連邦地方裁判所の書記官に発信者情報開示命令を発することを申立てることができる。フランスでは，裁判所からレフェレ（référé）を取得することで，発信者情報の開示等を受けることができる。ドイツでも，私訴者について，刑事訴訟における検察官と同様に第三者の保有する情報を獲得することができる権利や書類を閲覧することができる権利が認められている。また，イギリスでも，不法行為により損害を受けた者などは，訴訟の相手方を明確にするため，又は訴訟を提起するための情報を得るため，裁判所から開示命令を取得することで，第三者の保有する情報の開示を受けることができ，韓国でも，侵害事実を疎明して，名誉毀損紛争調整部に情報通信サービス提供者が保有している当該利用者の情報を提供するように請求することができる。このように，諸外国では，諸規則は異なるものの，裁判所等の関与により，発信者情報開示請求権を担保している。しかし，わが国では，裁判所等の関与は一切なく，「情報開示ガイドライン」によるプロバイダの判断に任されている。

　発信者情報開示請求権の行使について，裁判所が関与する制度をわが国に導入した場合，いかなる弊害があるであろうか。もちろん，裁判所の事務的な負荷は当然かかるが，アメリカのような書記官による形式的な審査であれば，それほど大きな負荷にはならないと思われる。この制度の最も意味のある手続きは，裁判所に発信者情報開示請求命令を申立てるという手続きであり，この時点で，不正な使用目的を意図する者は躊躇するに違いない。

　もし仮に，不正な使用目的であったとしても，米国のような宣誓陳述書があれば，これに虚偽記載を行うと刑事罰が課せられるという大きなリスクを負うことが歯止めになる。さらに，開示請求者に，発信者情報を開示された後に，どのように対処したのかを裁判所に報告する義務を負わせれば，その後の経緯が裁判所も把握でき，また開示請求者に対しても不正使用の抑止力になることが期待される。

　発信者情報が開示された場合，最も懸念されるものが発信者のプライバ

シー保護である。すなわち，その内容が不正に使用され，ストーカー行為等の派生的な侵害行為に発展するのではないかというおそれである。しかし，これについては，裁判所が関与することでかなり抑止できるのではないだろうか。また，裁判所に提出する宣誓陳述書もプライバシー保護の観点から，大きな抑止効果を期待できる。さらには，その後の経緯を裁判所に報告させる義務を負わすことにより，裁判所が，発信者情報が正当に使用されたかどうかを確認することができる。このように，発信者のプライバシー保護と被害者救済の必要性のバランスを考えると，裁判所の一定の関与が妥当であると思われる。

　ただし，このような裁判所の一定の関与による発信者情報開示請求の緩和化は，名誉毀損事例のように，表現の自由の保護法益とのバランスが重要であり，国民の知る権利及び公共性・公益性を重んじ，匿名性が極めて重要なものについては，慎重な対応が必要であるため，現時点での導入は難しいと思われる。だが諸外国のように，著作権侵害事例に関しては，諸外国にみられるような有効な施策となり，発信者情報開示請求権をより実効性のあるものにできる可能性が大きいと思われる。

5. おわりに

　わが国のプロバイダ責任制限法4条1項に規定する発信者情報開示請求権の「権利侵害の明白性」の要件が厳しすぎることにより，発信者情報開示請求権の実効性が薄いことによる弊害と，ネット上の権利侵害行為の明白性とプロバイダの責任について，発信者情報開示請求権を担保する合理的かつ妥当な制度設計の在り方について考察したが，諸外国との法制度の比較においても，プロバイダにすべてを任せた場合，現行のプロバイダ責任制限法での下では，プロバイダは，発信者情報開示には消極的にならざるを得ない。

　このため，被侵害者は，プロバイダに対して，発信者情報開示請求権に基づく訴訟を提起せざるを得ず，また，プロバイダも被侵害者からの訴訟を受けざるを得ない。このように，発信者情報開示請求権をめぐって，被侵害者

もプロバイダも多大な労力と時間を費やすことになる。一方で，侵害者は，かかる状況を奇貨として，侵害情報を長期に亘り公開することができる。このように，発信者情報開示請求権の実効性の薄さは，侵害者，被侵害者及びプロバイダに不均衡をもたらすものである。

　結論としては，名誉毀損等の権利侵害情報については，表現の自由との関係から，検証提言や「WG 提言」を支持したいが，一方で，権利侵害情報を，その情報の性質上，名誉毀損等の権利侵害情報と，著作権侵害情報に区分し，著作権侵害情報については，発信者情報開示請求権の「権利侵害の明白性」の要件を削除することと，一定の場合において裁判所の関与を提言したい。

（髙田　寛）

Ⅳ. インターネットによる知的財産権の
ユビキタス侵害

1. ユビキタス侵害とは

 1つの発明や著作物については複数国で特許権や著作権が併存することが考えられる。そして各国での知的財産権の成立，効力，内容は，当該国の法律による。また，その知的財産権の効力は属地的に存するという特色を有する。ユビキタス侵害とは単一の行為により複数の国において同時に損害が発生する侵害行為をいう。典型的には，インターネットのウェブサイトに他人の著作物を無断で掲載する行為である。それはあくまで単一の行為であるが，これにより世界のどこでも当該著作物を閲覧できるのであれば，この行為により世界中の国において同時に損害が発生していると考えることができる[1]。その他インターネットによる知的財産権侵害の例として，商標権（たとえば eBay などのオークションサイト，検索キーワード広告），特許権（たとえばビジネスモデル特許，ソフトウエア特許）についてもユビキタス侵害が考えられる。本稿では，このようなユビキタス侵害について，国際裁判管轄と準拠法をどのように考えるかにつき論じる。

2. 知的財産事件の国際裁判管轄

(1) 登録知的財産権の存在・効力

 特許権や商標権など，登録によって効力を生じる知的財産権（以下「登録

1　主として登録知的財産権に関する筆者の意見を述べたものとして，拙稿「国際的な知的財産権侵害における国際裁判管轄と準拠法の考察」筑波ロー・ジャーナル 18 号（2015 年）1 頁参照。

知的財産権」という）の登録や有効性をめぐる争いについては，一般に，登録国の裁判所に専属的国際裁判管轄が認められる。

　登録国に専属管轄が認められる理由として以下が指摘されている。

　①登録知的財産権の効力は，登録という国家の主権的行為によって生じるものであるから，その有効性は専ら登録国によって判断されるべきである，②登録知的財産権の有効性は登録手続と密接に関連するため，登録国裁判所において最も適切に判断されうる，③登録国以外の国で有効性を判断しても，その効力が他国で認められる可能性は乏しい。

　ヨーロッパでは，ブリュッセル条約[2]（1968），ルガノ条約（1988）が策定され，域内における国際裁判管轄ルールの統一が図られている。ブリュッセル条約16条4項，これを欧州共同体理事会が規則化したブリュッセルⅠ規則（2001）の22条4項[3]は上記の原則を採用している。

ブリュッセルⅠ規則22条

「次の裁判所は，住所のいかんを問わず，専属管轄を有する。

4項　特許権，商標権，意匠権その他，寄託若しくは登録を必要とする権利の登録又は効力に関する事件に関しては，寄託若しくは登録が申請若しくは受理されたか，又は国際条約の規定に基づき受理されたものとみなされる構成国の裁判所。

　欧州特許の登録又は効力に関する事件においては，住所のいかんにかかわらず，当該特許を付与した構成国の裁判所が専属管轄権を有する。ただし，1973年10月5日にミュンヘンで署名された欧州特許の付与に関する条約が定める欧州特許庁の管轄を妨げない。」

　アメリカでは，反トラスト法違反の場合と同様，知的財産法の属地主義や域外適用の問題として，すなわち事物管轄権の問題として論じられてきた。2007年のアメリカ法律協会 ALI による「多国間紛争における管轄，法選

　2　なお，ブリュッセル条約については欧州共同体の規則（Regulation）として改訂され，ブリュッセル規則として2002年3月に発効している。

　3　本規則につき中西康「民事及び商事における裁判管轄及び裁判の執行に関する2000年12月22日の理事会規則（EC）44/2001（ブリュッセルⅠ規則）（上）」国際商事法務30巻3号（2002年）317頁参照。

択，判決を支配する知的財産原則」（以下「ALI原則」という）は上記の登録国主義の原則を採用している[4]。

　日本でも，登録知的財産権の存否又は効力に関する訴えにつき登録国に専属管轄を認めた（民訴法3条の5第3項）。他方，侵害訴訟については特段の規定はおいてない。

> 「3項　知的財産権（知的財産基本法第2条第2項に規定する知的財産権をいう。）のうち設定の登録により発生するものの存否又は効力に関する訴えの管轄権は，その登録が日本においてされたものであるときは，日本の裁判所に専属する。」

⑵　登録知的財産権の侵害事件に関する登録国の専属管轄

　特許侵害訴訟についてまで登録国の専属管轄を認める考え方は殆どない。1999年10月ハーグ国際私法会議特別委員会の「民事及び商事に関する国際裁判管轄権及び外国判決に関する条約予備草案」審議で，登録知的財産権の有効性については登録国の専属管轄権が認められた（12条4項）。しかし侵害訴訟についても専属管轄とするか議論があったが対立があり決着がつかなかった。ブリュッセルⅠ規則22条4項の解釈としても，専属管轄の対象となる登録知的財産権の「登録又は効力」に関する紛争は制限的に理解されており，特許侵害訴訟を含まないと一般的に解釈されている。

　日本の学説の多数も，侵害訴訟に関する登録国の専属管轄を否定しており，外国特許に関しても内国で侵害訴訟の提起を認めるという結論について現在では異論はない[5]。判例上も，米国特許権の侵害を理由とする訴えについて，日本に国際裁判管轄があることを前提に実体判断が行われている[6]。

　なお米国では，Voda v. Cordis Corp. 事件において，米国特許権の侵害訴

4　213条2項「3項に定める場合を除き，登録された権利の無効宣言を求める訴えは，登録国でのみ提起されうる。」

5　茶園成樹「外国特許侵害事件の国際裁判管轄」日本工業所有権学会年報21号（1998年）74頁，田中徹「判批」ジュリ215号（1960年）93頁，申美穂「知的財産権侵害訴訟に関する国際裁判管轄について（1）」法学論叢155巻2号（2004年）34頁。

6　最判平成14・9・26民集56巻7号1551頁（カードリーダー事件）。

訟で外国特許権の侵害をも併合審理できるかどうかが争われた。連邦巡回区控訴裁判所は，国際礼譲，訴訟経済，審理の便宜などの観点から，外国特許権の侵害について米国裁判所は管轄権を行使すべきでないと判示した[7]。

　但し，特許侵害訴訟で特許無効の抗弁が出された場合の扱いについては議論があることに留意しなければならない。この場合，侵害訴訟の裁判所は，①特許無効抗弁について審査できない，②特許の有効性について既判力のない先決的判断を下してよい，との2つの立場がある。欧州司法裁判所（ECJ）は，GAT v. Luk 事件判決[8] において，①の立場から，侵害訴訟で無効抗弁が出された場合は（特許権の有効性が問題となっているのだから）登録国の専属管轄の範囲に含まれるという判断を示した。これに対しては，侵害訴訟裁判所が特許権の有効無効について先決的判断を下したとしても，それは対世的な効力をもたないから，登録国裁判所の専属管轄を害することはない。また，本判決のような考え方によると，特許侵害者は，登録国以外の国で訴えられた場合，無効抗弁を出すだけで簡単に管轄権を否定できることになる，との批判がある。

　アメリカは②の立場から，ALI 原則 212 条 4 項に，侵害訴訟裁判所は登録知的財産権の無効の抗弁を審査することができるが，下される判断は当事者間限りでの効力しかもたないと明記する。

> 「4 項　裁判所は登録された権利の無効に関する抗弁を審査する権限をもつ。ある国の裁判所が他国で登録された権利を無効とした場合，この判決は，当該訴訟の当事者間で紛争を解決する限りにおいてのみ効力をもつ。」

　日本では，内国侵害訴訟で外国特許の無効抗弁が出された場合，内国裁判所は，当該外国特許の有効性について，先決判断をすることができる。サンゴ砂事件東京地裁判決[9] は，一般論として，特許権の成立・無効に関する訴

7　Voda v. Cordis Corp., 476 F.3d 887（Fed.Cir. 2007）．本件につき近藤惠嗣「外国特許権に基づく差止請求権不存在確認等請求訴訟」『小松陽一郎還暦記念 最新判例知財法』（青林書院，2008 年）306 頁。

8　GAT v. Luk, Case C-4/03,（2006）ECR I-6535.

9　東京地判平成 15・10・16 判時 1874 号 23 頁。本判決につき阿部隆徳「判批」知財管理 54 巻 10 号（2004 年）1485 頁，藤澤尚江「判批」ジュリ 1287 号（2005 年）143 頁，これらの判決の

えは登録国の専属管轄に属すると述べながら，外国特許権に基づく差止訴訟[10] で特許無効の抗弁が出された場合，「当該特許についての無効判断は，当該差止請求訴訟の判決における理由中の判断として訴訟当事者間において効力を有するものにすぎず，当該特許権を対世的に無効とするものではない」から，日本の国際裁判管轄を否定する理由にならないとする。妥当であろう。

なお 2004 年の法改正で新設された特許法 104 条の 3 第 1 項は，キルビー事件最高裁判決[11] をうけて，「特許権又は専用実施権の侵害に係る訴訟において，当該特許が特許無効審判により無効にされるべきものと認められるときは，特許権者又は専用実施権者は，相手方に対しその権利を行使することができない」と述べている[12]。侵害訴訟裁判所が行う特許無効の判断は訴訟当事者間で相対的効力をもつにすぎない。

(3)　侵害訴訟の国際裁判管轄

まず，欧州とアメリカでは，訴訟の現れ方が異なっていることに留意すべきである。すなわち，アメリカで主に議論されてきたのは，米国知的財産権が米国外の A 国で侵害された場合この侵害行為に対し米国知的財産法を域外適用するにあたって米国裁判所が事物管轄権を有するのか，差止命令・損害賠償判決を命じることができるのかであった。これに対し欧州で主に想定されてきたのは，A 国における A 国知的財産権の侵害について B 国裁判所が管轄権を有するのか，A 国で執行可能な差止命令・損害賠償判決を命じることができるかであった。

ブリュッセル I 規則 5 条 3 号（2012 年同規則改正後 7 条 2 項）は，不法行為について結果発生地と加害行為地の双方に管轄を認める[13]。ただし損害

位置づけにつき，木棚照一「日本における知的財産紛争の国際裁判管轄─最近の判例における展開を中心に─」企業と法創造 1 巻 3 号（2004 年）236 頁を参照。

10　本件は外国特許権に基づく差止請求権の不存在確認を求める訴えであるが，判旨はこれについても本文と同様の考慮が妥当するという。

11　最判平成 12・4・11 民集 54 巻 4 号 1368 頁。

12　同時に第 2 項は，権利濫用的な無効抗弁を防止するため，第 1 項の抗弁が「審理を不当に遅延させることを目的として提出された」場合，裁判所はこれを申立て又は職権により却下できるとした。

発生地により管轄が肯定される場合，法廷地における損害の審理だけに限定される（いわゆる「モザイク理論」）。

> ブリュッセルⅠ規則 5 条
> 「構成国の領域内に住所を有する者は，次に定める場合においては，他の構成国の裁判所に訴えられる。
> 3　不法行為又は準不法行為事件においては，損害をもたらす事実が発生したか，発生するおそれがある地の裁判所」

　これに対し，ALI 原則 204 条は，米国判例法理と同じく，加害行為国の裁判所に全損害についての裁判管轄権を認める一方で，加害者が結果発生国に向けた加害行為の場合には当該結果発生国の裁判所に当該国における損害に限って裁判管轄権を認める。

> 「204 条　法廷地に居住しない被告による侵害行為
> (1)　侵害行為を実行し又は助長するための行動もしくは実質的準備行為をある国で行った者は，当該国で訴えられうる。裁判所の管轄権は，損害がどこで発生したかに拘わらず，当該国で行われた侵害の実施又は助長のための行為から生じる全ての損害に関する請求に及ぶ。
> (2)　ある者がある国に向けて行った行動により，当該国で侵害請求権が生じた場合，この者は当該国で訴えられうる。裁判所の管轄権は当該国で生じた損害に関する請求に及ぶ。
> (3)　（略）」

　わが国民訴法 3 条の 3 第 8 号が定める「不法行為に関する訴え」は，損害賠償請求のみならず，知的財産権を含む権利の侵害に対する差止請求（特許法 100 条，著作権法 112 条など）も含むと解されている[14]。また民訴法 3 条

13　同規定の表現は，損害が発生した地と，損害を生じる出来事が起こった地の両方を包含することを意図したものであるとされる。CJEU/5 June 2014 判決 Case C-360/12〈http://curia.europa.eu/juris/document/document.jsf? text=&docid=153309&pageIndex=0&doclang=EN&mode=lst&dir=&occ=first&part=1&cid=417782〉

14　民訴法改正前のものであるが，不正競争防止法 3 条 1 項による差止請求権の不存在確認訴訟も

の3第8号柱書にいう「不法行為があった地」は，加害行為地と結果発生地の双方が含まれる。

> 「第3条の3　次の各号に掲げる訴えは，それぞれ当該各号に定めるときは，日本の裁判所に提起することができる。
> 8　不法行為に関する訴え　不法行為があった地が日本国内にあるとき（外国で行われた加害行為の結果が日本国内で発生した場合において，日本国内におけるその結果の発生が通常予見することのできないものであったときを除く。）。」

　知的財産権の侵害事件において，加害行為地とは現実の利用行為がなされた地，結果発生地とは侵害の客体となった権利の付与国と解される。知的財産権の属地主義の原則からすれば[15]，知的財産権の効力は権利が付与された国の領域外には及ばない。すなわち，知的財産権の侵害は，知的財産権が存在する国でその利用行為が行われて初めて生じることになるのではないか，との疑問が生じる。しかし国際裁判管轄について属地主義の原則をそこまで厳格に考える必要はないとの考えもある[16]。なお，結果発生地と損害発生地（二次的・派生的損害の発生地）とを区別し，後者は国際裁判管轄の管轄原因にはならないと考えるのが多数であろうか。

　ただし，請求の客観的併合（民訴法7条）が認められているため，加害行為の一部が日本で行われ，又は（予見可能性のある）結果の一部が日本に発生しただけで，多くの国で生じた損害全部について，日本の国際裁判管轄権が認められることとなる。したがって，ユビキタス侵害を考えると，不法行為地管轄には一定の制限が必要になるとの考えが生じる。なお，義務履行地管轄（民訴法3条の3第1号）は「契約上の債務の履行の請求を目的」とした訴えに限られるので，この管轄の主張は認められない。

民訴法5条9号の不法行為の訴えに該当するとされる（最決平成16・4・8民集58巻4号825頁）。改正民訴法の立法担当者も3条の3第8号の不法行為の訴えとは知的財産権の侵害に基づく損害賠償請求及び差止請求を含むとしている。
15　注(21)とその本文参照。
16　横溝大「インターネット上の知的財産権侵害に関する国際裁判管轄」パテント69巻14号（別冊16号）（2016年）168〜69頁。

また外国の知的財産権が問題になっているからと言って「特別の事情」（民訴法3条の9）があるとして安易に管轄権を否定するべきではなかろう。

⑷　非登録知的財産権である著作権の侵害訴訟[17]

ヨーロッパにおいてはブリュッセル条約，ルガノ条約があるものの，必ずしもインターネット上の著作権侵害行為に対応したものとはなっていない[18]。

専属管轄権につき，著作権については，登録知的財産権とは異なり，創作とともに無方式で権利が生じることになるため，仮に専属管轄化する場合，いかなる関連（管轄原因）をもって専属管轄とするかが明確でないとの批判があるが，訴訟物を確定する段階でどの国の法律に基づく権利が侵害されたか明らかにしなければならない以上，特定の国との関連性は明らかであるとの反論もある。

インターネットによる著作権侵害につき不法行為地管轄を認める場合，「不法行為地」の理解には2説ありうる[19]。

① 加害行為地説：加害行為が行われた国の裁判所に裁判管轄を認める。インターネット上の侵害行為は，送信（アップロード）の地，サーバー設置地，被告の事業所の所在地，（場合によってはダウンロード地）それぞれで生じる可能性がある。このため，単なる「加害行為地」という考え方で管轄を決定する場合，裁判管轄を決定することができない可能性があり，これに対応するためには「加害行為地」の概念を明確化することが必要とされている。

② 結果発生地説：結果が発生した国の裁判所に裁判管轄を認める。ここで問題は閲覧可能性のみをもって結果発生地とすることができるかである。

17　山本隆司「著作権の準拠法と国際裁判管轄権」著作権研究27号（2000年）198頁が比較的詳細に論じている。

18　ブリュッセルⅠ規則22条4項では，専属管轄の対象に著作権は含まれていない。

19　本文記述のとおり，加害行為地としては，サーバー所在地，アップロード行為地，被疑侵害行為を行った者の居住地（法人の場合は事業所所在地）が考えられる。損害発生地としては，受信地を結果発生地とみる多数意見と，各国における公衆送信権の権利構成の仕方如何で結果発生地は受信地でも送信地でもありうるとする少数意見がある。

　加害行為地に加えて損害発生地に裁判管轄を認める場合，インターネット上での著作権侵害の場合には，被告は世界中で訴訟を提起される可能性がある。これに対応するために，加害者の合理的予見可能性，加害者がそこでの利益を意図的に享受していること等一定の要件を課すことが必要とされる。

　請求の客観的併合がより複雑な問題を引き起こす。世界中で損害が発生した場合，請求を併合して，一箇所の裁判所で請求させることは適当であろうか。これが認められない場合，原告はそれぞれの国で個別に訴訟を提起することになり，原告に過重な負担がかかる可能性がある。さらに，準拠法について受信国法主義（後出 3.（2）参照）をとると，1 つの送信行為について国によって判決が矛盾する可能性も生じる。このような状況に対処するため，前出のハーグ条約予備草案の審議においては，「原告の居住地であれば世界中で生じた損害の賠償を請求できるが，単なる損害発生地での訴訟では当該国内で生じた損害についてしか賠償請求を認めない」など一定の要件のもと請求の客観的併合を認めることが議論された。

　なお，侵害訴訟につき，EU の近時の裁判例は，原因事実発生地と損害発生地を区別できることを前提に，前者は被疑侵害者の事業所所在地，後者は登録型知的財産権については登録国，非登録型知的財産権については権利が存在し閲覧可能な地とされる。但し審理可能な損害は法廷地で生じた損害のみである[20]。

	登録型の有効性の国際裁判管轄	侵害事件の国際裁判管轄
EU	ブリュッセル I 規則 22 条で登録国の専属管轄	ブリュッセル I 規則 5 条 3 項。しかし，GAT v. Luk 事件判決で専属管轄に服する判断。
米国	ALI 原則 213 条 2 項で専属管轄	ALI 原則 204 条
日本	民訴法 3 条の 5 第 3 項で専属管轄	民訴法 3 条の 3 第 8 号

20　横溝・前掲注（16）170〜172 頁。

3. 知的財産事件の準拠法

⑴　登録知的財産権

　欧州の契約外債務の準拠法に関するローマⅡ規則（2007年）は，知的財産権侵害について独立の規定を有している。これに関する8条は以下の通りである。

> ローマⅡ規則8条
> 「1．知的財産権の侵害から生じる契約外債務に適用される法律は，保護が求められている国の法律とする。
> 2．統一の共同体知的財産権（Community IP）の侵害から生じる契約外債務の場合，関連する共同体の法律文書（instrument）が支配しない問題について適用される法律は，侵害行為が行われた国の法律とする。
> 3．本条項に基づき適用される法律は，第14条に基づく合意によって排除されない。」

　8条1項は，知的財産権侵害に基づく契約外債務は「保護が求められている国の法」によると規定し，保護国法（lex loci protectionis）ルールを規定する。たとえば，原告は侵害国の知的財産権のルールや結果発生地国の知的財産権のルールに拘束されないが，対象となる知的財産権を保護するルールに依拠することになる。この8条1項により定まる準拠法の事項的適用範囲は15条により定められており，これには侵害責任の原因，侵害責任を負う者の範囲，損害賠償等の救済方法の問題等が含まれる。ローマⅡ規則は契約外債務の準拠法について当事者自治を導入しているが（14条），知的財産権侵害についてはその適用が排除されている（8条3項）。

　ALI原則は，「属地主義（Territoriality）」に関する301条1項で，知的財産権の存否，有効性，存続期間，帰属，侵害に対する救済は，登録知的財産権については登録国法（a号），その他の知的財産権（著作権）については「保護が要求される国の法（law of the country for which protection is sought)」によると規定している（b号）（なお，ユビキタス侵害は本条によらず，後述の 321 条が適用される）。続いて 302 条 1 項で「両当事者は，紛争が生じた後を含めていつでも，当事者の紛争の全部又は一部を規律する法律を指定できる」と規定し，当事者に広範な準拠法選択を認めている。ただし，この選択の自由は，302 条 2 項によって大きく制限されている。302 条 2 項は，「両当事者は次の問題を規律する法律を選択できない：(a)登録された権利の有効性と維持；(b)登録されているか否かに拘わらず，権利の存在，特性，譲渡性と存続期間；(c)譲渡とライセンスの登録の正式要件」と規定し，(a)〜(c)については，法選択が許されない。また 302 条 3 項は，「1 項に従い，法選択の合意は，第三者の権利に悪影響を及ぼさない」と付加する。

　ユビキタス侵害に関 ALI 原則 321 条 1 項は，紛争に密接な関連を有する一の国の法を（複数国で起きている侵害全体について，権利自体の問題も含めて）適用すると定め，その決定のために 4 つの考慮要素を例示列挙する。

ALI 原則 321 条

「1．侵害行為がユビキタスであり，複数国の法が主張されている場合，裁判所は，知的財産権の存在，効力，存続期間，属性および侵害の問題，並びにその侵害の救済に対し適用するため，当該紛争と密接関連性のある国の法を選択することができ，それは例えば以下により決する：

　(a)　両当事者の居住する場所

　(b)　両当事者の関係が集中する場所

　(c)　両当事者の活動や投資の程度

　(d)　両当事者がその活動を向けた主たる市場

2．本条 1 項によって指定された国に拘わらず，当事者は，行為がカバーする特定の国に関して，これらの国の法律が規定する解決策が，当該事件全体への適用を選択された法律により得られる解決策と異なることを証明することができる。裁判所は救済を決定する際にその相違を考慮に入れなければならない。」

　日本では，BBS 事件最判[21] は，「属地主義の原則とは，特許権についていえば，各国の特許権が，その成立，移転，効力等につき当該国の法律に

よって定められ，特許権の効力が当該国の領域内においてのみ認められることを意味するものである」と述べる。これはカードリーダー事件最判[22]にも受け継がれている。この判示部分の理解について必ずしも見解は一致しないが，カードリーダー事件最判の最高裁調査官の解説によれば，前段（各国の特許権が，その成立，移転，効力等につき当該国の法律によって定められていること）を抵触法規則，後段（特許権の効力が当該国の領域内においてのみ認められること）を実質法の適用範囲と捉えている[23]。なお，BBS 事件最判の属地主義の原則は著作権にもあてはまると考えられる。

　カードリーダー事件最判は，特許権についての属地主義の原則とは「各国の特許権が，その成立，移転，効力等につき当該国の法律によって定められ，特許権の効力が当該国の領域内においてのみ認められること」を意味し，これによって国際私法上の準拠法決定の問題が不要となるものではないとした上で，差止請求と損害賠償請求のそれぞれにつき，以下のように判示した。すなわち，特許権侵害全体について単一の準拠法を探求するのではなく，単位法律関係を損害賠償請求（法例 11 条の「不法行為」と法性決定し結果発生地法）と差止請求（条理上の「特許権の効力」と法性決定し登録国法）とに分けて，それぞれにつき準拠法を探求するというアプローチを採用した。これは，差止請求を特許権の排他性に基づく物権的請求権類似のものと捉え，損害賠償を不法行為に基づくものとする日本法の発想を前提とした考え方と解される[24]。しかし，前述のように，差止請求は不法行為に寄せて考える立場もある。

通則法第 17 条
「不法行為によって生ずる債権の成立及び効力は，加害行為の結果が発生した地の法による。ただし，その地における結果の発生が通常予見するこ

21　最判平成 9・7・1 民集 51 巻 6 号 2299 頁。
22　最判平成 14・9・26 民集 56 巻 7 号 1551 頁。
23　高部眞規子「判解」『最高裁判所判例解説民事篇　平成 14 年度（下）』（法曹会，2005 年）687 頁，712 頁，茶園成樹「特許権侵害に関連する外国における行為」ジュリ 679 号（1999 年）15 頁など。
24　高部・前掲注（23）716 頁以下。

> とのできないものであったときは，加害行為が行われた地の法による。」

⑵　非登録知的財産権である著作権

　続いて，非登録知的財産権である著作権につき述べるが，まずベルヌ条約5 条について言及しておく。

第 5 条　〔保護の原則〕

「⑴　著作者は，この条約によって保護される著作物に関し，その著作物の本国以外の同盟国において，その国の法令が自国民に現在与えており又は将来与えることがある権利及びこの条約が特に与える権利を享有する。

⑵　⑴の権利の享有及び行使には，いかなる方式の履行をも要しない。その享有及び行使は，著作物の本国における保護の存在にかかわらない。<u>したがって，保護の範囲及び著作者の権利を保全するため著作者に保障される救済の方法は，この条約の規定によるほか，専ら，保護が要求される同盟国の法令の定めるところによる。</u>

⑶　著作物の本国における保護は，その国の法令の定めるところによる。もっとも，この条約によって保護される著作物の著作者がその著作物の本国の国民でない場合にも，その著作者は，その著作物の本国において内国著作者と同一の権利を享有する。」

---

　5 条 2 項は，著作物については「保護が要求される国の法令」を適用することにより，権利を侵害しているか否かを判断すべきであるとする法の属地的適用のルールが規定されている。なお，「保護が要求される国の法令」の内容としては，「保護の範囲」及び「救済の方法」であり，これらについては一般的には著作物の利用行為地法（侵害行為地法）が適用されると考えられている。

　通則法の著作権への適用はどうか。通則法による著作権侵害に基づく損害賠償請求[25] は，法例下におけると同じく，不法行為の問題と法性決定されており，いずれの裁判例も通則法 17 条（及び 22 条［公序による制限］）を適

25　複数あり，高裁レベルでは知財高判平成 23・11・28，知財高判平成 25・9・10 など。また東京地判平成 25・5・17 判タ 1395 号 319 頁など参照。

用して結果発生地法を準拠法に指定している。他方，差止請求についてはベルヌ条約5条2項にいう「救済の方法」と法性決定され，同条により「保護が要求される国の法令」が適用される。これは法例下での扱いと同様である。但し，損害賠償請求と差止請求は，結論において準拠法所属国がほぼ一致するであろう。なお，ウルマー（Eugen Ulmer）は，ベルヌ条約5条2項3文は準拠法決定ルールとして保護国法主義を定める規定であると解釈する[26]。この解釈は，国際的に支持されたが，最近はこれに対する批判が強く，ベルヌ条約5条2項3文は準拠法決定ルールを含んでいないとの解釈が有力となっている。このような批判説は，同規定は法廷地法を意味するにすぎないという。

　不法行為と法性決定した場合，準拠法の問題としては，主として，「発信国法主義」，「受信国法主義」等の考え方がありえる。発信国法主義をとると，発信国の変更が容易であることから，ベルヌ条約非加盟国等保護が不十分な国から送信された場合，十分な権利行使ができない可能性がある（法律回避が容易となる）。受信国法主義の場合，アクセス地が全世界どこであっても1つの送信が行われるだけであるにも関わらず，受信国の法律によって判決の結果が異なる可能性が生じる。

	知的財産権侵害の準拠法
EU 法	保護国法（ローマⅡ規則8条1項）
米国法	不法行為→結果発生地法
ALI 原則	登録国法・保護国法（301条1項a号b号）
日本法	侵害差止：知的財産権の効力→登録国法・保護国法 損害賠償：不法行為→結果発生地法（通則法17条）

4. ユビキタス侵害について（小括）

　欧州のように，知的財産権侵害訴訟に（実質的に）専属管轄権を課し，登

26　保護国法を，その領域内で保護が要求される国の法令と定義してこれを双方的抵触規定として，知的財産権に一般的に妥当する抵触法上の原則とした。なお木棚照一『国際知的財産法』（日本評論社，2009年）238頁参照。

録国法・保護国法を準拠法とする立場もありえよう[27]。しかし専属管轄権について述べれば，従前から外国知的財産権の侵害に関する国際裁判管轄権を一切認めないことの不都合が論じられてきたことも考慮すべきである[28]。民訴法3条の5第3項は，登録知的財産権の存否や効力に関する訴えは，登録国が日本の場合，日本の裁判所が専属管轄権を有すると規定する。この規定をどのように解するべきか。たとえば，"B国におけるA国知的財産権の侵害についてB国裁判所が管轄権を有するのか，差止命令・損害賠償判決を命じることができるか"という事例を考えたとき，B国で国際裁判管轄権（通常は不法行為地管轄権）が認められればB国で訴訟をさせればよく，その際は登録国法のA国知的財産法を適用すればよい。B国裁判所の判決はB国でのみ効力を有するのであって，A国での登録（登録型知的財産権であれば）がこれにより無効となるわけでもなく，A国の主権の侵害にもならない[29]。

　確かに複数国で同時発生的に権利侵害が起きている場合に権利の数だけ別個の侵害があると見て，個別に準拠法を適用する構成は一見理論的である。しかしながら，ALI原則321条で提案されているように，全体として単一の準拠法を適用するという構成を採りえるなら結果の不統一を回避できる。

　ALI原則の同条のレポーターズ・ノートでは属地主義（＝保護国法）との調整について言及している。すなわち，同条項は，属地主義と単一法アプローチとの中間を目指すもので，最も密接関連する国を決定して単一法を求める有利さを目指すとともに，属地主義の基礎となる主権的利益をも尊重しようとしている。つまり，裁判所は単一法を選択できるが，他方で当事者はそれによって生じる結果の違いを主張できるというものである。同ノートはTRIPS協定等多国間条約によるハーモナイゼーションの成果をあげて単一法が公正かつ妥当であることが多いと述べるが，インターネットによる知的財産権侵害訴訟では，当該の単一法が公正かつ妥当な結果を生むかといった観点で判断が難しい場面も多いのではないかと懸念される。

27　前掲注（8）GAT v. Luk 事件判決参照。

28　高部真紀子「特許権侵害訴訟と国際裁判管轄権」中山信弘『知的財産法と現代社会（牧野利秋判事退官記念）』（信山社，1999年）130頁など。

29　なお茶園成樹「知的財産権侵害事件の国際裁判管轄」知財研フォーラム44号（2001年）40頁を参照。

　確かに複数国の権利が常に並存している知的財産権の侵害については，モザイク的アプローチは現実的ではなく，このような単一の法による規律を志向する意義は存在する。しかしながら，カードリーダー事件最判は，不法行為準拠法の適用はいわゆる属地主義の原則（＝効力の及ぶ範囲）の制約を受け，（通則法22条により）域外の行為に対する適用は認められないと判示している。また仮に，通則法20条（より密接な関係地の法の探求）の解釈論を考えてみても，不法行為準拠法の如何に関わらず侵害成否の問題はそれぞれの権利自体の準拠法に委ねられるわけなので，単一の法による規律というアプローチを不法行為準拠法の枠内で採ることは困難を伴うように思われる。また，同一の常居所地の法の適用（通則法20条）についても，これが同一であることを理由にアプリオリに主たる事務所の所在地法を準拠法とすることも妥当ではないと考える[30]。

（大塚章男）

30　嶋拓哉「渉外判例研究」ジュリ1516号（2018年）125頁参照。

第3章

生命科学技術と法

Ⅰ. 幹細胞を利用した再生医療に関する生命倫理と法規制

1. はじめに

　21世紀に入り，胚性幹細胞[1]（以下「ES細胞」という）や人工多能性幹細胞[2]（以下「iPS細胞」という。）が発見された。現在，これらを利用した再生医療に関する研究開発が主要国を中心に活発に行われている。さらに，世界的に普及した生殖細胞系ゲノム編集技術（以下「ゲノム編集」という。）は，遺伝子の高効率改変を可能とした。

　特に，遺伝子改変技術であるCRISPR/Cas9（クリスパー・キャス9）[3]という画期的な方法が考案され，遺伝子操作が簡便かつ効率的に行えるようになった[4]。今後，これらの技術により，大きく再生医療が進展し重篤な遺伝病が克服される可能性がある。しかし，一方で，将来世代に及ぼす健康被害などの安全性の問題や，医療目的外への濫用，たとえばデザイナーベイビー[5]の作成などの生命倫理上の懸念が生じている。

　このような中，2018年11月27日，中国の南方科技大学の賀建奎副教授が，世界で初めて，CRISPR/Cas9を使ったゲノム編集によって遺伝子操作

1　Embryonic Stem Cell. 胚盤胞から人工的に作られた細胞であり，分裂開始直後の胚から，各器官へと分化を始める直前の幹細胞を取り出し，人為的に培養したもの。
2　Induced Pluripotent Stem Cell. ヒトの体を構成する細胞（体細胞）を取り出し，そのゲノムに手を加えて作り出す改造細胞。2006年，京都大学の山中伸弥教授によって発見された。
3　CRISPR-Cas9（clustered regularly interspaced short palindromic repeats：CRISPR associated proteins）システムは，ゲノム中で切断したい領域を切断できる遺伝子改変ツール（ゲノム編集ツール）。
4　高田寛「幹細胞を利用した再生医療における法規制と生命倫理―ES細胞とiPS細胞の利用を例に―」富大経済論集61巻1号（2015年）2〜3頁。
5　受精卵の段階で遺伝子操作を行うことによって，親が望む外見や体力・知力等を持たせた子供の総称。

された後天性免疫不全症候群（HIV）に耐性を持つ双子の女児を出産したと発表した。これは，実質的なデザイナーベイビーの作成であるとして，世界保健機関（WHO）は，ゲノム編集の国際基準を作成するための専門委員会設置を検討している。また，内外の学会や研究機関も，賀建奎副教授の行為に対して非難の声を上げている。

これに先立ち，2015 年 4 月 18 日，「Protein & Cell」誌に，中国の中山大学の黄軍就副教授による CRISPR/Cas9 を使ったヒト受精卵のゲノム編集の実験に関する論文が掲載された。この論文は，同年 4 月 22 日，イギリスの「Nature」誌に「Chinese scientists genetically modify human embryos」という見出しで報じられ，ヒト受精卵にゲノム編集を行ったことで，生命倫理の観点から大きな議論を世界中で巻き起こした。

この論文は，「Nature」誌と「Science」誌にも投稿されたが，ヒト受精卵をゲノム編集した実験に関する論文であり，倫理的な問題が大きいという理由で両誌に掲載を拒否された。このように，中国の研究者による一連の研究実験は，ヒト受精卵を使ったゲノム編集の是非について，生命倫理の観点から大きな問題を提起している。

2.　ゲノム編集技術

生物の細胞の核内には，塩基と呼ばれる 4 種類の物質（アデニン（A），チミン（T），グアニン（G），シトシン（C））が連なった二重らせん構造の DNA（デオキシリボ核酸）が折り畳まれている。これら 4 つの塩基は文字に相当し，複数の塩基が単語となって遺伝子を構成している。DNA には全ての遺伝情報であるゲノム（全遺伝情報）が文章のように書かれている。このゲノムを，思い通りに操作し編集し遺伝子を改変するのがゲノム編集（Genome Editing）である。

ゲノム編集は，狙った遺伝子を高い精度で切り貼りする技術で，使う道具としては，はさみの役割をする酵素である。これを細胞に注入すると，膨大な塩基配列の中から標的（target）とする遺伝子（標的遺伝子）を見つけ出

し，酵素がその場所に付着して切れ目を入れるように設計されている。この仕組みで狙った遺伝子を破壊し，また特定の遺伝情報が機能しない状態を作り出せる。さらに遺伝子の塩基の一部を置き換えたり，別の遺伝子を導入したりすることも可能である。すなわち，ゲノム編集は，生物のゲノムを自在に改変できるもので，ヒトを含むあらゆる生物の遺伝情報を思いのままに書き換える技術である[6]。

この操作は従来の遺伝子組換え技術でも可能であったが，これまでの遺伝子組換えは，ゲノムが複製されるときに偶然起こる相同組換えであり，非常に効率の悪いものであった。これに対しゲノム編集は，従来の数百倍から数千倍の高い精度で操作ができ，遺伝子操作の効率が飛躍的に向上した。

(1)　CRISPR/Cas9

2012 年 6 月，米カリフォルニア大学バークレー校とスウェーデンのウメオ大学の研究チームが，「Science」誌のオンライン版で，ゲノムを迅速かつ容易に編集できる遺伝的メカニズムを細胞内に発見したと報告した。その後，ハーバード大学とマサチューセッツ工科大学の研究チームが，この技術によって 1 個の細胞のゲノムに高精度で複数の変更を一度に行うことを示した。

この技術は，細菌の DNA に見られる反復配列（Clustered Regularly Interspaced Short Palindromic Repeat）の頭文字をとって CRISPR（クリスパー）と呼ばれる。Cas9 と呼ばれるタンパク質を使った方法が CRISPR/Cas9 であり，現在，この最新技術を使った研究が続けられている。

2015 年 4 月 18 日，中国の中山大学の遺伝子研究者である黄軍就副教授の研究チームが，オープンアクセス学会誌「Protein&Cell」に，世界で初めて CRISPER/Cas9 を使ってヒトの受精卵であるヒト胚の DNA を切断し，そこに新しい DNA を導入して修復し遺伝的改変を試みた実験の論文「CRISPR/Cas9-mediated gene editing in human tripronuclear zygotes」（以下「黄論文」という。）を掲載し，世界に大きな波紋を起こした。

6　高田寛「生命科学における生命倫理と特許適格性について」国際取引法学会創刊号（2016 年）58 頁。

　この実験は，生まれてくる子供を自由自在にデザインする，いわゆるデザイナーベイビーを作ることにつながりかねない。かかるヒト胚を使った遺伝的改変に対し，どのような遺伝子編集研究ならば生命倫理上問題がないかという議論を呼び起こした。

　この実験は，ゲノム編集技術により遺伝性の血液疾患に関する遺伝子の改変を試みたものであったが，黄軍就副教授が用いたヒト受精卵は，不妊治療のために人工授精で作られたもので，卵が2個の精子で受精したため出生に至ることができない異常な受精卵（三倍体の受精卵）（以下「3PN 胚」という。）であった。黄軍就副教授は，出生に至ることのない 3PN 胚を使うことにより倫理的な問題を回避しようとしたことがうかがえる。

　研究の結果としては，実験に使用した 86 個の受精卵のうち，48 時間後には 71 個が生き残り，そのうち DNA 解析できたものが 54 個である。そのうちの 28 個は DNA が切断されていた形跡があったという報告がされている。しかし，標的遺伝子が置き換わったのは 4 個だけで，標的以外（off-target）の部分の組み換えが大量に発生し，技術的にヒト胚に対するゲノム編集の困難さが明らかにされた。もっとも，黄軍就副教授が使った CRISPR/Cas9 は若干古いバージョンのものだったが，黄論文は，ヒトの受精卵に対する遺伝子治療の医療目的に CRISPR/Cas9 を使うのは時期尚早であり，更なる検討が必要であると結論づけている。

　中国の南方科技大学の賀建奎副教授の行為は，正常なヒト胚にゲノム編集を行い，実際に 2 人を出産させたことである。さらに，他にも臨床実験によってゲノム編集の赤ちゃんを妊娠した女性がいることも報道されている。実験の目的は，後天性免疫不全症候群（HIV）に耐性を持つ子供を作ることとしているが，中国の徐南平科学技術副大臣は，「学界が順守した道徳と倫理の線を越えており，衝撃的で容認できないものだ」と語り，研究チームの行動は違法なものであり容認できないとして，研究中止を命じた。

　また，香港で開かれた遺伝子編集に関する国際会議では，医学・生物学者が「たとえ遺伝子編集による DNA 改変が認められたとしても，その手順は無責任であり，国際的規範に準拠していない。」とし，賀建奎副教授の実験を非難している。

⑵　デザイナーベイビー

2015 年 3 月 5 日，アントニオ・レガルドが，マサチューセッツ工科大学のニュースサイト「MIT Technology Review」誌で，「Engineering the Perfect Baby：Scientists are developing ways to edit the DNA of tomorrow's children. Should they stop before it's too late?（完璧な赤ちゃんを設計する科学者は明日の子どもたちの DNA を編集する手法を開発中。手遅れになる前に止めるべきか。）」という記事で警鐘を鳴らしている。

また，2015 年 3 月 12 日，「Nature」誌は「Don't edit the human germ line（ヒトの生殖細胞を編集しないで）」という記事を掲載している。この記事では，現在のようなゲノム編集技術の黎明期においては，ヒトの生殖細胞内の DNA を改変しないことに科学者は賛同すべきだとして，ヒトの生殖細胞や受精卵を使ったゲノム編集の研究を一時中止するように呼びかけており，オープンな議論を重ね，研究者，生命倫理学者，政府機関および一般市民などを巻き込んだルール作りをすべきであると主張している。

このような動きの中での黄論文の発表は，少なからず世界に衝撃を与えたものとなった。特に，2015 年 5 月 26 日，米国ホワイトハウスは，黄論文の発表を受け，ヒト受精卵を使ったゲノム編集に関して「将来世代への影響が不透明で，現時点では超えてはいけない一線であり，受精卵の遺伝子改変を行うべきでない。」との見解を発表した。

わが国でも，2015 年 6 月 3 日，政府の総合科学技術・イノベーション会議の生命倫理専門調査会が，ゲノム編集技術を人間の受精卵に利用することについて，倫理的に認められるかどうか調査・検討することを決定した。

このように，黄論文の発表後，デザイナーベイビー作成の倫理的問題について多くの議論がなされる中，2019 年 11 月 27 日の賀建奎副教授のデザイナーベイビーの作成は，世界に大きな衝撃を与えた。倫理的問題があるにも拘わらず，それを無視して実験を行う賀建奎副教授のような科学者がいるという事実は，少なからず世界に衝撃を与えることとなった。

ゲノム編集の最新の生命科学の技術は，使い方を間違えれば人の尊厳の是非のみならず人類の将来に極めて大きな影響・変化を与えるものであり，人間社会に大きな混乱を招くだけでなく人類の存亡にも関わる問題であるとい

える。

3. 再生医療に関する法規制

(1) 再生医療

　再生医療とは，本来の機能を失った臓器や器官の代わりに，それらのもとになる幹細胞や幹細胞から作り出した臓器や組織を移植することをいう。

　2015年8月26日，大阪大学心臓血管外科の澤芳樹らの研究グループは，拡張型心筋症の40代男性の太ももから採取した細胞からiPS細胞を作成し，それから心臓の筋肉を作ってシート状に培養し，自身の心臓に貼り付けることで心筋機能を回復させる手術を実施した。これは，筋肉を作る筋芽細胞を培養したシートを使った幅広い心臓病に対して実用化を図るため，医師が主体となって臨床実験（治験）を進める医師主導治験の1例目である。

　その後，2016年1月6日，澤研究グループは，iPS細胞から作成された心筋シートを使った臨床試験の申請を文部科学省に行った。すでにこの技術は実用化され，心筋シートの移植手術が行われている。

　初期の再生医療はすでに1950～66年代に始まっており，白血病の患者などに対して他人から骨髄を移植する治療（骨髄移植）が行われてきた。骨髄には血球のもとになる幹細胞（造血幹細胞）が含まれているので，これが初の幹細胞移植であり，かつ再生医療の始まりと考えられている。

　しかし，再生医療が本格的に脚光を浴び出したのは，ES細胞とiPS細胞の樹立という医学分野における世紀の大発見からであり，これらにより今まで不可能とされてきた本格的な再生医療が可能となる道が開けた。

　ES細胞の特徴は，神経細胞や血球細胞など，様々な種類の細胞に分化する多能性と，ほとんど無限に増殖するという高い増殖能力であり，病気や事故等で失われた細胞を補填し，組織を修復する再生医療への応用が期待される。しかし，ES細胞は，ヒト胚の受精後5～7日の間に胚盤胞の内部の細胞を取り出して培養して作成するため，ヒトの生命の萌芽である胚を滅失させるという倫理的問題がある。

　一方，2006 年，京都大学の山中伸弥教授によって，マウスの皮膚細胞のゲノムに 4 つの外来の遺伝子（山中因子）を挿入することにより，ES 細胞と同様，多能性をもつ iPS 細胞が樹立された。その翌年，ヒトの皮膚細胞からヒト iPS 細胞が樹立された。

　ES 細胞はそのまま育てれば 1 人の人間になるものを途中でヒト胚を壊してはじめて得られるものであるのに対し，iPS 細胞は，理論的には，本人自身の体細胞から胎盤を除くいかなる臓器でも作り出すことができることから，生命倫理上の問題が格段に少なくなった。また，iPS 細胞にゲノム編集を施すことにより，様々な治療方法も開発されようとしている。

⑵　わが国の法規制の現状

①　再生医療 3 法

　再生医療技術の急速な進展を受け，2012 年，日本政府は「医療イノベーション 5 か年戦略」，翌年には「科学技術イノベーション総合戦略」を閣議決定し，バイオサイエンスをわが国の将来の主要な産業の 1 つの柱と位置付けた。科学技術イノベーション総合戦略は，毎年見直されている。

　医療イノベーション 5 か年戦略により，2013 年，「再生医療を国民が迅速かつ安全に受けられるようにするための施策の総合的な推進に関する法律」（再生医療推進法），「再生医療等の安全性の確保等に関する法律」（再生医療安全確保法）および「医薬品，医療機器等の品質，有効性及び安全性の確保等に関する法律」（医薬品医療機器法）（旧薬事法），のいわゆる再生医療 3 法が相次いで可決・成立した。

　特に，再生医療安全確保法は，再生医療等の迅速かつ安全な提供等を図るため，再生医療等を提供しようとする者が講ずべき措置を明らかにするとともに，特定細胞加工物の製造の許可等の制度を定めることを趣旨としている。これにより，日本でも幹細胞医療の安全性確保のための規制が行われるようになった。

　再生医療安全確保法は，再生医療等技術を，①人の身体の構造又は機能の再建，修復又は形成，②人の疾病の治療又は予防，に関する医療に用いられることが目的とされる医療技術であり，細胞加工物を用いるもののうち，そ

の安全性の確保等に関する措置その他のこの法律で定める措置を講ずること
が必要なものとして政令で定めるもの，として定義している（同法2条2
項）。

　また，再生医療安全確保法施行規則によれば，同法2条5項の厚生労働省
令で定める再生医療等技術を，①人の胚性幹細胞，人工多能性幹細胞又は人
工多能性幹細胞様細胞に培養その他の加工を施したものを用いる医療技術，
②遺伝子を導入する操作を行った細胞又は当該細胞に培養その他の加工を施
したものを用いる医療技術，として定義している（同規則2条）。

②　人を対象とする医学系研究に関する倫理指針

　2012年12月12日，文部科学省及び厚生労働省は，「人を対象とする医学
系研究に関する倫理指針」（以下「医学系研究指針」という。）を公表した。
医学系研究指針は，2002年に文部科学省及び厚生労働省で制定し，2007年
に全部改正，2008年に一部改正した「疫学研究に関する倫理指針」，及び
2003年に厚生労働省で制定し2008年に全部改正した「臨床研究に関する倫
理指針」の2つの指針を統合したものである。現在，2017年2月28日改正
版が最新のものである。

　同指針は，その前文において，「人を対象とする医学系研究は，研究対象
者の身体及び精神又は社会に対して大きな影響を与える場合もあり，様々な
倫理的，法的又は社会的問題を招く可能性があり，研究対象者の福利は，科
学的及び社会的な成果よりも優先されなければならず，また人間の尊厳及び
人権が守らなければならない。」としている。

　ここでいう「人を対象とする医学系研究」とは，人（試料・情報を含む。）
を対象として，疾病の成因（健康に関する様々な事象の頻度及び分布並びに
それらに影響を与える要因を含む。）及び病態の理解並びに疾病の予防方法
並びに医療における診断方法及び治療方法の改善又は有効性の検証を通じ
て，国民の健康の保持増進又は患者の疾病からの回復若しくは生活の質の向
上に資する知識を得ることを目的として実施される活動である。

　医学系研究対象の人の中には，人体から取得された試料も含まれるが，具
体的には，血液，体液，組織，細胞，排泄物及びこれらから抽出したDNA

等，人の体の一部であるもの（死者に係るものを含む。）である。すなわち，受精卵やゲノム編集の対象となる DNA も含まれると解されている。

　また，医学系研究指針では，研究者等，研究機関の長及び倫理審査委員会をはじめとする全ての関係者に対し，高い倫理観の保持を求め，特に，研究機関の長は研究実施前に研究責任者が作成した研究計画書の適否を倫理審査委員会の意見を聴いて判断し，研究者等は研究機関の長の許可を受けた研究計画書に基づき研究を適正に実施することを求めている。

　ただし，医学系研究指針は，医学系研究に対する包括的な倫理指針を規定したものであり，ヒトゲノムや遺伝子解析研究などの個別的な倫理指針については触れていない。

　なお，医学系研究指針を補完するものとして，「人を対象とする医学系研究に関する倫理指針ガイダンス」（2015 年 2 月 9 日公表，2017 年 5 月 29 日改正）が公表されている。本ガイダンスは，医学系研究指針の規定の解釈や具体的な手続の留意点等を説明したものである。

③　ヒトゲノム・遺伝子解析研究に関する倫理指針

　ゲノム編集に関する直接的な法規制は，現時点では存在しない。しかし，ゲノム編集を使用した研究に対して，文部科学省，厚生労働省及び経済産業省共同の「ヒトゲノム・遺伝子解析研究に関する倫理指針」（以下「ヒトゲノム指針」という。）（2001 年 3 月 29 日公表，2013 年 2 月 8 日改正）がある。

　同指針は，「遺伝情報から得られる等のヒトゲノム・遺伝子解析の特色を踏まえ，全てのヒトゲノム・遺伝子解析研究に適用され，研究現場で遵守すべき倫理指針として策定されたものであり，人間の尊厳及び人権が尊重され，社会の理解と協力を得て，研究の適正な推進が図られること」を目的としている。

　具体的には，①人間の尊厳の尊重，②事前の十分な説明と自由意思による同意（インフォームド・コンセント），③個人情報の保護の徹底，④人類の知的基盤，健康及び福祉に貢献する社会的に有益な研究の実施，⑤人類の人権の保障の科学的又は社会的利益に対する優先，⑥本指針に基づく研究計画の作成及び承認による研究の適正の確保，⑦研究の実施状況の第三者による

実地調査及び研究結果の公表を通じた研究の透明性の確保，及び⑧ヒトゲノム・遺伝子解析研究に関する啓蒙活動等による国民及び社会の理解の増進並びに研究内容を踏まえて行う国民との対話，の8つの事項を基本方針として挙げている。

　この基本方針によれば，ヒトゲノム・遺伝子解析研究は，個人を対象とした研究に大きく依存し，また研究の過程で得られた遺伝情報は，提供者（ヒトゲノム・遺伝子解析研究のための試料・情報を提供する人）及びその血縁者の遺伝的素因を明らかにし，その取扱いによっては，様々な倫理的，法的又は社会的問題を招く可能性があることを前提としたものである。すなわち，人の遺伝情報は，究極の個人情報であるという認識が根底にある。

　しかし，ヒトゲノム指針は，基本的な倫理原則及び研究者等の基本的な責務を示すことにとどまり，その適否の具体的な判断は，各研究機関の倫理審査委員会に任され，ヒト受精卵に対するゲノム編集の是非については明記していない。

④　遺伝子治療等臨床研究に関する指針

　遺伝子治療に関しては，2004年に，文部科学省・厚生労働省告示として「遺伝子治療臨床研究に関する指針」が公表されたが，2015年8月12日，この指針を廃止し，新たに厚生労働省告示として「遺伝子治療等臨床研究に関する指針」（以下「遺伝子治療等指針」という。）が定められた。2019年2月28日には，全面改正が行われた。

　遺伝子治療等指針は，遺伝子治療等を，疾病の治療や予防を目的として遺伝子又は遺伝子を導入した細胞を人の体内に投与することと定義し，遺伝子治療等の臨床研究（以下「遺伝子治療等臨床研究」という。）に関し遵守すべき事項を定め，遺伝子治療臨床研究の医療上の有用性及び倫理性を確保し，社会に開かれた形での適正な実施を図ることを目的としている。

　中でも，有効性及び安全性に関して，遺伝子治療等臨床研究は，有効かつ安全なものであることが十分な科学的知見に基づき予測されるものに限るとし，生殖細胞等の遺伝的改変に関しては，人の生殖細胞又は胚（細胞又は細胞群であって，そのまま人又は動物の胎内において発生の過程を経ることに

より固体に成長する可能性のあるもののうち，胎盤の形成を開始する前のものをいう。）の遺伝的改変をもたらすおそれのある遺伝子治療等臨床研究は行ってはならないとしている。

　このように，ヒトゲノム指針は，ヒトゲノム・遺伝子解析研究に関して，ヒト受精卵に対するゲノム編集の是非について各研究機関の倫理審査委員会にその判断を委ねているが，遺伝子治療等指針では，遺伝子治療等臨床研究に対しては，明確に生殖細胞等の遺伝的改変を禁止している。

　また，遺伝子治療等指針は，研究機関の長に対し，遺伝子治療等臨床研究の進捗状況及び研究結果等について厚生労働大臣への報告義務を課している。ゲノム編集技術は，日々発展している状況から正確に定義することが現時点では難しく，どのようなものが遺伝子治療等指針の対象となるかは，個別事例を持って判断することになる。研究者の所属研究機関の倫理審査委員会で，研究計画の科学的妥当性及び倫理的妥当性等を審査したうえで，関係省による遺伝子治療等指針に対する適合性の確認を受けることになる。

　わが国の生命倫理に関する規制はクローン技術規制法と各種指針を中心としたものであるが，各種指針は法律でないため法的拘束力がない。そのため，これら指針に違反しても法律違反とはならない。しかし国から付与された公的研究費があるときは，国から返還請求があり社会的非難を受ける。一方で，研究費の交付を受けていない研究者は，研究費の返還の問題は起こらず[7]，法による罰則も受けることはない。

⑤　特定胚・ES 細胞へのゲノム編集

　わが国は，生命倫理に関して法令による規制をとっておらず，各種指針でその取り扱いについて規定する世界の中でも珍しい国である。とはいえ，クローン技術に対しては，その実用化の進展及び人道的影響の大きさから法律で規制している。特に，クローン技術とゲノム編集を組み合わせることにより，自然界には存在しない新たな生物を大量に作り出すことができる可能性を秘めている。

7　町野朔「幹細胞研究の倫理と法―日本の生命倫理と法：次の段階―」生命と倫理 1 号（2013年）70 頁。

　「ヒトに関するクローン技術等の規制に関する法律」（以下「クローン技術規制法」という。）は，「何人も，人クローン胚，ヒト動物交雑胚，ヒト性融合胚又はヒト性集合胚を人又は動物の胎内に移植してはならない。」と規定し（同法3条），人クローン個体[8]，キメラ体[9]等の作成等を明確に禁止している。その理由は，①人の尊厳の保持，②人の生命及び身体の安全の確保，並びに③社会秩序の維持に重大な影響を与える可能性があるからである。なお，同法3条に違反した者に対しては，10年以下の懲役，もしくは1,000万円以下の罰金，又はその併科が科せられる（同法16条）。

　また，特定胚の取扱に関する指針（以下「特定胚指針」という。）は，クローン技術規制法3条に規定する胚以外の特定胚[10]も，当分の間，人又は動物の胎内に移植してはならないと規定し，クローン技術によって作成された人クローン胚，ヒト動物交雑胚，ヒト性融合胚又はヒト性集合胚以外のものであっても，ヒトまたは動物の胎内へ移植することを全面的に禁止している（同指針9条）。

　しかし，クローン技術規制法や特定胚指針は，人又は動物の胎内に移植することは禁止しているものの，特定胚の作成までも禁止するものではない。特定胚指針は，特定胚の作成又は譲受後の取扱いについて，特定胚の作成から原始線条[11]が現れるまでの期間に限り行うことができるものとし，一定の条件の下に特定胚の作成を認めている（同指針7条）。ただし，特定胚を作成した日から起算して14日を経過する日までの期間内に原始線条が現れない特定胚については，経過日以後は，その取扱いを行ってはならない。

　一方，ES細胞研究について，「ヒトES細胞の分配及び使用に関する指針」（以下「ES細胞分配指針」という。）は，「ヒトES細胞を取り扱う者は，ヒトES細胞がヒトの生命の萌芽であるヒト胚を滅失させて樹立させたものであること，及びすべての細胞に分化する可能性があることに配慮し，誠実かつ慎重にヒトES細胞を取り扱うものとする。」と定めており（同指

8　クローン技術によって作られた特定の人と同一の遺伝子構造を有する人。
9　人と動物のいずれかであるか明らかでない交雑個体。
10　人間や動物の胚と細胞からつくられる特殊な胚のこと。
11　ヒトの受精卵は，受精後14日頃に背骨になる細い溝が現れるが，これを原始線条という。

針 4 条），実質的に ES 細胞の樹立を認めている。

　また，ヒト胚についても，「ヒト ES 細胞の樹立に関する指針」（以下「ES 細胞樹立指針」という。）は，「ヒト胚及びヒト ES 細胞を取り扱う者は，ヒト胚が人の生命の萌芽であること，並びにヒト ES 細胞がヒト胚を滅失させて樹立させたものであること，及びすべての細胞に分化する可能性があることに配慮し，人の尊厳を侵すことのないよう，誠実かつ慎重にヒト胚及びヒト ES 細胞を取り扱うものとする。」と定めている（同指針 4 条）。

　このように，クローン技術規制法で，特定胚を人又は動物の胎内に移植することを禁止しているが，特定胚を作成することまでは禁止しておらず，特定胚指針では，特定胚の作成に関して，原始線条が現れるまでの期間に限り行うことができるものとしている。また，ES 細胞分配指針も ES 細胞樹立指針も，実質的に ES 細胞の樹立を認めている。

　重要な点は，これらのヒト胚に対するゲノム編集は，ヒトゲノム指針と遺伝子治療等指針とでは，その取扱いが異なることである。すなわち，ヒトゲノム指針は，ヒトゲノム・遺伝子解析研究に関しては，ヒト受精卵に対するゲノム編集の是非について各研究機関の倫理審査委員会にその判断を委ねているが，遺伝子治療等指針では，遺伝子治療等臨床研究について，明確に生殖細胞等の遺伝的改変を禁止している。

　この違いは，その目的が遺伝子解析研究という基礎医学の研究と，遺伝子治療臨床研究という臨床応用研究の違いは，基本的には人の胎内への移植を前提とするものか否かであるが，その境界を明確に峻別することは難しい。また，生命倫理の観点から，このように分けることが妥当であるか不明であるが。また，ヒトゲノム指針でもヒト受精卵に対するゲノム編集を全面的に禁止すると，今後，将来に亘り人類にとって大きな恩恵をもたらす可能性のあるヒト受精卵に対するゲノム編集の基礎研究の機会を奪ってしまうことになりかねない。このため，遺伝子解析研究においては，全面的に禁止することなく，ヒト受精卵に対するゲノム編集の研究の是非を各研究機関の倫理審査委員会に委ねている方針をとっている。

4. 生命倫理専門調査会での議論

　生命倫理専門調査会では，2015 年 6 月の発表後，長年にわたりヒト受精卵に対するゲノム編集に関する議論が続けられている。特に，同年 9 月 9 日の第 91 回の会合では，「生命倫理専門調査会におけるゲノム編集技術に係る検討の方向性」と題する検討用メモが配布され，12 月 25 日の第 93 回の会合では，具体的な検討事項として「ヒト受精卵へのゲノム編集技術を用いる研究に対する現時点での認識について（検討用）」が配布された。

　この中で，中国の黄論文を契機とする整理すべき事項として，①ヒトの 3PN 胚を研究目的で利用すること（遺伝子改変を伴う研究目的で，ヒト受精胚を利用すること），②ゲノム編集技術によるヒト受精胚への遺伝子改変を行う研究（但し，人の胎内への移植を前提としない研究）を実施すること，③ゲノム編集技術の進展の速さから，社会的議論になると予想される目的への応用に，近い将来に繋がる研究であると考えられること，の 3 点が挙げられた。その後も引き続き検討が続けられており，2019 年 1 月 31 日で 114 回を迎えており，長期にわたって検討が続けられている。

　第 114 回の生命倫理調査委員会では，「ヒト受精胚に遺伝子情報改変技術等を用いる研究に関する倫理指針（案）」の制定について，具体的な案が提出されている。この指針（案）は，その背景として「近年，標的とする遺伝子の改変効率を向上させたゲノム編集技術が開発され，生殖補助医療等の根治的療法の開発，疾患の治療法や研究に資する知見が得られる可能性が示唆されている。しかし，ヒト受精胚については，その初期発生，発育等について未解明な点が多く，ゲノム編集技術には後の世代にまで及ぶ遺伝的な影響等の懸念される課題もあるため，適切に研究を実施するための仕組みの構築が求められている。」としている。

　また，ヒト胚に対する扱いについては，2018 年 3 月 29 日に，総合科学技術・イノベーション会議が「『ヒト胚の取扱いに関する基本的考え方』見直し等に係る報告（第一次）〜生殖補助医療研究を目的とするゲノム編集技術

等の利用について～」を公表した。この中で，「生殖補助医療研究」を目的としたヒト受精胚へのゲノム編集技術等を用いる基礎的研究において使用し得るヒト受精胚について，このような研究に研究用新規作成胚を利用すること，すなわち研究材料として使用するために新たに受精によりヒト受精胚を作成し利用することは当面禁止とするとしている。

このように，わが国では，生命倫理専門調査会を中心に，ヒト胚に対するゲノム編集についての検討が行われている。

5. 法規制にむけて

わが国は，生命倫理の問題に関し，法律での規制を極力押さえ，各種指針でガイドラインを示す方針を採っている。これは，未だに生命倫理に関する社会的コンセンサスが得られておらず，また生命科学も発展途上にあることから，法による規制は難しいという理由によるものである。また，行き過ぎた法規制は，柔軟な遺伝子治療の機会を奪う可能性もないわけではない。

ドイツやフランスなど多くの EU 諸国は，ローマ・カトリック教会の宗教上の影響が強く，生命倫理に関しても法律による規制を採用している。一方，わが国やアメリカの規制は比較的緩やかで，ガイドラインはあるものの，実質的には各研究機関の倫理審査委員会の判断に任せている。この理由は，遺伝子治療をはじめとする再生医療技術が，国の将来の主要な産業の1つに大きく成長する可能性があるからに他ならない。

しかし，生命科学の研究は急速に進んでおり，特にゲノム編集技術は，その実験や利用の容易性から，各研究機関の倫理審査委員会を通さずに，興味本位から勝手に実験を行うケースも考える必要がある。また，倫理審査委員会も実際にどのような判断を下すかわからず，法的安定性及び予見可能性に欠ける。諸外国では法規制を設けている国（多くは EU 加盟国）も多くあることを鑑みれば，いつまでも法的拘束力のない指針の基準と倫理審査委員会の判断に任せることは危険であると思われる。

　その中で唯一，法による規制を採っているのがクローン技術規制法である。この理由は，クローン技術が，①人の尊厳の保持，②人の生命及び身体の安全の確保，並びに③社会秩序の維持（以下「人の尊厳の保持等」という。）に重大な影響を与える可能性が大きいからである（同法1条）。さらに同法は，クローン技術又は特定融合・集合技術により作成される胚を人又は動物の胎内に移植することを，罰則規定をもって厳しく禁止している（同法16条）。

　ゲノム編集についても，人のDNAを改変すること，及びデザイナーベイビーを作ることが可能になるため，人の尊厳の保持等の観点から，クローン技術規制法と同じ立法趣旨が存するのではないだろうか。たとえゲノム編集技術が黎明期にあるとしても，人の尊厳の保持等の理由は変わらず，ヒト胚に対するゲノム編集にも法的規制をかける必要があるであろう。

　特に，ヒトゲノム指針と遺伝子治療指針とではゲノム編集に対する取り扱いが異なることから，遺伝子解析研究と遺伝子治療等臨床研究の範囲を極力明確にし，遺伝子解析研究で使用するヒト胚は3PN胚のみに限定し，遺伝子治療等臨床研究でのヒト胚に対するゲノム編集及び医学的目的以外は全面禁止とすべきであると考える。また，クローン技術規制法と同様，ゲノム編集を施したヒト胚を人又は動物の胎内に移植することも禁止することも忘れてはならない。

　さらに，ゲノム編集で最も考慮しなければいけないことは，その医学的及び社会的影響の大きさである。黄論文でも明らかにしているように，最新のCRISPR/Cas9であってもヒト受精卵に対する遺伝子改変の成功率は低く，現段階ではとても遺伝子治療を行える段階にはない。遺伝子改変は，その人1代限りの治療ではなく，その後の子孫までもその遺伝子を引きずることになることを考えれば，ゲノム編集による遺伝子治療の失敗は許されず慎重を期すべきである。

　ゲノム編集技術は遺伝子治療のような医学的な目的のためだけではなく，治療以外，たとえば，端麗な容姿への遺伝子改変，知能的又は身体的な能力アップのための遺伝子改変など，受精卵の遺伝子改変により親の望み通りの子供をつくることも考えられ，デザイナーベイビーも可能となる。

　現在でも，自分の容姿を変えたい場合には，美容外科で美容整形をすることが今では広く行われているが，これは施術を受ける本人の意思によるものである。しかし，デザイナーベイビーの場合は，本人（ベイビー）の意思を完全に無視して，親等により子供の遺伝子改変が行われる。また，ある特定の目的のために，ヒトを自由に作ることもでき，遺伝子改変を受けた子供は，その意思とは無関係に，その目的のための人生を強いられることにつながりかねない。そして，その遺伝子はその子孫へと引き継がれていく。

　これは，人の尊厳の保持及び人の自由意思から大きく逸脱したものであると言える。また，ゲノム編集の技術が確立していない現在，人の生命及び身体の安全の確保からも大きな問題があり，社会秩序の維持についても議論が始まったばかりで，社会的コンセンサスも未だ得られていない状況にある。

　このようにゲノム編集技術は，クローン技術規制法の立法趣旨である人の尊厳の保持等のすべての要件に合致し，またゲノム編集による遺伝子改変の容易性及びその急激な進展のため，いついかなる実験が行われるかわからない状況にある。遺伝子改変に失敗したデザイナーベイビーも人であり，想像もつかないような子供が生まれたとしても，人として生まれたからには人の尊厳は保持されなければならない。遺伝子改変による犠牲者が出てからでは遅く，ゲノム編集技術についてもクローン技術規制法と同様な厳格な立法措置が必要であると考える。

　少なくとも，遺伝子治療等指針1章第7に規定する，「人の生殖細胞又は胚の遺伝的改変をもたらすおそれのある遺伝子治療等研究」は，法律によって規制すべきであり，同指針を基に「生殖細胞系ゲノム編集規制法」を早急に立法化する必要があるのではないだろうか。

6. おわりに

　中国の黄軍就副教授は，実験に使用したヒト受精卵は，1つの卵に2つの精子が入った3PN胚を使ったが，このような異常胚は子宮に着床させても

1人の人間として出生することはない。しかし，不妊治療のために作成された余剰胚は子宮に着床させれば1人の人間として出生する可能性のあるものである。その余剰胚からES細胞は作成されていることを考えれば，3PN胚を研究目的で使用することも許される可能性は大きい。しかし，この問題は，人はいつから人になるかという生命倫理の問題と大きく関わっており，社会的コンセンサスを得る必要があるであろう。

　また，クローン技術規制法が，①人の尊厳の保持，②人の生命及び身体の安全の確保，並びに③社会秩序の維持，に重大な影響を与える可能性があるという理由により立法化されていることを鑑みれば，生殖細胞系ゲノム編集も同様の理由から法規制が必要になるのではないだろうか。

　特に，もし仮に3PN胚を研究目的で使用することが許されるとするならば，遺伝子解析研究で使用されるヒト胚は3PN胚のみに限定し，遺伝子治療等臨床研究でのヒト胚に対するゲノム編集及び医学的目的以外は全面禁止とすべきである。また，ゲノム編集を施したヒト胚を人又は動物の胎内に移植することも禁止すべきである。

　一方，賀建奎副教授が，世界で初めて，正常なヒト胚に対してゲノム編集を施し，後天性免疫不全症候群（HIV）に耐性を持つ双子の女児を出産させたという事実は，ゲノム編集技術が完全ではない現段階では，危険性が大きすぎ，少なくとも許されるべきものではない。

　人間の好奇心には限りがない。現在，誰でも好奇心とその知識・技術さえあれば，大きな実験設備も必要とせず，ヒト胚に対するゲノム編集による遺伝子改変が可能である。このようなゲノム編集による遺伝子改変の容易性のため，研究機関の倫理審査委員会を通さず，隠れてヒト胚に遺伝子操作をする者が現れても不思議ではない。現に，賀建奎副教授は，生命倫理上非難されることをおそれ，2年間も極秘で研究を続けていたようである。わが国でも，同じようなことが起きる可能性がある。

　このような事態を極力さけるためには，厳格な罰則規定とともに立法化を図るべきではないだろうか。生命倫理専門調査会による今後の議論の結果がどうなるか不明であるが，現時点では，人の生殖細胞又は胚の遺伝的改変をもたらすおそれのある遺伝子治療等研究は，人の尊厳の保持等という観点か

ら，クローン技術規制法同様，法律によって規制すべきであると思われる。

（髙田　寛）

II. 医療における新しい診療手法と法的問題
―遠隔診療と AI を中心に―

1. はじめに

　昨今，画期的な技術革新の影響が医療の様々な分野で広がっている。分化した細胞を脱分化させ，多能性幹細胞を作成する技術として iPS が登場して以来，様々な組織や臓器の合成が試みられ，網膜疾患など実地の診療でも iPS を用いた再生医療が広まってきている。また，免疫の仕組みについての解明が進み，免疫チェックポイント阻害薬などの画期的な抗がん剤の開発も進んでいる。このような医学または生物学分野そのものの技術革新による恩恵も多々あるが，それら以外の分野の技術革新も医療における診療手法に大きな変化をもたらし始めている。これらの技術革新は極めて幅広い分野にわたるが[1]，本稿では，遠隔診療と人工知能（AI）に的を絞って論じていきたい。

2. 遠隔診療，特にオンライン診療とその法的問題について

(1) 問題の所在（遠隔診療の必要性）
　アマゾンや楽天市場などでネットショッピングをしたことがある方は多いだろう。

1　経済産業省の「未来イノベーションワーキンググループ」の分類によれば，X 次元プリンター技術やサイボーグ技術など 9 つの分野がヘルスケアにおける 2040 年に向けての技術の広がり，個別技術の進化の対象とされている。〈https://www.meti.go.jp/shingikai/mono_info_service/mirai_innovation/pdf/001_04_00.pdf〉（最終閲覧日，令和元年 7 月 13 日）

　これらのネットショッピングでは，いわゆる OTC 医薬品（over the counter の略。薬局で医師の処方箋なしで買える薬のこと。）も簡単に手に入るため，ネットショッピングで OTC 医薬品を購入したことがある方もまた多いだろう。OTC 医薬品のネット販売については，厚生労働省が規制をかけ，一時，ネットでは OTC 医薬品が入手できなくなった時期があった。しかし，医薬品のネット販売業者が国を相手取って訴訟提起し，最高裁まで争った結果，厚生労働省の規制は違法・無効であるとの判断が確定し（最二小判平成 25・1・11 民集 67 巻 1 号 1 頁），結局 OTC 医薬品のネット販売が再開されることになった（ただし，医療用医薬品から OTC 医薬品にスイッチ（従来から医療用医薬品として使われていた成分の有効性や安全性などに問題がないと判断され，薬局で店頭販売できる一般用医薬品に転換されることを言う）ばかりの医薬品は「要指導医薬品」に分類され，発売後 3 年間はネット販売はできない）。この結果，今ではほとんどの OTC 医薬品が，薬局で薬剤師と対面することなく，自宅で簡単に入手できるようになった。

　それでは，処方箋が必要とされる風邪薬や胃腸薬，アレルギーの薬なども，医師と直接面談することなく入手できないものであろうか。深刻な病気ではないことは自分でだいたい分かるし，いつももらっている薬であるにもかかわらず，わざわざ病院に出向いて，長い待ち時間を我慢して処方箋を受け取るのはいかにも非能率・不経済に思われる。病院に行くとなると，仕事や学校はもとより，託児や介護・介助の手配などの様々な調整もしなければならない。何とかやりくりして，ようやく病院にたどりついても，医師からは簡単な問診を受ける程度で，いつもと同じ薬が出るということも少なくない。病院に行かずに遠隔診療で処方箋薬が手に入るのであれば，過疎地の住民[2] や，障害者，高齢者だけでなく，患者一般にとって，また，医療機関にとっても，その負担を軽減し，重篤な患者の治療に注力できる点で，メリットは大きいと思われる。もっと多くの薬がオンラインで処方できるようにならないだろうか。

　しかし，オンライン診療は，法的にも医療的にも，また通信技術的にも，

2　僻地だけでなく都市近郊の「医療過疎」（対人口比医師数不足）の問題もある。

どんな疾患，症状に対してでも適用してよいものではないし，適用できるものでもない。以下では，オンライン診療の現状を概観し，その将来像を展望したい。

⑵　遠隔診療の意義と基盤

遠隔診療は，厚生労働省「オンライン診療の適切な実施に関する指針」（平成 30 年 3 月）[3]（以下「指針」という。）において，「情報通信機器を活用した健康増進，医療に関する行為」と定義されている。また，オンライン診療は，「遠隔診療のうち，医師‐患者間において，情報通信機器を通して，患者の診察及び診断を行い診断結果の伝達や処方等の診療行為を，リアルタイムにより行う行為」と定義されており，オンライン診療は遠隔診療の一分野とされている[4]。簡単に言えば，オンライン診療とは，医療機関に出向くことなく，自宅その他の場所でスマートホン等を利用して医師の診察等を受けられる仕組みである。

オンライン診療が現実の臨床で取り入れられるように至った背景には，情報通信環境の整備と情報通信機器の普及が格段に進んだことの影響が大きい。すなわち，一般のユーザーが利用できるネット環境でも，通信速度毎秒 1 ギガビット以上のものが普及し，明瞭な音声と映像をシームレスに相互送信することが容易になったうえ，国民の大多数がスマートホンを保有するようになったため，診察に耐えうる情報通信環境が整ったからこそ，オンライン診療が本格的に導入されることになったものと言える。

なお，平成 30 年度診療報酬改定[5]では，患者を対象としたオンライン診療に初めて診療報酬が算定できるようになった。また，オンライン診療以外

3　〈https://www.mhlw.go.jp/stf/seisakunitsuite/bunya/kenkou_iryou/iryou/rinsyo/index_000 10.html〉（最終閲覧日，令和元年 7 月 13 日）。

4　前掲注（3）指針。

5　公的健康保険を利用して医療を受けた場合に，医療機関に支払われる費用をいう。診療報酬は，医療の進歩や世の中の経済状況とかけ離れないよう通常 2 年に一度改定され，厚生労働大臣は政府が決めた改定率を基に中央社会保険医療協議会，いわゆる中医協に意見を求め，中医協が個々の医療サービスの内容を審議し，その結果に基づいて，同大臣が決めた公の価格である。日本医師会ホームページ「なるほど！診療報酬」〈https://www.med.or.jp/people/what/sh/〉（最終閲覧日，令和元年 7 月 13 日）。

に，医師と医師をつなぐ遠隔診療として，遠隔画像診断や遠隔病理診断も診療報酬算定の対象となっている。また，その他，患者情報のモニタリングを行う遠隔診療として，心臓ペースメーカー指導管理料や在宅患者酸素療法指導料や在宅患者持続陽圧呼吸療法なども診療報酬算定の対象となっている。診療報酬の算定ができるようになったことで，経済面からもオンライン診療等が普及する環境が整ってきたことになる。

(3)　遠隔診療の現状

　すでにオンライン診療は臨床現場で始まっているが，今のところ，適用場面はまだかなり限定的である。その中でも，すでに相当数のオンライン診療が行われているであろうと見られるのは AGA[6] 治療であろう。AGA に対して現時点で確立している有効な治療は，一般名がフィナステリドまたはデュタステリドと言われる内服薬の継続的服用である[7]。服用期間は年単位であり，服用をやめれば，また AGA が進行していくので，AGA の進行を止めたければ，その期間はずっと内服を続けなければならない。これらの薬に副作用がないわけではないが，一般的に副作用が生じることは少なく，重篤な副作用は極めてまれである。まれに肝機能障害の副作用が生じるため，服用中は定期的に採血を受けて肝機能をチェックすることが望ましいが，薬の添付文書上は採血が必須とはされておらず，実際にこれらの薬の処方に際して定期的な採血を行っていない医療機関は相当数ある。

　AGA そのものは本人にとっては切実な問題だが，放置していても生命や重要な身体機能に問題を引き起こす疾患ではない。仮に服薬コンプライアンス（医師の指示通りに患者が薬を服用しているかどうかの指標）が悪くて，患者が途中で服薬を中止したり，適切に服用できていないようなことがあったとしても，深刻な問題はまず生じない。このように AGA は，現在の機器インフラのもとでは，重篤な疾患ではないこと，定期検査が必須ではないこ

6　androgenetic alopecia の略で，男性型脱毛症のこと。頭頂部や前頭部の抜け毛が進行し，最終的には側頭部から後頭部にかけてのみ毛髪が残る。AGA 治療を行うクリニックの広告を電車内等で見たことがある方も多いだろう。

7　日本皮膚科学会「男性型および女性型脱毛症診療ガイドライン」〈https://www.dermatol.or.jp/modules/guideline/index.php?content_id=2〉（最終閲覧日，令和元年 7 月 14 日）。

と，治療は内服のみであることなどの性質によって，オンライン診療に高い適性があると言える。

　他にも，一般名バレニクリンという内服薬を継続服用する禁煙治療も，現時点でオンライン診療としてある程度行われていると考えられるが，この治療も AGA 治療と同様に，重篤な疾患ではないこと，定期検査が必須ではないこと，治療は内服のみであることなどから，オンライン診療に高い適性がある。なお，バレニクリンを使用した禁煙治療には，一定の条件のもとに保険診療が適用される。

　一方で，重篤な疾患であったり，定期的な検査が必要だったり，治療が内服だけではなく，状況に応じて注射なども必要となる場合は，まだまだオンライン診療の適用は難しいであろう。

　ところで，直近の動きとして，厚生労働省「オンライン診療の適切な実施に関する指針の見直しに関する検討会」において，緊急避妊薬（アフターピル）がオンライン診療の対象とすることが議論されているようである[8]。ピルはエストロゲンとプロゲステロンという性ホルモンの複合体であり，基礎疾患の状態や服用の仕方によっては女性の身体に重大な副作用をもたらしかねない。オンライン診療の対象とするには慎重な意見も強いが，性的被害の救済の必要性という側面を重視する意見が優勢のようである。もっとも，緊急避妊薬の危険性は AGA に比較すれば各段に高く，安易なオンラインでの受診が頻発すれば重大な問題が起きかねない。検討会では，緊急避妊薬を処方する医師に研修の受講を義務付けるなどの対応が検討されているが，ほかにも処方前後の一定期間内に婦人科の対面での受診を患者に義務付けるなど，何らかの規制を設ける必要があるだろう。

　今後どのような疾患，症状，処方薬がオンライン診療の対象になってくるかは未知数だが，患者にとっても，医師にとっても重大な不利益が生じないように，個々の対象疾患ごとに適切な規制を設けるように慎重に検討される必要があるだろう。

8　令和元年5月31日の第5回検討会において「オンライン診療で緊急避妊を行う場合の要件等について」が議題に上っている。〈https://www.mhlw.go.jp/stf/shingi/other-isei_513005_00001.html〉（最終閲覧日，令和元年7月14日）

　実際のオンライン診療では，スマートホンのアプリを利用した遠隔診療プログラムが販売され，これが主に利用されている。だいたい誰でも1台はスマートホンを保有しているという高い普及度からすれば，少なくとも患者側が用意すべきデバイスはスマートホンが今後もメインになっていくであろう。スマートホンは，視覚聴覚の情報を送受信することは現状でも十分実用的な水準の速度・精度で行えているが，今後は，それ以外の情報も送受信することもできるようになることが予想される。スマートホンのアプリと連動した測定機器の開発により，患者の様々な身体情報を測定する試みも実用段階にある。脈拍や血圧などは比較的容易に測定，送受信できる情報であるが，将来的には，採血についても，今よりもはるかに少量の血液量で多数の情報が得られる検査方法が確立すれば，自宅で自己採血した血液の情報を，スマートホンを通じて送信し，これを医師が確認できるようになることも考えられる。

⑷　法規制の現状

①　規制（行政解釈）の変遷

　厚生労働省の「オンライン診療の推進について」（平成30年10月29日）[9]（以下，「推進について」という。）では，「遠隔診療は，対面診療の補完として，離島やへき地の患者など限定的に行われることが想定されていたため，日常的に行うものについては，これまで明確な基準やルール，特化した診療報酬がなかった。」とされている。元々，医師法20条の規定の存在を根拠に，（原則として）遠隔診療が認められないことは当然と考えられていた（後記②）。その後，平成9年12月に当時の厚生省医政局長通知により，「離島，へき地の場合」などについて例外的に遠隔診療が認められた[10]。その後，平成29年7月になって，厚労省の事務連絡として，先の医政局長通知に掲げる「離島，へき地」はあくまで例示であり，それ以外の場合でも遠隔

9　政府の未来投資会議の産官協議会「次世代ヘルスケア」会合（第1回）における厚生労働省提出資料。〈https://www.kantei.go.jp/jp/singi/keizaisaisei/miraitoshikaigi/sankankyougikai/healthcare/dai1/〉（最終閲覧日，令和元年7月14日）

10　平成9年12月24日付け健政発第1075号。

診療が認められる余地があることを明らかにした[11]。これ以後，離島，へき地にとどまらない，一般的な遠隔診療，特にオンライン診療の導入の機運が高まり，同時にICT技術の発展に伴い，遠隔でのリアルタイムな診療が実用レベルで可能になってきたため，ここにきて政府も導入を積極的に推進する方針を示すに至ったのである。

　このように，遠隔診療に関する法的規制は，一律（原則）禁止の段階から推進の方向に大きく動いてきたが，現実にこれを事故なく実施するためには，新たに，医療に従事する「人」（医師，薬剤師）に関する規制，診療に使用される「機器」に関する規制，「その他」の規制のあり方を具体的に考える必要が生じてくる。

②　人（医療従事者）に関する規制

(ア)　医師に対する規制

　診療行為の中心は医師であるので，まず医師に対する規制のあり方が見直されなければならない。医師の行動を規制する基本法は，言うまでもなく医師法（昭和23年法律第201号）であるので，同法の規制の緩和が問題となる。

　この点，かつては，同法第20条の規定が，遠隔診療を行う際の最大のハードルだと見られていた。同条は，いわゆる無診察治療の禁止を定めるものであるが，「自ら診察」するという文言の解釈として，医師が患者に現実に対面することが必要だと考えられていた。そのため，電話で病状を聞いて処方箋を交付するようなことは，原則として[12]できないものとされてきた。つまり，この「自ら診察」することを求める規定と，直接医師が診察しない遠隔診療との抵触が問題となってきたのである。

　しかし，その後，前掲・平成29年の医政局長通知において，「平成9年遠隔診療通知の『1 基本的考え方』において，直接の対面診療に代替し得る程度の患者の心身の状況に関する有用な情報が得られる場合には，遠隔診療を

11　平成29年7月14日付け医政発第714004号。

12　例外として，緊急時などが考えられるが，平成9年12月24日健政発第1075号厚生省健康政策局長通知では，離島・へき地での診療，特定の在宅療法を受診中患者などが挙げられていた。

行うことは直ちに医師法第 20 条等に抵触するものではないと示していると
おり，当事者が医師及び患者本人であることが確認できる限り，テレビ電話
や，電子メール，ソーシャルネットワーキングサービス等の情報通信機器を
組み合わせた遠隔診療についても，直接の対面診療に代替し得る程度の患者
の心身の状況に関する有用な情報が得られる場合には，直ちに医師法第 20
条等に抵触するものではないこと」との見解が示さるに至った。こうして，
医師法の明文が改正されたわけではないが，同法第 20 条の行政解釈によっ
て，対面診療でなくとも，同法第 20 条に抵触しない診療形態がありうるこ
とが認められている。

(イ)　薬剤師に対する規制

　人に関する規制としては，処方箋薬の薬剤師による対面販売の規定である
が，この点についてはまだ整理がついていない。対面販売を要求しているの
は，医薬品，医療機器等の品質，有効性及び安全生の確保に関する法律（昭
和 35 年法律第 145 号）（以下，「薬機法」という。）第 9 条の 3 の規定であ
る。前出の医師法第 20 条では「自ら診察」との語の解釈により規制緩和が
はかられたが，薬機法第 9 条の 3 では，処方箋薬を販売する場合に，「対面
により」情報提供・指導すべきことが明文で定められており，これを対面不
要とすることは解釈の限界を超える。つまり，現行法上は明文により，薬剤
師による対面での販売が義務付けされており，せっかくオンライン診療に
よって自宅で診察を受けられても，薬の処方の際は薬局に出向かなければな
らないことになり，オンライン診療のメリットが減弱される懸念がある。
もっとも，AGA や禁煙治療のように単独の定型的な内服薬の処方であれ
ば，診療した医療機関から郵送等の方法で薬を送付していることも多いよう
である。今後，薬剤師の調剤が必要な薬を要する疾患などもオンライン診療
の対象に含まれてくることが予想されることをふまえれば，薬機法第 9 条の
3 の規定の見直しが必要となろう。「推進について」でも見直しの検討対象
として掲げられている。

③　機器に関する規制

　オンライン診療に必要な情報通信機器自体は，薬機法にいう「医療機器」

には該当しない。もっとも，今後，様々な身体情報を取得するためのデバイスが発売されることが予想されるが，これらのデバイスは同法にいう「医療機器」に該当する可能性が高く，同法上の規制を受けることになろう。薬機法にいう「医療機器」の解釈については，後記 3. で詳述する。

④　その他の規制

　オンライン診療では，特定人の疾患や健康情報という高度の個人情報を扱うから，そのプライバシーの保護や情報のセキュリティには万全の対策が必要である。オンライン診療に関連する法律等として，「指針」は，以下のようなものを挙げている。オンライン診療の通信プログラムを提供している企業が，一定のプライバシー保護や情報のセキュリティ対策を行うべきことは当然だが，実際に利用する医療機関（医師）としても，これらの点に十分な配慮をした運用が求められる。

○個人情報の保護に関する法律（平成 15 年法律第 57 号）第 20 条（個人情報取扱事業者の安全管理措置），第 21 条（従業者の監督），第 22 条（委託先の監督）

○医療情報システムの安全管理に関するガイドライン（平成 17 年 3 月 31 日医政発第 0331009 号・薬食発第 0331020 号・保発第 0331005 号厚生労働省医政局長，医薬食品局長及び保険局長連名通知）

○ ASP・SaaS における情報セキュリティ対策ガイドライン（平成 20 年 1 月 30 日策定　総務省）

○ ASP・SaaS 事業者が医療情報を取り扱う際の安全管理に関するガイドライン（平成 21 年 7 月 14 日策定，平成 22 年 12 月 24 日改定　総務省）

○医療情報を受託管理する情報処理事業者における安全管理ガイドライン（平成 20 年 3 月策定，平成 24 年 10 月 15 日改正　経済産業省）

○個人情報の適切な取扱いに係る基幹システムのセキュリティ対策の強化について（依頼）（平成 27 年 6 月 17 日老発 0617 第 1 号・保発 0617 第 1 号厚生労働省老健局長及び保険局長連名通知）

○医療・介護関係事業者における個人情報の適切な取扱いのためのガイダンス（平成 29 年 4 月 14 日個情第 534 号・医政発 0414 第 6 号・薬生発

0414 第 1 号・老発 0414 第 1 号個人情報保護委員会事務局長，厚生労働省医政局長，医薬・生活衛生局長及び厚生労働省老健局長通知

(5) 想定される問題点

「指針」では，初回診察は原則として対面診察（実際に医師と会って診察を受けること）を求めている。その理由はいくつかあるが，1 つには，医師及び受診者の同一性の確認の必要性にあると考えられる。偽医者による診察や患者本人以外による身代わり受診が発生する可能性はオンライン診療では高くなる。身代わり受診では，身体計測結果のみ身代わりをすることも考えられる。オンラインで対面している人物が本当に医師であるのか，患者本人であるのか，提供される身体情報は本当に患者本人のものであるのか，それぞれを確認する実効的な方法が必要である。特に，交通事故[13]，難病指定，生活保護など，本人が治療費を減免されるケースなどでは身代わり受診の可能性が高くなるため，とりわけ注意を尽くす必要がある。

(6) 今後の展望

遠隔診療，特にオンライン診療は，平成 30 年の診療報酬改定でオンライン診療料などが算定できるようになり，ようやく，実地の診療に適用される準備が整ってきているが，まだまだ厚生労働省も現場の医療機関も手探りの状況である。技術革新と社会状況の変化は速く，これからも，どんどん状況が変わっていくことが予想されるが，より多くの疾患の診療に活用されることを目指す上では，今後もさらなる規制の見直し（旧態の規制の撤廃とともに，新たなルールの形成）が，迅速に行われることが期待される。しかし，法的規制のあり方については，実際にオンライン診療が広まって，効果や弊害の事例が蓄積されてみないとわからない部分が多く，「指針」も，ガイドラインとしては異例の 1 年ごとの見直しをすることが予定されている。なお，本稿執筆時点で，新型コロナウィルスの感染拡大に伴い，感染症患者診察の際の遠隔診療の有用性や必要性がにわかにクローズアップされている。

13　たとえば，無保険車がかかわる場合や，刑事事件について身代わり工作をしている場合など，様々なパターンがありうる。

緊急時やパンデミックなどの際には，遠隔診療の活用によって医療提供体制の量と質を確保できる可能性が改めて示唆されたと言える。今後のガイドライン見直しに際しては，今回の新型コロナウィルスへの経験を踏まえて，疾患によっては，初診患者も含めた，より積極的な遠隔診療の導入が議論される可能性が高いと予想される。

3.　AIの活用とその法的問題点

　AI診療の着想は意外と古く，巨匠・手塚治虫が手掛けた医療漫画「ブラックジャック」の1976年の作品「U-18は知っていた」中に，早くもAI医師が登場している。作中のAI医師の本体はU-18という巨大なコンピューターで，診断から治療まで，様々な医療機器を操作して，受診した患者全員の診療を同時に行っている。医療現場では医師は働いておらず，AI医師であるコンピューターや機器をメンテナンスする技師たちだけが働いている。実際にそのような医療が将来行われるようになるのだろうか。ここでは，AIの医療現場における役割や法的問題を論じることとしたい。

(1)　AIの分類
　AIには2つのカテゴリーがあり，1つは，弱いAIまたは特化型と呼ばれるもので，人間が知能を使ってする特定のことを代わりにできる機械，知的にふるまえる機械である。もう1つは，強いAIまたは汎用型と呼ばれるもので，人間の知能そのものを持つ機械である[14]。後者は，漫画「ドラえもん」に登場するネコ型ロボットのドラえもんがわかりやすい例であるが，前出のAI医師U-18もこの汎用型AIに分類されることになろう。汎用型AIによる医療の提供は，まだ技術的には相当難しいと考えられ，今のところ，現実に検討すべきは，前者の特化型AIに関する法的問題となろう。

14　日本医師会学術推進会議・第Ⅸ次学術推進会議報告書「人工知能（AI）と医療」（平成30年6月）。〈https://www.med.or.jp/nichiionline/article/006805.html〉（最終閲覧日，令和元年7月15日）

⑵　開発の現状

　個別的なレベルでは，放射線画像診断や，内視鏡診断や皮膚科診断，病理診断などの分野で相当精度の高い AI システムが登場している。ただし，実際の医療現場でこれらを使うには，薬機法に基づく医療機器としての承認が必要となる。現時点では，広く臨床現場で普及している AI システムはまだなく，様々な立場の研究者や事業者が百花繚乱のごとく開発を進めている状況である。

⑶　法規制の現状

①　人に関する規制

　AI が診療に関わる場合，医師法第 17 条の「医師でなければ，医業をなしてはならない」との規定との関係が問題となる。ここでいう，「医業」とは，行政解釈によれば，「当該行為を行うにあたり，医師の医学的判断および技術をもってするのでなければ人体に危害を及ぼし，または危害を及ぼすおそれのある行為（医行為）を，反復継続する意思をもって行うことをいう」とされている[15]。表現は晦渋であるが，要するに，医師が行っている業務の大半は「医業」であるが，実際にある行為が医行為かどうかを判断するのは，個々の行為の態様に応じて個別具体的に判断されることになる。

　医師以外は医業をしてはならないのであるから，現時点では，医師ではない AI（ロボット）が最初から最後まで単独で（主体的に）診療を行うことは法的には不可能で，あくまでも医師の診療をサポートする役割を担うことまでしかできないことになる。したがって，U-18 のような AI 医師は，仮に，これを作ることが技術的に可能になったとしても，日本の現行法の下では活動できない。

　今のところ，AI，医師，患者の関係としては，独立行政法人医薬品医療機器総合機構（PDMA）の科学委員会・AI 専門部会によるとりまとめでは，以下の 4 つの類型が想定されている[16]。

15　平成 17 年 7 月 26 日付け医政発第 0726005 号厚生労働省医政局長通知。
16　医薬品医療機器総合機構「AI を活用した医療診断システム，医療機器等に関する課題と提言 2017」。〈http://www.pmda.go.jp/rs-std-jp/outline/0003.html〉（最終閲覧日，令和元年 7 月 15

① 医師が患者に主関係を持つが，AI が間接的に医師を補助する場合，

② 医師が患者に主関係を持つが，AI が直接的に医師を補助する場合，

③ 医師が患者に主関係を持つが，AI も患者に関係し，医師が AI を監督する場合，

④ AI が患者に主関係を持ち，医師は間接的に関係する場合

　現行医師法のもとでは，④が許されないことは明らかであり，③も AI の関与の仕方によっては許されない場合があろう。そうすると，ほぼ問題がないと言えるのは，①から②までということになろう。なお，医師以外の国家資格（歯科医師，看護師，薬剤師，放射線技師等）に基づく医療従事者についても，これらの資格が業務独占であること，当該分野について専門的判断に基づいた職務を行うことから，これらの職種も医師について述べた上記議論がほぼ同様に当てはまると考えられる。

②　機器に関する規制

　「医療機器」については，薬機法第2条4項に定義があるが，これに該当する場合，その製造・販売には許可等が要求され（同法第23条の2，第23条の2の3等），個別の品目についても安全性や有効性が確認されたうえでの承認制等となっている（同法第23条の2の5等）。また，「医療機器」にはプログラムも含まれる（同法第2条18項）。

　したがって，この「医療機器」に該当するとなれば，AI に関するプログラムも，AI を活用したデバイスも，いずれもが薬機法の規制を受けることとなるから，「医療機器」への該当性いかんが重要な問題となる。そこで，薬機法の「医療機器」の定義を見ると，「人若しくは動物の疾病の診断，治療若しくは予防に使用されること，又は人若しくは動物の身体の構造若しくは機能に影響を及ぼすことが目的とされている機械器具等（再生医療と製品を除く。）であって，政令で定めるもの」とされているが，その該当性判断は容易ではない。つまり，医師法第17条の「医業」と同様に，何が「医療機器」に当たるかは，個別具体的に検討されざるをえない。医療分野の，特

日)

にプログラム作成（アプリを含む）の分野は，ベンチャー企業も多数しのぎを削って開発していると思われるが，医療機器該当性については，開発段階から慎重に検討しておく必要がある。完成してから承認が得られないような事態が多発するようでは，社会経済上も損失が大きいからである。

⑷　想定される問題
①　AIを利用した医療によって，いわゆる医療過誤を発生させた場合

医療過誤については，民事・刑事にわたる責任と，行政処分が考えられるが，ここでは，民事上の責任に限って検討する[17]。

汎用型AIが主体的に医療を行って，医療過誤が発生するというケースは今のところ考慮しなくてもよいだろう。現実に考えられるのは，医師が特化型AIを利用して医療過誤を発生させた場合である。この場合，AIはあくまでも補佐的役割であり，最終判断は医師が行っていたのであれば，通常の民法の規定どおり，医師または医師の所属する医療機関（雇用主たる医療法人等）が損害賠償責任（医療機関については診療契約の債務不履行，又は，医師の不法行為にかかる使用者責任に基づくもの）を負うこととなる。しかし，AIのプログラムに極めて基本的な欠陥があった結果，医師の過失と相まって医療過誤を発生させたと認められれば，AIプログラムの開発者や製造者も医師と共同不法行為という形で被害者に対する責任を負う可能性はある（医療機関が被害者に賠償した場合に，医療機関から製造者等に対する求償請求も考えられる）。また，AIプログラムの製造者は製造物責任法による責任を負う可能性もある。

②　医の倫理との関係

純粋な法的問題とは言えないかもしれないが，AIの判断がこれまでの医の倫理[18]と抵触する危険性も検討しなければならない。AIは，様々なイン

17　刑事責任については，そのAI機器を使用して事故を発生させた医師の業務上過失致死傷罪の成否が問題になる（刑法211条）。

18　日本医師会「医の倫理綱領」では，「医学および医療は，病める人の治療はもとより，人びとの健康の維持もしくは増進を図るもので，医師は責任の重大性を認識し，人類愛を基にすべての人に奉仕するものである。」とされている。また，患者の権利に関する世界医師会「リスボン宣

プットされた情報をもとに，自らもディープラーニングを行うことで，独自
の判断を行うようになるが，この判断に様々な差別や偏見を内包する危険性
が指摘されている。たとえ AI 医師が活躍するようになっても，医療資源そ
のものは有限である。検査機器も薬も，治療機器も数に限りはある。そうす
ると，人間が到底及ばない計算能力を持つ AI は，特定の人の診療を優先し
たり，逆に拒否したり，後回しにしたりするようなことも考えられる。それ
の方が，医療資源を効率良く利用できると AI が（合理的な計算の結果とし
て）「考える」可能性がある。医療では患者はみな平等という考え方が，医
療従事者の根本的な倫理としてあるが，これに真っ向から反する事態が生じ
るかもしれないのである。AI の判断の形成過程に，経験値や論理的推論以
外に，医師としての倫理が正しく盛り込まれるように検討されることが望ま
れる。

4. おわりに

　医療現場では，対応にあたって深刻な法的問題があるにもかかわらず，こ
れまで立法または行政による指針が確立されず，現場に解決が委ねられてき
たものが少なくない。たとえば，心肺停止した患者に対して，心肺蘇生術を
どれくらいの時間行うかという人の死に直結する問題について，法的指針が
何ら示されたことがなく，医療従事者はひょっとしたら殺人罪で訴追される
かもしれないというリスクを抱えて，その都度現場で最善と思われる判断を
してきたのである。ほかにも，他の患者に多大な迷惑をかける，医療従事者
に危害を加える，長期に渡って診療費を支払わないなどの患者を，退院させ
たり，外来受診を拒否したりすることも，医師法第 19 条が規定する医師の
応召義務との関係で対応に苦慮している。遠隔診療にせよ，AI 活用にせよ，
いくら法的規制を設けていても，必ず間隙が生じる。間隙の問題を，現場の
医療従事者に押し付けるようなことがあってはならない。明確な法的指針が

───────────────
　言」では，「1.　良質の医療を受ける権利」として，「a.　何人も差別されることなく適切な医療を
　受ける権利を有する」とされている。

なければ，新しい診療手法にも及び腰になり，結果として技術の普及にも支障が生じる。幸い，オンライン診療やAIにかかわる科学技術は医療以上に日進月歩であり，その進歩の速さを考慮して，国も，これらの分野の規制についてはかなり短い周期で見直しを検討していくことを目指している。

　オンライン診療にせよ，AIにせよ，実際に臨床で使われて行かないと見えてこない問題点が多々あると考えられ，発生した問題に対して，官民一体となって迅速に，柔軟に対応していくことが求められる。

（笹山桂一[19]）

19　弁護士・医師。弁護士法人筑波アカデミア法律事務所。

第4章

環境科学技術と法

I. 天気予報の精度向上によって法的責任の あり方は変化するか

1. はじめに

　科学技術の進歩により，その技術の開発，製造，供給，使用等にかかわる関係者が負うべき法的責任は変容する。不法行為責任であれば，科学技術の進歩で予見可能性の内容に変化が生じることが想定され，結果回避義務違反，すなわち過失の成立範囲が動きうるし，契約責任についても善管注意義務をめぐって同様の問題が生じる。

　たとえば，日本の医療訴訟の嚆矢とされる事件は，1902年に発生した事故（卵巣嚢腫摘出の手術の際，長さ40 cm，幅28 cmのガーゼを体内に留置され，半年後に排泄されるまで患者の苦痛が続いた）に対し，患者が損害賠償を求めた事案である[1]。訴えられた医師は，卵巣嚢腫摘出において，ガーゼは種々の目的で多くの数を使用するため，予断を許さない手術中にガーゼの数を逐一計算し記録することは不可能であるし，腹腔内において用いたガーゼが腸管の蠕動により形跡を失い，手術者がガーゼの遺留を知らないまま腹壁を縫合しても過失ではない旨の主張をしたところ，裁判所は医師の主張を容れ，過失を認めなかった。現在の医療水準に照らせば，あまりにお粗末な手術であって，医師の責任は免れようもないと見られるが，それだけに，この事件は，科学技術の進歩とともに過失の評価が変容することを顕著に示す事例と言える。

　このように，科学技術の進歩によって法的責任の範囲が変容するという現象は，医療だけでなく，他の領域においても広く生じうるものであるが，本

---

[1]　佐野文男「日本初の医療訴訟」北海道医報第966号（2001年）2頁。

稿では，今まで議論の対象となることが少なかった天気予報を素材として取り扱う。また，気象業務法は，気象業務として，大気の諸現象である「気象」[2] のほかに，地震及び火山現象等である「地象」[3] や津波，高潮，波浪，洪水等の「水象」[4] についての予報・警報を掲げているが，国民の安全を守る見地から，これらの業務の重要性は気象予報に劣ることはない。そこで，本稿では，気象の予報及び警報（天気予報）だけでなく，地象と水象の予報，警報も検討の対象に含めることとする。

2. 問題の所在

　判例上，医療行為における医師の過失については，「人の生命及び健康を管理すべき業務に従事する者は，その業務（医業）の性質に照し，危険防止のために実験上必要とされる最善の注意義務を要求される」が[5]，その「注意義務の基準となるべきものは，診療当時のいわゆる臨床医学の実践における医療水準である」[6] とされている。規準とすべきものが，学問的な医学水準ではなく，臨床における医療水準であるということも注目すべき点の1つであるが，ここでは，診療当時の医療水準によって過失（注意義務）が異なることが明示されていることが特に重要である。この技術水準と過失との相関関係は，他の科学技術の領域についても，同じく当てはまる。

　天気予報について言えば，気象観測技術の進歩やスーパーコンピュータによる数値予報の普及により，その精度は確実に向上しているが，それでも天気予報がはずれることは多く，社会一般から，これが当たり前のこととして受け止められている。このように，現代においても，天気予報がはずれる

2　気象業務法2条1項において「気象」とは，「大気（電離層を除く。）の諸現象をいう。」と定義されている。

3　気象業務法2条2項において「地象」とは，「地震及び火山現象並びに気象に密接に関連する地面及び地中の諸現象をいう。」と定義されている。

4　気象業務法2条3項において「水象」とは，「気象又は地震に密接に関連する陸水及び海洋の諸現象をいう。」と定義されている。

5　最判昭和36・2・16民集15巻2号244頁。

6　最判昭和57・7・20集民136号723頁，最判昭和61・5・30集民148号139頁等。

（ことがある）ことが前提とされており，その「はずれ」によって気象庁や民間の予報事業者が法的責任を負うことは，一般に想定されていないように見える。しかし，将来，さらに天気予報の精度が高まり，はずれることがほとんど考えらえない時代が到来すれば，予報事業者が責任を問われる可能性が生じうるのであろうか。その法的責任が生じうる臨界点の探索が本稿の目的である。

3.　気象観測及び予報技術の進歩

　気象予報で極めて重要なのが，現在の気象状態を正確に知ることであり，そのためには莫大かつ精緻な観測データが必要である。日本の領域内だけでなく外国の領域内や公海（海洋）上など，偏りなく観測データが得られる必要があるが，近年は気象衛星による高解像度による観測と解析により，従前は不足していた海洋上においても観測データが得られるようになったこと，さらには，高精度気象レーダによる観測も含めて，詳細で正確な「いま」を知ることができる。

　予報の中心はシミュレーション予測（数値予報）となるが，気象庁が2018年6月から運用を開始したスーパーコンピュータは，1959年に運用を開始した初代装置の1兆倍以上の理論演算性能を持ち[7]，数値計算モデル（気象モデル）の開発・改良とともに，飛躍的な進歩を遂げている。

　図1は東京地方の天気予報精度の経年変化であり，降雨の的中率と気温の誤差が示されている。降雨について，1990年頃は約82％の的中率であったところ25年が経過した2015年頃では，約86％まで向上した。東京地方の場合，冬の的中率は高く，1月に限れば90％程度の的中率である。

　全国の平均的中率においては，1950年は全国の降水の有無に関する的中率は72％であったところ，1975年には79％となり，2000年には84％，2006年には的中率86％と向上している。概ね1950年には1週間のうちに2

7　気象庁『気象業務はいま2018年版』（2018年）125頁。

図1　東京地方の予報精度

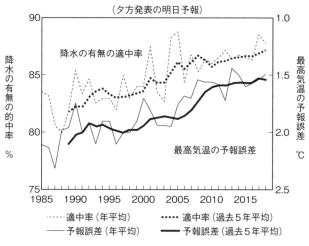

（夕方発表の明日予報）

出典：気象庁ホームページ。

日は外れていたところ，2006年には1週間のうち1日しか外れなくなった
というレベルでまで精度は上がり，長期予報に関しては2010年頃における
3日先予報が，1980年代半ばの1日先予報にほぼ匹敵する精度を有するとさ
れている[8]。

　以上のとおり，観測技術，予報技術（数値予報技術）の進歩により，たし
かに予報の精度は確実に向上しているが，ある地域のある特定の天候は予報
が難しいことがあるなど，天気予報ははずれやすいとの認識も，依然，払拭
されていない。

8　気象庁予報部数値予報班長 室井ちあし「最近の天気予報に関する技術開発の動向」（平成22
年7月14日神戸大学での発表資料）。

4．予報の「はずれ」に対して責任追及をした（しようとした）例

⑴　東京地方の雪予報について

　東京近郊に居住している者であれば実体験として理解できているが，東京地方の雪予報は大変難しいとされる。また，東京都心部でひとたび降雪になれば，交通網の乱れは予想を超えて拡大し，人の生活に甚大な影響を及ぼす。

表1　東京23区の「積雪」予報の的中率

降雪日	前日午後5時発表の予報	結果	的中
2013.1.14	積雪の可能性なし	大手町で積雪8cm	×
2013.1.24	うっすら白く積もる程度	雨（積雪なし）	×
2013.2.6	降雪量10cm	雪（積雪なし）	×
2013.2.13	積雪の可能性なし	みぞれ（積雪なし）	○
2014.1.19	うっすら白く積もる程度	降水量ゼロ（積雪なし）	×
2014.2.4	うっすら白く積もる程度	雪（積雪1cm未満）	○
2014.2.8	降雪量15cm	大手町で積雪27cm	△
2014.2.14-15	降雪量5cm	大手町で積雪27cm	×
2015.1.30	降雪量5cm	大手町で積雪3cm	○
2015.2.5	降雪量5cm	みぞれ（積雪なし）	×

　表1は2013年から2015年までの3シーズンにおける，東京23区の「積雪」予報の的中率を示したものである[9]。

　公式用語ではないが気象の世界では，悪天候の予報に関わらず悪天候にはならなかった場合を「空振り」，悪天候予報ではなかったのに悪天候になった場合を「見逃し」と呼ぶことがある。気象庁の天気予報は，市民生活への影響を考慮して，予報で積雪量を過剰に見積もる例が多いのではないか，すなわち意図的な「空振り」予想が多いのではないかとの疑いも生じうるが，

9　片山由紀子「東京の積雪予想　7割的中せず」Yahoo! ニュース（2015年2月13日）〈https://news.yahoo.co.jp/byline/katayamayukiko/20150213-00043008/〉（最終閲覧日，2019年6月27日）。

表1を見る限り，空振りも見逃しも万遍なく現れており，ここに作為の形跡は見出せない。かえって，東京地方の積雪予報の困難さが見て取れる。

　東京23区の積雪予報のはずれが多いことを捉えて，時の東京都知事から気象庁の責任を追及するとの発言がなされたことがある[10]。防災に責任のある首長の立場からの発言であることから世間の注目を浴びたが，その真意が那辺にあったのかは不明であり，少なくとも現在まで，積雪予報のはずれに関して，司法の場で，実際に気象庁（国）の責任が追及された例はない。

⑵　予報の「はずれ」に基づき刑事罰が問われた海外の例

　現在までのところ，日本国内で予報がはずれたことについて法的責任が問われた例はない。しかし，海外では法的責任が問われ，刑事罰が科された例が存在する。それが2009年4月6日にイタリアで発生したラクイラ地震に関する予報（予知）である。

　ラクイラ地方では2009年1月から4月にかけて群発地震が生じていたが，地震の危険度を判定する国の委員会（イタリア地震委員会）は，その群発地震は大地震の兆候ではないとして，地震発生前に大地震は起こらない旨の発表をした。しかし，その後マグニチュード6.3の大地震が発生し，300人以上の犠牲者が出た。イタリア地震委員会の前記発表があったために，市民が地震対策をせず，被害拡大につながったという理由で，同委員会のメンバー7人が過失致死罪によって起訴されたという事件である。

　同事件の一審ラクイラ地方裁判所は，起訴された7人全員に対し禁錮6年（求刑禁固4年）の実刑判決を下した。この有罪判決のニュースは，地震予知に失敗したことによって刑事罰を受けたとして，世界に衝撃を与え，日本でも日本地震学会が「結果責任を問われる事については強い懸念を感じます」との声明を出している[11]。

10　2013年2月6日，猪瀬直樹東京都知事（当時）はtwitterで，「天気予報は科学なのに責任に対する心理に支配され歪んでいる。成人の日に外れたので過剰に積雪量を2度も見積もった。多めに先読みすれば責任逃れができるとする姿勢がもし3度目にあったら責任を追及します。」と述べた。

11　〈http://www.zisin.jp/publications/pdf/SSJ20LAquilafinal20wa.20121029.pdf〉（最終閲覧日，令和元年7月17日）。

　委員会のメンバーを訴追した検察官のコメントによれば，訴追の理由は地震を予知しなかったことではなく，リスクを評価しなければならない義務を負っていたのに，それを怠ったことであるとしているが[12]，間違った情報を公衆に発表したことの責任が問われているのであるから，結局，予報（予想の発表）に誤りがあったことの責任を問うていることと差異はなく，世界的にも特異な事件といえる。なお，委員会のメンバーが控訴した控訴審では委員会に所属する科学者６人は無罪となったものの，同政府関係者は執行猶予付き禁錮２年で有罪判決は維持されている。

5.　予報に関する法的責任（責任主体）

(1)　予報及び警報に関する根拠規定
①　根拠規定
　気象等の予報がはずれたことに対し，法的に責任を追及することは可能なのか。その場合，誰に対して責任を追及できるのか。この問題を検討するに先立ち，予報等の根拠規定を整理しておく必要がある。気象庁または気象庁以外の者が予報等を行う根拠規定は，気象業務法にある。

②　気象業務，予報，警報の定義，内容
　気象業務法２条では，気象業務や関連する用語が定義されている。
　まず，「気象業務」については，気象，地象，水象の観測とその成果の収集，発表，及び，予報や警報等とされており，大気，大地（海底を含む），海洋の全てを包括的に扱う業務であるとの定義が示されている（４項）。
　そのうえで，観測，予報，警報については以下のように定義されている。
　「観測」とは，自然科学的方法による現象の観測及び測定をいう（５項）。
　「予報」とは，観測の成果に基づき現象の予想の発表をいう（６項）。
　「警報」とは，重大な災害の起こるおそれのある旨を警告して行う予報を

12　〈https://www.nature.com/news/2011/110914/full/477264a.html〉（最終閲覧日，令和元年7月27日）。

いう（7項）。

これらの規定を統合すると，予報とは「自然科学的方法による現象の観測及び測定の成果に基づく予想の発表」であり，警報とは，「自然科学的方法による現象の観測及び測定の成果に基づく予想を，重大な災害の起こるおそれのある旨を警告して行う発表」ということになる。

③　警報の気象庁による独占

さらに，「警報」に関して，気象業務法23条は，「気象庁以外の者は，気象，地震動，火山現象，津波，高潮，波浪及び洪水の警報をしてはならない。」と定める。気象庁以外の者に，予報業務を行うことを認める許可制度（気象業務法17条以下）が創設され，気象庁以外の者による気象や地象，水象の予報が行われるようになったのと同時に，（予報を行う許可を受けたものであっても）気象庁以外の者が「警報」を発することを禁止した規定である。同規定に違反して，気象庁以外の者が警報を発した場合には50万円以下の罰金に処する旨の規定（同法46条6号）も定められている。国民の生命・身体に危険が及びうる重大な災害が起こる旨の警告（警報）は，情報が錯綜することを避けるためにも，むやみに発せられる状態は望ましいことではないことから，そのような情報（警報）は，気象庁（国）から一元的に提供されることを定め，社会的な混乱を回避し，災害対策の効果を高めることを目的とした制度である。

このような，気象等の警報の国家気象機関への一元化は，Single Voice または Single Authoritative Voice とされ，国際的にもその必要性が認識されている。（なお，危険な状態であることの発表は，迅速かつ広域に伝達できる方が有益との観点から，重大な災害が起こることを覚知した者が自由に警報を発せられるべきとする考え方もある。）

気象業務法が定める警報の気象庁への一元化（シングルボイス化）は，国際的にも先進的であるとされる[13]。

13　羽鳥光彦「気象業務法等の沿革─法制度から見た特徴とその意義─」測候時報　第83巻（2016年）59頁。

④　注意報，特別警報とは

　天気予報においては，警報以外に「注意報」も頻繁に使われるし，災害が起こりうる天候の場合には「特別警報」が発せられることもある。

　このうち「注意報」は，気象業務法上に定義規定はないが，気象業務法施行令4条の規定から，「災害が起こるおそれがある場合に，その旨を注意する予報」のことを指すものと推察される。すなわち注意報は，気象業務法上の「予報」の一形態である。

　また，「特別警報」は平成25年5月の改正時に導入された（同法13条の2）。重大な災害の起こるおそれが「著しく大きい場合」に発せられる。特別警報の場合，気象庁からの通知を受けた都道府県の機関は，直ちに関係市町村長に通知しなければならず（同法15条の2第2項），また，その通知を受けた市町村は直ちに通知事項を公衆に周知する措置を取らなければならない（同条4項），とされている点で警報とは異なっている。

⑵　予報の「はずれ」について責任の主体となる可能性のある者
①　気象庁（国）

　気象業務法13条において，気象庁は，気象，地象（地震については地震動のみ），津波，高潮，波浪及び洪水についての一般の利用に適合する予報及び警報をしなければならないと定められる。

　ここから，気象等の予報の「はずれ」について，被害を受けたとする者が法的責任を追及しようとするのであれば，ほとんどの場合，気象庁（国）を責任主体として捕捉するということになるだろう。

②　予報業務許可事業者，気象予報士

　気象庁以外に責任主体とされる可能性があるのが，民間の気象予報事業者や気象予報士である。

　国の業務は公共の利益のために行われるものであるから，気象庁が発表する予報も，特定の者の利益を図る目的では行いえない。たとえば，飛行機や船の欠航判断や各種野外イベントの催行判断，または，商品の生産数判断のために，特定の地域や時間帯に限定した予報などは，気象庁の権限に属さな

い。もちろん，ある地域に特化した予報を行うことや，ある特定の者に対して予報を行う必要性も否定できないが，それは気象庁（国）以外の者が行うことが想定されている。

　この点，気象業務法17条1項は，気象庁以外の者が気象，地象（地震にあっては地震動に限る），津波，高潮，波浪又は洪水の予報の業務を行おうとする場合は，気象庁長官の許可を受けなければならない，と定めている。気象庁以外の者であっても自由に予報ができるのではなく，気象情報の品質を確保し，防災気象情報との整合性も図る必要性があることから，技術基準（同法18条参照）に適合するものであること，現象の予想を行わせるために気象予報士を置くこと等を求めた許可制度がとられている[14]。

　なお，同法17条1項の許可を得た事業者（以下「予報業務許可事業者」という。）は，気象予報士を常設し（同法19条の2），この気象予報士に現象の予想を行わせなければならない（同法19条の3）とされている。予報は予報業務許可事業者の名と責任において発表されるが，予報業務許可事業者の責任を追及しうる場合に，さらに気象予報士個人に対しても責任追及が可能であるのかも問題となる。

③　市町村長

　災害をもたらす天候において，市民の人命に直接影響のある避難勧告や避難指示の発令は，災害対策基本法の制度設計上，市町村長が行うことと定められており，市町村長にその権限と責任がある。避難指示と避難勧告の根拠は，災害対策基本法60条1項である。同条項には，「災害が発生し，又は発生するおそれがある場合において，人の生命又は身体を災害から保護し，その他災害の拡大を防止するため特に必要があると認めるときは，市町村長は，必要と認める地域の居住者等に対し，避難のための立退きを勧告し，及び急を要すると認めるときは，これらの者に対し，避難のための立退きを指示することができる。」（下線は筆者）と規定されている。ここで，避難勧告と避難指示のちがいについて，拘束力が異なるとの説明がなされることもあ

14　無許可の予報業務については罰則がある（気象業務法46条2号）。

るが，条文上明らかなとおり，異なるのは「急を要する」か否かであり，時間的切迫性の問題である[15]。

　なお，避難情報の体系として，避難勧告の前段階として，避難を準備する段階，及び，避難行動に時間を要する高齢者などは避難を開始すべき段階として，「避難準備・高齢者等避難開始」（従前は避難準備情報と呼ばれていた）がある。これは，法律に根拠をもつものではなく，「避難勧告等に関するガイドライン」や市区町村の地域防災計画等で定められている。

　避難勧告や避難指示の発令如何により，人命に直接影響を及ぼすことは十分に想定されるから，法的責任の責任主体として市町村長が含まれることは当然と思われる。もっとも，市町村長が避難勧告等を発令するために，種々の情報を集めて検討する場合において，気象庁の警報等も重要視されるだろうが，現場で確認されている事象，市民からの通報や警察，消防から届く情報，当該市町村の交通事情や設備等の特有な事情も踏まえて，総合的な判断が下されるはずである。その意味で市町村長の責任が問われうるのは当然であるが，予報の「はずれ」以外の要素が本質的な検討課題であるから，市町村長の法的責任に関しては，本稿の検討対象とはしないこととする。

⑶　検討対象となる責任主体の範囲

　以上から，天気予報のはずれに関する法的責任の追及する場合の責任主体となりうる者は，気象庁，予報業務許可事業者，及び，気象予報士の三者ということになる。

　気象庁の予報のはずれに関して責任を追及する場合，気象庁の予報は，国の機関が公共の利益のために実施するものであり，特定の者の利益を図る目的ではなされたものではないから，一般の民事責任ではなく，国家賠償法上の責任が問題となる（後記7.）。

　予報業務許可事業者は，特定の者の利益を図る目的で，その予報情報を提供することから，天気予報の提供契約を締結している相手から責任追及をされる可能性がある。この場合，一般的には債務不履行責任が追及されること

15　永澤義嗣『気象予報と防災—予報官の道』（中央公論新社，2018 年）234 頁。

になるであろう。予報業務許可事業者に常設される気象予報士まで，責任追及を受ける場合を想定するとすれば，不法行為責任が追及される可能性もありうると考えられる。

　なお，気象庁以外の公の機関，たとえば，地方自治体が予報業務許可事業者になることは可能である[16]ので，予報業務許可事業者である地方自治体が，その住民に対し，予報を提供する場合を想定すれば，国家賠償法上の責任が問われることが考えられるが，情報提供の方法によっては（民間事業者と同種のサービスを手供する場合など），債務不履行等の民事責任が問題となる可能性もある。

　避難勧告や避難指示の発令が遅れた等で市町村長が法的責任を追及される可能性はあるものの，(2)③で述べたとおり，これは，予報のはずれ自体に関する法的責任ではないことから，本稿の検討対象には含めない。また，無許可で予報を行う事業者や個人に対して責任を追及することもあり得るが，気象業務法違反であること（行政取締上の違法）を別とすれば，予報を受領する者に対する民事責任の関係では，予報業務許可事業者の場合と違いがないことから，あえて，別に取り上げることはしない。

6.　予報の「はずれ」に関する裁判例

(1)　わが国の裁判例の概観

　国内において，前述のラクイラ地震のように予報がはずれたことそれ自体（及び発表方法）が問題にされ，気象庁等の責任が認められた裁判例は見当たらない。

　気象予報の前提となる気象観測の不備について国の責任が追及された例として，岩木山土石流災害訴訟があり，また，津波警報における津波の予測高さが低く見積もられたことを理由に国家賠償責任が追及された裁判例がある。さらに，現在，長野地裁松本支部で係属中の御嶽山噴火警報国賠訴訟

16　茨城県日立市や広島県広島市は，予報業務許可事業者である。

は，気象庁が噴火警戒レベル 2（警報に該当）に引き上げず，同レベル 1 に据え置いたことの過失が争点である。

　予報の「はずれ」の法的責任を論ずるにあたり，これらの裁判例が参考になるので，以下に検討を加える。

⑵　岩木山土石流災害訴訟[17]

①　事案の概要

　本件は，昭和 50 年 8 月の集中豪雨により，青森県南西部岩木山南麓一帯の渓流で土石流が発生し，そのうち蔵助沢で発生した土石流により 22 名が死亡した事案である。原告らは，事故前の調査において蔵助沢が「土石流発生危険区域」とされていたことから，国は同地において土石流発生を予見していたところ，土石流による災害を事前に予知するためには降水量の継続的観測が不可欠であり，国は蔵助沢においてこれを実施すべき義務があったのにこれを怠った等と主張し，すなわち，蔵助沢での降水量の観測がなされていなかったこと（観測体制の不備）についての過失が問われたものである。

　裁判所は，観測に関する争点について，概要，以下のとおり判示し，その他の争点についても国の責任を認めず，請求は棄却されている。

②　判決

（一審判決の観測に関する判示部分）

（観測の種類，観測場所，観測方法，予報や警報の発表方法等は，全くの行政裁量に属するとの被告（国）の主張に対し）現行法上，どのような観測をどの観測点においてどのような方法で行い，その観測成果に基づいてどのような予報，警報を出すかは，運輸大臣の裁量に属しており，個々の国民に対し，気象等についての予報，警報を出すべき具体的義務を負っているものではない。

　運輸大臣が，特定地域である蔵助沢において継続的に降水量観測を実施するかどうかは，その裁量に委ねられていることから，その権限を行使するよ

17　（第一審）青森地弘前支判平成 1・5・25 判時 1320 号 55 頁。
　　（控訴審）仙台高秋田支判平成 7・7・7 判時 1551 号 17 頁。

う指揮しないことが，被告国（内閣総理大臣）の義務懈怠となり違法となることは原則としてない。

　特定地域である蔵助沢において，降水量観測設備を設置し，間断なく降水量の観測を実施するよう運輸大臣を指揮する義務を負っていたものと認められるためには，まず，蔵助沢に土石流が発生し，流域住民の生命，身体に対する具体的危険性が切迫していることを予見していたか，容易に予見し得る状況にあったことが必要であるが，本件災害当時，被告国（内閣総理大臣）は，蔵助沢において，本件のような土石流が発生する具体的危険性を予見していたか，容易に予見し得る状況にあったものとは認められない。

　観測点をどこに設けるか，観測点で何を観測するか，観測方法，観測の成果に基づく予報，警報の範囲，その発表方法，全て行政裁量に属し，国の行動は裁量の範囲内にあることが示されており，その裁量の範囲が極めて広く捉えられている。

⑶　津波警報国賠訴訟[18]
①　事案の概要
　本件は，平成23年3月11日午後2時46分に発生した東北地方太平洋沖地震後に発生した津波によって死亡した被害者の遺族（原告）が，被害者が死亡したのは，気象庁が同日午後2時49分に発表した津波警報（第1津波警報）において，予想される津波の高さを過少に発表（津波の高さを3メートル程度以上と発表）したため，高台に避難するなどして津波被害を避けることができなかったからである等と主張して，気象庁の責任を追及し，国に対し，国家賠償法1条1項に基づく損害賠償を求めた事案である。

　この事案において，一審の盛岡地裁は気象庁の責任部分について，概要，以下のとおり判示して請求を棄却している。

18　（第一審）盛岡地判平成27・2・20判時2268号91頁。
　　（控訴審）仙台高判平成28・4・15（D1-Law.com 判例 ID：28241322）。
　　（上告審）最高決平成29・4・26（D1-Law.com 判例 ID：28251460）。

②　一審判決

（気象庁職員の過失ないし義務違反に関する判示部分）

　津波警報の第一報は，国民に避難行動のきっかけを与え，早期の自主的避難を促すものであり，その性質上，地震発生後，可能な限り早急に発表されることが望ましいというべきところ，本件地震発生当時，マグニチュード8を超えるような巨大地震や津波地震の規模を3分程度で正確に算出する手法は存在しなかったことから，津波警報の第一報は予測精度に一定の技術的限界がある。気象庁は，津波警報の第一報を発表することで津波警報の迅速性を確保しつつ，その後，必要に応じて津波警報の切替えを行うことで津波警報の精度を高めるという運用をしていたのであるから，地震発生から3分程度を目途にして発表される津波警報の第一報の予測精度に限界があるのは，本件地震当時に用いられていた技術上の制約からやむを得ないというほかなく，津波警報の第一報において予想される津波の高さが，現実に到達した津波の高さよりも結果的に低いことをもって，直ちに気象庁職員に過失があるということはできない。

　また，気象庁職員が，津波警報の第一報で発表した予想される津波の高さは，当時の専門的知見に基づくものであり，気象庁が津波警報の第一報において予想される津波の高さを「3メートル程度以上」と発表したことについて，その過程に不合理な点があるということもできない。

　したがって，本件第1津波警報において岩手県における予想される津波の高さを3メートル程度以上としたことについて，気象庁職員に職務上の法的義務違背があったということはできない。

③　控訴審判決

　控訴審において，控訴人（一審原告）は，気象庁職員が，巨大地震が発生した場合，津波の高さの予測精度に技術的限界があり，その予測が不正確になり得ることを認識していたのであれば，本件地震発生時において，一般市民に誤った避難行動をとらせることがないよう，津波の高さを明らかにせず，巨大な津波が到来する可能性のあることのみを伝えるのが適切であり，あえて不正確な津波の高さの数値である「3メートル」と発表したことに過

失があるとの主張を追加している。この点について，控訴審は以下のとおり判示し，控訴を棄却した。（なお，上告も棄却され本件は確定している）。

（控訴審での追加主張に関する判示部分）

　予想される津波の高さに関する情報は，気象業務法11条の「水象に関する情報」の一つであり，地震津波業務規則33条，37条2号に基づき発表し公衆に周知しなければならない情報であるから，予想される津波の高さに関する情報が上記のような法や規則の根拠に基づいて発表されるものである以上，気象庁として，上記法や規則の規定に反し，津波の高さを明らかにせず，巨大な津波が到来する可能性のあることのみを発表することは，気象業務法，地震津波業務規則の下では想定されておらず，気象庁はこれに反して情報の発表をすることはできなかったということができる。

　本件地震は，気象庁が地震，津波観測を開始して以来初めて経験する未曾有の地震であり，本件地震によって経験した予測精度に限界がある数値の公表が情報の受け手に及ぼした影響を考えると，具体的数値の公表の是非については今後議論の余地があるにせよ，当時の知見に基づき上記情報を公表すべき情報と判断したことが，気象庁職員の過失に当たるとは認めることができない。

⑷　御嶽山噴火警報国賠訴訟[19]

　本件は，平成26年9月27日午前11時52分に発生した御嶽山の噴火により死亡した登山者の相続人及び負傷した本人である原告らが，気象庁が噴火前に，御嶽山の噴火警戒レベルを1から2に引き上げる義務を怠っていなければ，被害者らは，少なくとも火口から1km以内の範囲に入らず，生命・身体に損害を被ることはなかった旨主張し，国に対し，国家賠償法1条1項に基づく損害賠償を求めている事案である。

　本件で原告らは，御嶽山の噴火警戒レベルを2に引き上げる際の基準（気象庁の内部基準）[20]の1つに，「火山性地震が増加（地震回数が50回／日以

19　長野地裁松本支部平成29年（ワ）第22号，145号，223号，243号，同支部平成30年（ワ）
　　第37号。令和元年6月時点で事件係属中。

上）」が存在するところ，噴火に先立つ平成 26 年 9 月 10 日から 9 月 11 日に
かけて，御嶽山では火山性地震が増加し，同年 9 月 10 日に 52 回，同月 11
日に 85 回に達したことから，遅くとも平成 26 年 9 月 12 日早朝には，噴火
警戒レベルをレベル 2 に引き上げる義務があったのであり，気象庁がこれを
怠りレベル 1 に据え置いたことには過失があると主張している。

　一方，被告の気象庁（国）は，内部基準の 1 つに，火山性地震の回数が
50 回／日という基準があることは認めつつ，同内部基準には「これらの基
準は目安とし，上記以外の観測データ等も踏まえ総合的に判断する」とも定
められており，当時得られた観測データや過去の事例，専門家の意見等か
ら，当時の噴火予知の知見，噴火予知技術に基づいて，総合的に検討した結
果，レベル 2 への引上げを見送った判断をしたとして，職務上の法的義務違
背はないと反論している。

　噴火警戒レベルは，レベル 1 からレベル 5 まであり，レベル 2[21] とレベル
3 は気象業務法上の「警報」に該当し，レベル 4 とレベル 5 は同法上の「特
別警報」に該当する。本件訴訟は，気象庁が気象業務法上の「警報」をしな
かったこと，つまり「見逃し」たことについての法的責任が真正面から問わ
れている訴訟である。

　ここでは，訴訟の概要の紹介までに留め，法的責任の可能性に関する検討
（後記 7.）において，再度，本件訴訟を吟味する。

20　御嶽山の噴火警戒レベルを 2 に引き上げる際の基準（気象庁内部基準）の抜粋
　火口周辺に影響を及ぼす噴火が発生
　　・火口から半径 1 km 程度まで大きな噴石飛散
　火口周辺に影響を及ぼす噴火の可能性（次のいずれかが観測された場合）
　　・火口周辺に降灰する程度のごく小規模な噴火
　　・火山性微動の増加または規模増大（6 回／日以上あるいは継続時間 5 分以上または振幅
　　　10 μm/s 以上の微動発生）
　　・火山性地震の増加（地震回数が 50 回／日以上）
　　・山体の膨張を示すわずかな地殻変動
　　・噴煙量，火山ガス放出量の増加
　　※欄外に「これらの基準は目安とし，上記以外の観測データ等も踏まえ総合的に判断する」との
　　　記載もある。
21　噴火警戒レベルが 2 に引き上げられると，火口周辺（概ね火口周辺の半径 1 km 内）への立入
　　りを規制される。

(5)　アメリカ合衆国の裁判例

　日本で予報の「はずれ」が問題となった裁判例は上記のとおり少ないが，アメリカでは気象予報の「はずれ」に関連して，（日本の気象庁に該当する）国立気象局（NWS：National Weather Service）の責任を追及する裁判例が相当数ある。

　しかし，海上の気象観測ブイが故障していたために正確な観測ができなかったという事案において，精度の高い天気予報を実現するために予算を上限なくつぎ込まなければならない義務はなく，気象観測も裁量であるから，故障しているブイの修理や交換を後回しにすることも裁量の範囲内であるとする裁判例[22]があるほか，「天気予報は精密科学ではない。予測も予測をしないことも，連邦不法行為請求法（FTCA）から除外されている自由裁量機能」であるとする裁判例[23]，「公共政策の問題として，国立気象局を天気予報の過失で訴えることは，国立気象局とその有効性の究極の破壊である」旨述べる裁判例[24]もあり，不正確な天気予報に基づき，連邦政府の責任を追及する主張に対しては，連邦不法行為請求法（FTCA）の裁量免責条項の適用により，そのほとんど全てが排斥されている。連邦政府が，天気予報事業においては，法的責任リスクに直面しないという強い声明であるとの評価[25]もある。

　上記は国立気象局についてのものであるが，民間の気象事業者の責任を追及した裁判例もある。

　友人のフィッシングボートに乗船中，嵐に会い，海に投げ出されて死亡した被害者の相続人が，被害者はボートに乗船する前，ウェザーチャンネル社（民間気象事業者）で天気予報を確認したが，悪天候の予報も小型ボートに対する警告も発せられてなかったとして，同社の責任を追及した事案があるが，裁判所[26]は「ウェザーチャンネルの天気キャスターに，視聴者に対する

22　Brown vs. U.S. 790 F.2d 199（1st Cir. 1986），cert. denied, 479 U.S. 1058（1987）.

23　Williams vs. U.S. 504 F. Supp. 746（E.D. Mo. 1980）.

24　Taylor vs. U.S. 139 F. Supp. 2d 1201（D. Utah 2001）.

25　Roberta Klein & Roger A. Pielke Jr., BAD WEATHER? THEN SUE THE WEATHERMAN!, 83（12）Bulletin of the American Meteorological Society, 1791（2002）.

26　Brandt vs. The Weather Channel 42 F. Supp. 2d 1344（S. D. Fla），aff'd, 204 F. 3d 1123（11th

義務を負わせることはできない。このような義務を負わせることは，憲法修正第1条で保障された権利である表現の自由その他基本的人権を委縮させてしまう。予報士は誤った予報に対する責任を負うべきではない。起こることが不正確な将来の事象を予測することに関し，責任を認めるとする精密科学ではない」などと判示し，訴えを退けている。また，この裁判例では被害者はウェザーチャンネル社との間に契約関係がなく，ウェザーチャンネルの単なる視聴者の一人にすぎないという事情も考慮されているようである。

7．法的責任の可能性に関する検討

⑴　気象庁に対する責任追及の可能性
①　基本的な考え方
⑦　気象庁の気象業務の性質

　気象庁が行う気象業務（気象や地象等の予報・警報を含む）は，国が行う業務であり，公共の利益のために行われるから，特定の者の利益のためにする予報や警報は存在しない。そのため，気象庁の行う気象業務を私経済活動ととらえることはできず，契約責任を負うことはない。これは，実際には，気象庁が発表する予報を根拠に，特定の事業者が，たとえば生産数調整等を行ったり，飛行機や船の欠航判断を行ったりして，予報のはずれの結果，多大な損害が生じることがあったとしても当然の帰結である。

⑦　国家賠償法の適用

　気象庁の気象業務の公共性に照らし，その業務にかかる責任を検討する場合には，国家賠償法の適用が検討されるべきである。ここで，同法1条1項にいう「公権力の行使」概念の解釈において，通説・判例とされる広義説に立てば，国または公共団体のうち，純粋な私経済作用と国賠法2条の営造物の管理作用を除く全ての作用が「公権力の行使」に含まれるから，気象庁が行う気象業務も「公権力の行使」に含まれると見るのが相当である。そうす

Cir. 1999).

ると，気象庁の責任を追及する場合は，同法1条の問題とすべきことになる。

　国家賠償は，行政作用によって損害を被った者を救済するという目的を有することから，被害を発生させたという結果に着目し，本来生ずるべきでない結果が生じてしまったという場合に，違法な行政作用が行われたとみる立場もあり得る（結果不法説）。この考え方に立てば，気象庁が発表する予報がはずれた結果，本来生ずるべきでない結果が生じたとして，その気象業務に違法性を見出すことになる。しかし，国家賠償法における違法性のとらえ方について，判例は，この結果不法説を採用しておらず，公務員の侵害行為の態様の側から，法に違反する行為をしたことにつき違法性を認定する立場（行為不法説）に立つものと解される[27]。

　さらに，判例は行為不法説を前提に，職務上通常尽くすべき注意義務を尽くしたか否かによって違法性を判断している（職務行為基準説）。この職務行為基準説に立つと，国家賠償法1条の要件である違法性と過失の二元性は失われ，両者の判断内容が実質的に重複することになる。すなわち，当該公務員が職務上通常尽くすべき注意義務を尽くしたかどうかで判断し，注意義務違反が認められる場合，過失と違法性が共に認められることになる。たとえば，学校事故の被害者による国家賠償請求事件では，教師の行為に注意義務違反があったか否かという一元的判断により，違法性と過失が認定されている[28]が，これと同様に，気象庁の予報の「はずれ」で損害が生じた場合も，気象庁の当該職員の行為（気象業務）に，注意義務違反があったのかという一元的判断で違法性が認定されることになる。

(ｳ)　責任要件として注意義務違反

　以上から，気象庁が発表する予報や警報の「はずれ」について，国家賠償責任が認められるのは，予報や警報の判断を下した気象庁職員において，職務上通常尽くすべき注意義務を尽くしたかどうかを吟味し，注意義務違反があったと判断された場合ということになる。津波警報国賠訴訟において，気象庁職員に職務上の法的義務違背があったとはいえないとして違法性（過失）を認めなかったことや，岩木山土石流災害訴訟で行政の広い裁量を根拠

27　櫻井敬子ほか『行政法（第5版）』（弘文堂，2016年）369頁。
28　最判昭和58・2・18民集37巻1号101頁。

に責任を認めなかったことは，上記の解釈と合致するし，アメリカの国立気象局の裁判において，結論として，ほとんどの場合に裁量免責条項が適用され責任が追及されないとも（理論構成は異なるが）同じ方向を志向するものと評しうる。

㈤　予報精度と「はずれ」の責任

　本稿のテーマは，天気予報の精度が高まっている現代において，天気予報の「はずれ」に対して，法的責任を追及することができるか，また，将来，さらに天気予報の精度が高まっていく中で，法的責任を追及できる可能性が高まるのか検討することであるが，少なくとも気象庁の予報に関しては，以下のように考えるべきであろう。

　すなわち，天気予報が自然現象を扱う業務である以上，科学技術の進歩によって予報の精度がいかに高まっても，予報がはずれるという事象はなくならない。必ず的中するという約束はできない以上，確率の高低にかかわらず，はずれたこと自体をもって責任原因とすることはできない。人の行為（努力）によって「はずれ」を回避できない以上，予報の精度いかんにかかわらず，「はずれ」という結果に法的責任が生じる余地はなく，また，法的責任の根拠となるのは注意義務違反の有無・程度であるから，予報の精度と法的責任を追及できる範囲とは直接にはリンクしないということになる。したがって，将来的に予報の精度がさらに高まり，予報がはずれる確率が極めて小さい時代が到来したとしても（「はずれ」が極めて稀な事象になっても），予報がはずれたこと自体について，気象庁の責任を追及することはできないという帰結になる。

　それでは，予報の「はずれ」自体の責任は問えないとしても，予報がはずれた場合において，およそ気象庁の法的責任を追及できる場合はないのか，これを以下に検討する。

②　気象庁職員の注意義務違反についての立証の困難性

　これまで気象庁の予報の「はずれ」について法的責任が認められた例はない。

　もともと，天気予報がはずれたとしても，訴えを提起して気象庁の責任を

追及しようと訴えを提起する例が極めて少ないこともあるが，仮に，訴えを提起するとしても，責任原因事実（予報がはずれたこと自体は責任原因にならないことは上述した。）を適切に摘示し，これを主張・立証するのが極めて困難であることが予想される。特に，気象庁の発表する予報や警報は，莫大かつ精緻な観測データを集積し，これらのスーパーコンピュータによる解析結果から導かれた数値予報をベースに，気象庁職員（予報官）の知識と経験に基づく検討を経たうえで発表されており，極めて専門性の高い最先端の科学技術の成果であるとともに，予報官の知識や経験による判断がなされることが前提とされている（高度の専門裁量的判断である）から，裁判官にとって，気象庁の職員（予報官）の職務上尽くすべき注意義務の内容を確定し，その違反があったとの認定判断をすることは，至難であると言ってよい。

③　御嶽山噴火警報国賠訴訟において注意義務違反が認められる可能性

②のとおり，気象庁の発表する予報について，気象庁職員の注意義務違反を立証するのは極めて困難である。

しかし，現在，長野地裁松本支部で係属中の御嶽山噴火警報国賠訴訟においては，気象庁職員の注意義務違反が認められる可能性もある。上記6.(4)で指摘したとおり，御嶽山では噴火警戒レベルを引き上げるための内部基準が定められていたところ，噴火前に内部基準の1つの基準を超えていたにもかかわらず，噴火警戒レベルが据え置かれた，との事実には争いがないからである。

この点，気象庁は，今回（平成26年）の噴火では，以前の噴火時においては現れていた地殻変動や噴気に変化がなかったこと，火山性地震の回数も以前の噴火時との比較では少なかったこと，火山性地震の振幅が小さかったこと等の各種データを総合的に判断し，噴火警戒レベルを据え置いたと主張している。前述のとおり，気象庁の行う予報や警報は，スーパーコンピュータがはじき出す数値予報をそのまま発表するのではなく，予報官の知識や経験をもとに，最終的な予報をすることが前提であるから，火山情報の予報や警報についても，現時点のデータ，過去の噴火の際のデータ等，手元にある

すべての観測データを綿密に検討したうえで，総合的に判断することになる
はずである。そう考えると気象庁の主張にも説得力がある。

　もっとも，気象庁の内部基準の欄外にある「これらの基準は目安とし，上
記以外の観測データ等も踏まえ総合的に判断する」との記載は，現実に起き
ている事象（観測データ）が客観的な基準を下回ったとしても，総合的に判
断し噴火警戒レベルを引き上げるという場合に用いる根拠として設定されて
いると考えることもでき，この「総合的に判断」との記載があるからといっ
て，客観的な基準を軽視してよいというものではないとも思える。

　本件では，客観的に数値で示されている基準と気象庁の対応との間に齟齬
があるように見えることから，第三者（裁判官）が指摘しやすい面があり，
高い立証のハードルを越えて，気象庁職員の対応に注意義務違反があるとし
て違法性を認める判断がなされる可能性もゼロではない。本件訴訟におい
て，裁判所が気象庁職員の注意義務違反を認めるか否かは，気象庁が行う予
報の性質，ないし，予報官の知識や経験への信頼性を考える意味でも注目に
値する。

④　平成 19 年改正で噴火予報・警報が気象業務に含まれたことの影響

　ところで，御嶽山噴火警報国賠訴訟において原告らは，平成 19 年気象業
務法改正により，火山現象の予報及び警報も気象業務に含まれることにな
り，御嶽山でも観測体制の整備に伴い，噴火警戒レベルが導入（平成 20 年
3 月 31 日運用開始）されたのであるから，御嶽山の火山情報に関して警報
の発表権限は気象庁が独占した，つまり，気象庁は，御嶽山の噴火警戒レベ
ルの判定に責任を負ったとの指摘をしている。

　この原告らの指摘は，事実であり，気象庁も否認していない。

　さらに進んで，原告らは，平成 19 年気象業務法改正においても，発生し
ていない地震の予報（地震予知）は気象業務に含まれないままである[29]のに

29　平成 19 年気象業務法改正において，気象業務の範囲が以下のとおりに変更され，火山現象が
　気象業務の対象に含まれることになった一方，発生していない地震の予報や警報（いわゆる地震
　予知）については，気象業務に含まれていない。
　気象業務法第 2 条第 4 項
　　この法律において「気象業務」とは次にあげる業務をいう。

対し，火山現象については，一般の利用に適合する噴火予測ができる段階になったと判断したのだから，発生前の噴火現象とその規模を予測して予報及び警報をすることを気象庁は引き受けた旨の主張もしている。

　この原告らの主張の趣旨は不明瞭であるが，平成19年気象業務法改正で気象庁は火山現象の予報や警報を行うようになった（しかも気象庁以外の者が火山警報を出すことはできなくなった）のは，自然科学的方法による現象の観測及び測定の成果に基づく予想ができるようになり，一般の利用に適合するだけの噴火予測ができる段階になったと判断されたことに他ならないにもかかわらず，現実として平成26年の御嶽山の噴火ではその予測ができなかった，すなわち御嶽山の噴火予報がはずれたから過失があるとの主張と理解できなくもない。

　この点，気象業務法改正により気象庁は火山予報ができる段階になったと判断されたにも関わらず，その予報がはずれたこと，そして，その予報のはずれの結果，多くの死傷者が出たことを根拠に，気象庁に責任がある（過失がある）と判断することはできない。原告らの主張の趣旨が上記のものであれば，その主張は失当である。

　一方で，気象庁の火山予報がはずれたことについて，気象庁（国）に過失がないと判断されるのであれば，気象庁は火山予報ができないと認められたことにほかならず，そもそも，火山予報等を気象業務に含めた気象業務法の改正自体が無意味ではないかとの非難も考えられるが，これも極端な議論である。

　そもそも，火山予報が気象業務に含まれ，噴火警報の発表権限と責任を気象庁が独占したとしても，それは気象庁の予報がはずれないことを意味しているものではない。精度が100％にならない限り「一般の利用に適合する予報」ではないとする判断が誤りであることは，東京地方の翌日の降雨予報であっても，精度が90％以下である現状を考えれば明らかである。当然，予

（現行法：平成19年改正後）
　二　気象，地象（地震にあっては，発生した断層運動による地震動（以下単に「地震動」という。）に限る。）及び水象の予報及び警報
（平成19年改正前）
　二　気象，地象（地震及び火山現象を除く。）及び水象の予報及び警報

報の精度は限りなく100％に近いことに越したことはないが，ある程度低い精度の予報であっても，一般の利用に供するに適さない（価値がない）わけではない[30]。

　気象業務法改正によって，火山現象の予報や警報も気象業務に含まれたからといって，その予報や警報についての国賠法上の違法性の考え方が結果不法説に変容することはないから，火山現象の予報や警報においても，はずれたこと自体に違法性や過失を認めることは当然にできない。従前から気象業務に含まれている他の予報や警報等と同様，その発表をするにおいて，気象庁職員が職務上通常尽くすべき注意義務をつくしたか否かで判断するほかない。また，御嶽山の噴火警報がはずれであったことは，その結果から明らかではあるが，この御嶽山における「はずれ」という結果だけをもって，火山情報の予報や警報が一般の利用に供するに適しないと評価することは早計であり，性急に気象業務法を再度改正して，気象業務から火山現象の予報や警報を取り除くべきと結論付けるのは極論であろう。

⑤　科学的知見以外の条件を判断の基礎に含めた場合の違法性

(ア)登山客の実態を踏まえるべきであったとの主張について

　同じく御嶽山噴火警報国賠訴訟において，原告らは，御嶽山頂付近は９月下旬頃，紅葉が美しいことで登山客が多かったのであるから，そのような実態（噴火が生じれば被害者が多くなる可能性）も踏まえて，より安全に，噴火警戒レベルを引き上げるべきであったとの主張もしている。気象業務法13条１項において「一般の利用に適合する予報及び警報をしなければならない」（下線は筆者）と定めていることを根拠とした主張と思われる。

　この点，気象庁は，噴火警戒レベルの判定基準は，あくまでも自然科学的方法による現象の観測の成果のみを判断の基礎とするものであるから，登山者の有無や多寡といった自然科学的方法による現象の観測以外の社会的条件は，

30　たとえば，気象庁が発表する週間天気予報では，予報とともに「信頼度」が示されている。信頼度Ａであれば，適中率が明日予報並みに高い確度であることを示しているが，予報の確度を予報とともに示すこと自体が受け手にとって有用であるから，低い信頼度であることを示す信頼度Ｃであっても，その予報は一般の利用に適合するといえる。

噴火警戒レベルの判断において検討の対象に含まない旨の反論をしている。

　気象業務法上の定義によれば，警報とは「自然科学的方法による現象の観測及び測定の成果に基づく予想を，重大な災害の起こるおそれのある旨を警告して行う発表」と理解することができるから，あくまでも自然科学的方法による現象の観測及び測定を判断の基礎にしなければならない。気象庁が，自然科学とは無関係な他の条件を考慮して予報や警報をすることは，その権限も責任もないことから認めることはできない。そのような他の条件を予報や警報に組み入れれば，予報や警報の自然科学的正確性から逸脱することにもなりかねないから，この点の気象庁の反論は，至極正当なものである。

　以上から，登山客が多かったという実態も踏まえた（科学的知見以外の考慮を交えた）判断をしなかった点に違法性を求める原告の主張は，誤りであると考えらえる。

　しかし，気象庁は，御嶽山噴火警報国賠訴訟とは別の局面においては，自然科学の知見以外の条件も考慮して気象情報を発表しているのではないかと思われる情報がある。この点について次項(イ)で検討する。

(イ)防災上の観点等他の条件を考慮した予報や警報の適否

　予報の「はずれ」について法的責任が生じないことは上述したが，それは，気象庁職員が，自然科学的方法による観測や測定の成果に基づく，現象の予想の発表をした場合を想定した立論である。そうではなく，自然科学的方法による観測等とは別の事情を考慮して，それを現象の予想の発表とした場合には，そこに違法性が生じうるのではないかという問題が生じる。これは，上記(ア)で示した御嶽山噴火警報国賠訴訟における気象庁の反論を，逆の視点から表現したものである。

　仮に，気象庁が虚偽の情報を予報や警報として発表すれば，違法性が免れないと考えられるところ，自然科学的方法による現象の観測以外の事情を考慮すれば，（考慮する重みにもよるが）それは観測の成果に基づく現象の予想からは乖離することになるから，虚偽の予報を発表していることにもつながりかねない。

　一般に，気象庁が虚偽の情報を発表するとは想定され難いが，ある報道によれば，平成21年10月29日，予報業務許可事業者に対する講習会におい

て，ある気象予報士から「台風が温帯低気圧に変わるタイミングが遅いのではないか」と問われた気象庁の職員は「防災上の観点から温帯低気圧を台風としているケースもある」と説明したとのことである[31]。これが事実であれば，自然科学的方法による現象の観測及び測定の成果では，台風から温帯低気圧に変わっていると判断されるにもかかわらず，気象庁は防災上の観点を考慮して，いまだ台風であるとの気象情報を発表していたということになる。

　もし，科学的に正確な観測結果と異なる（ある目的からの判断が加えられた）情報が気象庁から発表されるようなことがあれば，以下のような問題が生じる。

　公衆に対する避難勧告や避難指示は，市町村長の権限と責任で行われるものであるが，気象庁からの情報は重要な判断根拠の1つである。市町村長は，この情報の科学的正確性を信頼して防災上の重要な判断を下すが，情報の正確性という前提が崩れれば，市町村長の判断に誤りが生じかねない。気象庁から，ある時は正確な生の情報が発せられるが，別の機会には，あらかじめ防災上の観点から安全側に配慮した（一定の政策判断を交えた）情報が発せられるとすれば，市町村長の判断権限が知らずに一部侵食されていることになる。これは，行政機関相互間の越権の問題だけでなく，市町村長による現実への対応策がリアリティを欠き不的確なものになる危険がある。

　また，防災上の観点から，災害が起こる可能性があると気象庁が発表すれば，市民の活動は抑制的になるし，航空機や船も含めた公共交通機関の運行も停止させる方向に動く。経済活動が停滞することは明らかであり，多くの事業者で損害が発生する。

　気象業務法上明らかであるが，気象庁は，自然科学的方法による現象の観測を行い，その観測の成果に基づく現象の予想を予報として発表し，重大な災害の起るおそれのある場合はその旨を警報として発表しなければならない。防災上の配慮からであっても，作為の加わった虚偽の情報を流すことは

31　豊吉広英「【日本の議論】天気予報は誰のモノ？　気象庁の情報に隠された真実は…どうなる官民バトルの行く末」MSN 産経ニュース（2009 年 11 月 1 日）〈http://sankei.jp.msn.com/affairs/disaster/091101/dst0911011800007-n1.htm〉。

認められない。御嶽山噴火警報国賠訴訟において，気象庁が主張しているとおり，自然科学的方法による現象の観測とは無関係な社会的条件を，予報や警報における考慮要素に含めてはならないのである。

　気象庁が，自然科学的方法による現象の観測とは無関係の条件を判断の基礎にした予報や発表を行い，その結果，損害が生じたとして気象庁の責任を追及した例は今のところないと思われるが，今後，このような例が発生し，気象庁が虚偽の予報や警報を出したと認められれば，国家賠償法上の違法が認定される可能性はありうると考える。

　なお，気象庁では，地震など不測の事態により気象災害に関わる諸条件が変化し，大雨警報・注意報等の発表基準について，通常の基準を適用することが適切でなくなった場合，地震の揺れの大きさや被害の規模に応じ，通常の基準に対し一定割合減じた暫定基準を設定し運用することとしている。警報を発する基準の設定は，そもそも地盤や土地の形状等も考慮して，地域ごとの設定を行っているのであるから，気象災害にかかわる条件が変更した場合に，警報を発する基準を変更することは当然である。このように基準を変更することと，上記の自然科学的方法による現象の観測以外の社会的条件を予報や警報の判断の基礎に含めてはならないということとは，次元が異なるものと理解できる。

⑵　予報業務許可事業者，気象予報士に対する責任追及の可能性
①　概要

　アメダスや気象レーダ，気象衛星ひまわり等の観測データ等，予報に不可欠な膨大な観測情報は，国土交通省の外郭団体である「気象業務支援センター」に蓄積され，同センターから観測情報が予報業務許可事業者に有料で配信されることとなっており，一般的に，予報業務許可事業者が独自に観測した情報で，現象の予想を行うことは少ないと考えられる。また，シングルボイス化により，警報は気象庁が独占していることも踏まえると，予報業務許可事業者の業務は「予報」に限定されてくる。

　そのため予報業務許可事業者，または，気象予報士の責任追及をする場合に，その対象になるのは，現実的には，予報のはずれによって損害が生じた

場合のみを検討すればよく，観測の不備や警報の見逃し等は問題にならない。

②　予報業務許可事業者の一般向け予報について

　予報業務許可事業者が，たとえばインターネット等を用いて，一般の利用者に対し天気予報を発表する場合，一般利用者との間に契約関係はないし，気象庁とは異なり公権力の行使でもないことから，責任追及する根拠は，不法行為責任となる。

　しかし，予報業務許可事業者が一般利用者向けに発した予報について，その予報がはずれたことが不法行為になる事態を想定することは困難である。仮に，一般の利用者が，予報業務許可事業者の発表する予報を信頼し，その情報に基づく行動の結果，何らかの損害が生じた場合に，その損害に対する責任を予報業務許可事業者が負わなければならないとすれば，その損害の範囲は際限なく拡大する。予報業務許可事業者の予報を法律が認めたところは，競争により多様な気象サービスの展開と利用者への適切な情報提供（すなわち利用者の利益）が想定されているにもかかわらず，予報がはずれたことについて責任を問われる事態になれば，委縮効果が生じることは明白であり，予報業務許可事業からの撤退が相次ぐだろう。

　結局，予報業務許可事業者が一般向けに発する予報を利用する一般人（情報の単純な受け手）であれば，その情報が不正確であることのリスクは自らが負うべきであり，この点で法的責任を考える事態は想定できない。

　なお，地震予知（断層運動の予報）は，現時点で，科学的・技術的に予想が困難であることから気象業務に含まれていない。そのため地震予知の発表は，予報業務許可制度の埒外ではあるが，この場合であっても，科学的根拠に乏しい予想の発表を行い，その予想を発表した結果，社会に混乱が生じれば，刑事上・民事上の責任を負う可能性もある[32]。同じように，気象業務法上の気象業務に含まれる予報であっても，予報業務許可事業者が，何らの科学的根拠に基づかない予報を行い，インターネット等でそれを発表し，その結果，社会に混乱が生じるような事態が生じれば，その場合には不法行為責

32　新山末爾『気象業務法の解説（第4版）』Kindle 版 No. 2739（四杯舎，2015 年）。

任が問われる可能性はありうる。

③　予報業務許可事業者の特定向け予報について

　予報業務の許可は，予報業務の目的及び範囲を定めて行う[33] が，その目的としては「特定向け予報」と「一般向け予報」に分けられている。「特定向け予報」とは，契約等に基づき特定の者に限って提供する予報であって，かつ，当該特定の者の利用に供するものであり，「一般向け予報」とは，特定向け予報以外の予報である[34]。

　特定向け予報は，台風の進路等について独自予想の提供が認められる等，防災気象情報との整合性に対する要求は比較的緩やかである[35] が，その独自予報と気象庁が発する警報等の情報との関係について，正しく認識していないおそれがある利用者に対して供されるものについては，一般向け予報として扱われる。つまり，特定向け予報では，当該予報の内容や意味を，情報の受け手（契約の相手方）が正しく認識することが前提となっている。

　特定向け予報の場合，契約等に基づき予報を提供する関係にあるから，契約責任，債務不履行責任の追及が想定される。事業者の義務の内容は，具体的には契約条項（約款）に定められ，債務不履行の有無は，まず契約条項の解釈によって決せられる。また，予報を提供する契約は，一般には準委任契約として構成されるものと考えられ，受任者たる事業者は善管注意義務を負うから，注意義務違反となる予報（現象の予想）を行えば，債務不履行が認定されることになる。

　どのような場合に善管注意義務違反になるかについては，同業者の標準に照らして判断されることになると考えられるが，当然，事業者は，それぞれにおいて独自の現象の予想方法が認められるべきであるから，当該事業者の現象の予想方法が同業者に，およそ採用されることのない科学的根拠に乏しい方法等でない限りは，善管注意義務違反となることは少ないだろう。ただ

33　気象業務法17条2項。

34　気象庁「気象等の予報業務の許可等に関する審査基準」第1章第1〈https://www.jma.go.jp/jma/kishou/minkan/yohou_kijun.pdf〉。

35　新山・前掲注（32）Kindle版 No. 2749。

し，科学技術の進歩に伴い，現象の予想方法も変容が生じうるから，予報業務許可事業者や気象予報士は，予報技術の向上を図る必要[36]がある。そのため，予報を行う時点の水準に照らすと，時代遅れの，科学的根拠が乏しくなった方法で現象の予想等を行うなどして，これが一定の限度を超えれば，善管注意義務違反に問われる可能性もあるだろう。

　もっとも，予報を提供する契約において責任制限条項を置くことができるから，その効果として，虚偽の予報を提供したり，およそ科学的根拠に基づかない予報を提供したりするなど，故意または重過失であれば格別，予報業務に善管注意義務違反の（軽）過失があったとしても，現実には責任追及ができない場合も多いと考えられる。

④　気象予報士に対する責任追及

　予報業務許可事業者において現象の予想を行うのは，気象予報士であるが，気象予報士が行う現象の予想結果が公衆に判断・行動に影響を及ぼすのは，予報業務許可事業者の名と責任において発表されてからであるから，気象予報士個人としての責任は間接的（事業者の内部におけるもの）であるといえる。

　もっとも，②・③の検討のとおり，気象予報士が現象の予想について虚偽の報告を行うか，およそ科学的根拠に基づかない方法で現象の予想を実施した結果非科学的な予報が予報業務許可事業者の名のもとで発表された場合には，事業者だけではなく，気象予報士個人としても不法行為責任が追及される可能性もありうる。

8.　まとめ

　本稿は，気象観測技術や予報技術等の発展により，精度が向上している気象等の予報について，予報がはずれたことで法的責任を負いうるのか，ま

36　気象庁では，予報業務許可事業者を対象に「気象・地震等の情報を扱う事業者等を対象とした講習会」を開催しており，予報業務許可事業者の予報等の技術向上を図っている。

た，将来的に予報の精度がさらに高まり，はずれることが容易に想定できない時代が到来した場合はどうなるのかを検討するものであったが，予報がはずれたこと自体で，法的責任を直接に追及できることは想定できないし，また，法的責任を追及できる範囲と予報がはずれたこととは直接にリンクしていないことから，予報の精度が高まることと法的責任の範囲とは無関係であるというのが結論である。

　ただし予報の「はずれ」について，責任追及をする場面が皆無であるということではない。

　現在までに，予報がはずれたことに対し，気象庁（国）の法的責任を認められた例はないが，御嶽山噴火警報国賠訴訟においては，気象庁の内部基準において設定された基準の 1 つを超えた現象が確認していたにもかかわらず，噴火警戒レベルを引き上げなかったことについて，国賠法上の違法性が争われており，裁判所の判断に注目したい。もっとも，平成 19 年気象業務法改正により，火山情報が気象業務に含まれることになったところで，気象庁に 100％の精度の噴火予報を義務付けるものではないから，御嶽山の噴火警報がはずれたからといって，それ自体でその法的責任を追及できるものではない。

　気象庁の予報の「はずれ」について法的責任を追及しうるには，当該公務員が職務上通常尽くすべき注意義務をつくしたかどうかで判断するが，警報とは「自然科学的方法による現象の観測及び測定の成果に基づく予想を，重大な災害の起こるおそれのある旨を警告して行う発表」であるから，自然科学的方法とは無関係の社会的条件等を踏まえた発表がなされ，その予報や警報により損害が生じた場合には，気象庁職員に職務上の法的義務違背があったと判断されうるのではないかという見解を提示した。

　また，予報業務許可事業者に対する責任追及において，一般利用者向けの予報においては，法的責任が追及される可能性は乏しいと考えらえるし，特定向けの予報においては，現象の予想が善管注意義務違反に当たるとの判断になれば，債務不履行責任が問われる可能性があるものの，契約の多くには責任制限条項が含まれることから，やはり責任が追及される範囲は狭いだろうと推察される。もっとも，虚偽の予報がなされた場合，または，およそ科

学的根拠に基づかない予報がなされた場合には，予報業務許可事業者と当該予報を行った気象予報士に対し，債務不履行責任，不法行為責任が追及される可能性は残されている。現在のところ，予報業務許可事業者または気象予報士の予報について，法的責任が追及された裁判例は見当たらないが，予報のはずれによる損害額は，高額にのぼることも想定されるから，近い将来，民事裁判において争われる例が現れたとしても不思議ではないであろう。

（井上　真[37]）

37　弁護士・気象予報士

Ⅱ. 微小操作技術の発展による環境リスク対処

1. はじめに

　微小なものを操作する技術開発は飛躍的に進み，原子またはそれ以下のサイズで分解・崩壊を制御するレベルに達している。例えば，従来から原子力発電所では中性子の照射によって ^{235}U 及び ^{239}Pu の原子核を崩壊させ，大量のエネルギーを生成している。発電は，タービンの運動エネルギーと磁場によって行われ，莫大な電力が社会に供給されている。

　このような核分裂を利用する技術，及び研究開発中の核融合技術では，原子または原子核より微小な粒子を操作している。この反応で起こっている科学的現象は，未だ不明な部分が多く未知なリスクが存在している。核爆弾の開発，実験では，複数の放射性物質を生成し環境中に大量に放出したことによって地球上における存在率を増し，放射線による環境リスクを高めてしまっている。原子力発電所，原子力船・潜水艦など核反応で生成したエネルギーを利用する技術は，実用化，普及しており，定常時の安全管理，事故時の対処が不可欠となっている。

　他方，原子核内の素粒子に関する挙動・性質の解明（数式上の証明）は進みつつある。まだ，基礎研究の途中段階であり，巨大な加速器（大型ハドロン衝突型加速器［スイス］など）で存在及び性質の確認が実施されている。現在確認されている 118 種類の元素の内部構成や性質を知ることによって新たな科学技術の発展が期待できる。それと同時に，新たな環境リスクの発生の可能性がある。これまでの環境汚染，環境破壊は，新たな科学技術によって引き起こされたものがほとんどである。これらの多くは，再発防止策が法令によって規制されている。ただし，予防に関しては利害関係が障害となって，十分な対応ができない場合がある。

　しかし，加速器による実験で素粒子研究が進展することで，新たな科学的知見が整備されつつあり，新たな技術の開発が行われることが予想される。原子力発電所では，核反応を行っていることからニュートリノ（素粒子）が発生しているが，その挙動は明確にはわかっていない。核反応は，多くの不明な性質をかかえたまま，人為的操作によってエネルギーが利用されている。この他原子の操作技術（ナノテクノロジー）は，次々と実用化，普及が進んでおり，環境リスクが不明な化合物が生成される虞もある。そもそも地上に存在するほとんどの化合物の SDS（Safety Data Sheet）[1] 情報は整備されていない。

　本論文では，微小操作技術の発展よる新たな環境リスク対処するための環境法による今後の汚染防止規制（評価と予防）のあり方について核反応を中心に研究した。なお，本論における微小操作技術とは，原子の大きさである直径 10^{-9} m 以下の粒子を扱う技術をはじめ一般公衆が感覚的に機能の理解が困難なものを対象とする。

1　化学物質の性状については，米国の労働安全衛生法（Occupational Safety and Health Act of 1970, 29 U.S.C. 651,653,655,657.）の危険有害性周知基準（1985 年制定）（29 CFR1910.1200（Hazard Communication Standard：HCS).）において，労働者の安全確保を目的とした MSDS（Material Safety Data Sheet）の情報公開が行われている。本規則では，事業者に対し作業者に危険・有害化学物質の MSDS 情報を提供することを義務づけている。環境に関しては，1986 年に，40 CFR370.20（Applicability），SARA Section 311 及び Section 312 に基づいて MSDS の作成が義務づけられた（Superfund Amendments and Reauthorization Act of 1986, 42 U.S.C. 11011,11012,11024,11025,11028,11029)。その後，2002 年に南アフリカ・ヨハネスブルグで開催された「持続可能な開発に関する世界サミット（World Summit on Sustainable Development：WSSD［リオ＋10])」で，「化学品の分類および表示に関する世界調和システム（The Globally Harmonized System of Classification and Labelling of Chemicals：GHS)」の検討が行われ，国際的な化学物質のハザード情報普及が図られた。GHS の目的は，化学物質の有害性等について国際的に統一した情報伝達方法として，表示，SDS を促すことにある。

2.　リスクの所在

(1)　精神的な不安

①　放射性物質の漏洩

　「敦賀原発風評事件」（名古屋高裁金沢支部平成1・5・17判時1322号99頁，判例タ705号108頁）では，1981年1～4月にかけて日本原子力発電敦賀原子力発電所1号機（Boiling Water Reactor：以下，BWRとする[2]）の廃液貯蔵タンクから約1立方メートルの放射性物質を含む廃液が敦賀湾に漏出した。この原子炉は，1970年に日本で開催された万国博覧会に送電をし，日本の科学技術レベルの高さを国内外に示したものである。BWRは，わが国の原子力発電所の原子炉に多く採用されており，炉の中でタービンを回すための蒸気を直接発生させる方式である。原子炉，タービン，復水器を同一の冷却系統で使用しているため，装置全体がコンパクトにできるが，原子炉で使用される冷却材を設備内全体に循環させるため，放射線管理区域（法によって，放射線［及び放射性物質］に対する防護が厳しく行われる区域）が大きくなる。したがって，復水器（タービンを稼働させる蒸気を冷却する装置），タービン等に放射性物質が存在しているため漏洩個所も広がることとなる。

　本事件の廃液の中の放射性物質は，10ミリキュリー[3]から数ミリキュリー（1キュリー＝370億ベクレル）の放射能をもっていたとされており，敦賀湾の中にある浦底湾へ一般排水路から流れ込み，ホンダワラ，ムラサキイガイ

2　勝田悟『原子力の環境責任—サイエンスとエネルギー政策の展開—』（中央経済社，2013年）86頁。

3　放射線に関して，「単位」自体がわかりにくく，一般公衆におけるリスク判断をさらに困難にさせている。1キュリー（curie）は，1秒間に$3.7×10^{10}$個（370億個）の原子核の崩壊を起こす放射性物質の量のことをいう。単位の記号は，"Ci"と表す。近年では，1ベクレル（becquerel）が標準単位として国際的に使用されている。単位の記号は，"Bq"と表し，1キュリーは$3.7×10^{10}$ベクレル（$1\,Ci＝3.7×10^{10}\,Bq$）に相当する。原子力発電所で100万kWの電気出力で1年間運転すると，1.5京ベクレル（$1.5×10^{16}\,Bq：10,000兆＝1京$）の放射能が生み出される。

などからコバルト 60（通常時の 10 倍の濃度といわれている）が検出された。漏出の原因は作業員が手順書通りに行わなかったためとされている。当時の科学技術庁（現文部科学省）は，ホンダワラ，ムラサキイガイ，ナマコ，サザエ等を調査し，これらは人体に影響なしと結果を報告している。

　安全性を示された後も風評被害が大きく，「敦賀市原発事故補償額調停委員会」で検討した補償額が風評被害を受けた被害者に提示されたが，これを不服として提訴した。結果，この地域の漁業関係者へ補償金が支払われている。

②　平穏な生活への支障

　一般公衆にとっては，放射性物質のリスクについてあまり知識を有していないことから，「敦賀原発風評事件」では敦賀湾の魚が危ないといった定性的（リスクの有無）な考え方のみで有害性を判断し，他に食物の選択肢があれば避けてしまうのは当然の行為である。当該事故対処として行われた行政機関の調査で，定量的な値（人体に有害な量であるか否かを測定）によって「人体に影響がない量で安全」と示されても，一般公衆にとっては放射性物質のリスクに関する尺度が不明であることから容易には受け入れなかったといえる。また，判決では，汚染区域は浦底湾に限定されているが，この根拠に関しては，疑問がある。放射性物質は極めて低いレベルでも追跡調査できるため，放射性物質の海水中での挙動を徹底的に調査し，科学的知見を蓄積するべきだったと考えられる。

　一方，東京電力福島第一原子力発電所事故（以下，福島原発事故とする）による精神的苦痛による損害賠償請求事件「福島第一原子力発電所事故による緊急時避難準備区域内の住民が被った精神的苦痛の慰謝料額につき，原子力損害賠償紛争審査会の策定に係る中間指針等に沿った慰謝料額を超えないとした事例」（東京地裁平成 26 年（ワ）1448 号平成 27・6・9 民 32 部判時 2271 号 80 頁）では，被告の東京電力が既に支払っていた精神的損害賠償慰謝料にさらに追加して慰謝料を請求している。原告の主張は，①避難による精神的苦痛，②高い放射線量下の生活による精神的苦痛，③放射性物質の汚染に係る生活破壊による精神的苦痛，④本件原発の至近距離の生活による精

神的苦痛，を受けたというものである。本判決では，①は精神的苦痛による慰謝料の発生を認めるべき程度に至らない水準まで緩和した，②は，原告が不安を抱いているとしても合理的なものとはいえない，③は原告の不安は漠然としたもの，④は，本件原発から約 21 キロメートル離れた地域に自宅を有する住民が，本件の一切の事情を斟酌しても既払いの慰謝料額を超えるとは認められないと判断し，棄却となっている。

　この裁判所の判断は，自然科学的な正確な知見が十分でないまま，放射線による健康被害に関する定量的評価を余儀なくさせたもので合理性に欠けている。そもそも正確なハザード，曝露を個別にモニタリングしているわけではなく，その各環境条件における生体影響に関しての明確な閾値もないままの状況で判断することはできない。放射線は，粒子の性質を持つ波で有り，核分裂で発生する素粒子の状態もまだほとんどが不明である。個人が持つ不安を定量評価すること自体無意味で有り，短期的な生体影響のように自覚できるものではない。長期的な生体影響に関して不安を感じても妥当な感覚である。

　さらに参照条文となっている原子力損害の賠償に関する法律第 3 条第 1 項は，「原子炉の運転等の際，当該原子炉の運転等により原子力損害を与えたときは，当該原子炉の運転等に係る原子力事業者がその損害を賠償する責めに任ずる。ただし，その損害が異常に巨大な天災地変又は社会的動乱によって生じたものであるときは，この限りでない。」と示されており，曖昧な規定内容である。賠償の対象除外とされる「巨大な天災地変」に東日本大震災が該当するとすれば，被告である東京電力の責任ではなくなると考えられる。そもそも原子力発電所のリスク管理においては政府によるガイドラインが中心となっていること，及び電力供給による公共事業の利益者は需用者である一般公衆であることから，被告を電力会社のみとすることにも疑問がある。政府も「原子力発電所，及び廃棄物処理場，処分場が安全である」ことを広報しており，政府，関連行政の責任も追及すべきである[4]。核反応は，

4　政府がエネルギー政策のイニシアティブを持ち，原子力発電所のリスク管理においてガイドラインを示し，安全性を広報していた現状から，原子力損害賠償法制定時の専門部会長を務めた我妻栄が主張した「最終的な賠償責任は国が持つべき」との考えに基づき，法律で事前リスク評価

中性子と原子核を微小操作する技術であり，「安全である」といった抽象的
な表現は不適切であったと考えられる。原子力発電所周辺住民への負荷につ
いての事前評価が不足していたとするのが相当である。

(2)　慢性的な生体影響
①　感覚では確認できない被害

　環境汚染による健康障害は発症までの期間が長期化することによって他の
病気との関係が不明になり，原因と被害との因果関係が不明確となる。放射
線による健康被害は，強力な放射線によってやけどなど急性的な健康影響を
発症すれば，因果関係を証明できる蓋然性が高まると考えられる。しかし，
低レベルの放射線によって健康障害が発症した場合，病気の原因が複数存在
することが有り，原因と被害の因果関係を証明することは困難となる。

　長期間を経て健康被害が発症する石綿被害の損害賠償控訴事件「1. 石綿
製品製造等を行う工場の周辺住民が中皮腫に罹患したことについて，工場か
ら飛散した石綿粉じんと発症との因果関係を認め，工場を経営する企業が住
民の遺族に対して大気汚染防止法 25 条 1 項に基づく無過失損害賠償責任を
認めた事例，2. 石綿製品の製造工場の周辺住民中皮腫に罹患する危険性が
高いことの医学的知見は，昭和 50 年当時未だ集積されていなかったとして，
国の国家賠償法上の責任を否定した事例」（大阪高裁平成 24（ネ）2695 号平
成 26・3・6 民 1 部判時 2257 号 31 頁）では，昭和 32 年から昭和 50 年まで
の間に工場敷地外へ石綿粉じんが飛散したことによる汚染が問題となってい
る。判決は控訴棄却（その後，上告されたが上告棄却，上告不受理決定と
なった［決定日平成 27 年 2 月 18 日］）となっている。

　大気汚染防止法第 2 条第 9 項に基づき政令で石綿は，特定粉じんと定めら
れ敷地境界線外への単位容積当たりの本数許容値を定めている。石綿の直径
は 0.02〜0.35 マイクロメートルであり，針先で人の肺の細胞を刺激するこ
とによって肺がんを誘発することが科学的に判明している。しかし，原因と
被害に関する相当因果関係に関し科学的証明の蓋然性が不足していたと考え

　も定めるべきであったと考えられる。

られる。国家賠償法上の責任に関しては，WHO（World Health Organization）が発行した環境衛生クライテリアの見解を参考にしており，医学的な知見の低さを根拠として原告の控訴を却下している。医学的な知見が低いことを確認していながら，WHOの見解を根拠と判断することに矛盾がある。医学的知見に不明な部分があることは明確であることからリスクが判明したポジティブリストを作成し，使用可能なものを指定（規制）するべきである。したがって，有害性がよくわからないまま，大量に石綿を使い続けたことが問題である。石綿は安価で断熱性等極めて高い性能を持った材料として一般に普及したものである。1985年以前は魚焼き網にも使用されていた[5]。このような状況から潜在的な石綿被害者は莫大に存在していると考えられる。

②　放射線ホルミシス効果

　温泉は，鎌倉時代から経験的な知見に基づき健康改善・維持を目的に効能を発揮し，江戸時代からは湯治も行われている。全国に，2,800カ所以上の温泉があるとされており，昔から経験的に上手に地熱利用をしていたといえる。しかし，地下水を暖める地熱がある地域には，Ra（ラジウム）など放射性物質が存在している。ラジウムは半減期が1602年で，原子核が崩壊してRn（ラドン）に壊変する。また，Rnは常温で気体の放射性物質であり放射線被曝のリスクがあり，放射線は低レベルであるため慢性的な影響の虞がある。

　ただし，このラドンなどによる被曝は，「一時的な低線量の放射線照射で，体のさまざまな活動を活性化する」とされるホルミシス効果（Radiation Hormesis）が得られるとの学説も発表されている。ラドン温泉やラジウム温泉では，健康のために自ら進んで温泉水を摂取している人もいる。ホルミシス効果を謳った温泉では，伝説などで神格化されている場合もある。学術的な健康増進の効果は，ミズーリ大学のトーマス・D・ラッキー（Thomas D. Luckey）が，米国保健物理学会誌1982年12月号総説で紹介されたこと

5　東京都『アスベスト Q&A　ver 1.03』（2005年）34～39頁。

で注目された。国内では電力中央研究所，岡山大学などで人の免疫細胞（及び自然治癒力）の活性化について研究が行われている。

　放射能泉は温泉の泉質の一種となっており温泉地に書かれた効能には，痛風，高血圧症，動脈硬化症，慢性皮膚病などがあげられている。飲用としては，痛風，慢性消化器病，神経痛，筋肉痛，関節痛などに効き目があることが示されている。衛生面では，通常の温泉と同様に法令に従って都道府県保健所によって，陽イオン，陰イオン，遊離成分などが分析されている。

　わが国の温泉法では，温泉の定義として，ラドンの含有を定めており，放射性物質としての有害性は問題にしていない。温泉法第2条第1項で「温泉」とは，地中からゆう出する温水，鉱水及び水蒸気その他のガス（炭化水素を主成分とする天然ガスを除く）で，温度又は物質を有するものと定めている。

　放射性物質の有害性はほぼ科学的に解明されているが，法律による温泉の定義にもなっており，前述のような健康に役立つという学説も存在する。しかし，福島原発事故をはじめ原子力利用の失敗による放射性物質汚染が問題になっている。さらに宇宙には粒子線を含む放射線が通過していることから宇宙開発における安全配慮が必要となっている。放射線に関する性質を明確に把握し，法令による具体的なリスク対処を定めるべきである。

3．高度な技術

⑴　専門的判断
①　リスク回避
　福島原発事故では，農作物，畜産物，水産物が放射性物質により汚染され，食品衛生法（6条）に基づき政府から摂取制限も発せられた。また，ホットスポット（放射能が異常に高い区域）も多くの地域で存在することから，風評被害を悪化させたとも考えられる。情報公開に関した事前の対処を整備するべきである。特に，放射性物質（微粒子）降下物（fallout）の検出・挙動モニタリング技術が不十分である。放射線量に関しては，インター

ネット，新聞等で定点調査結果が公開されているが，その数値の定量評価に関しては，一般公衆にとって理解することは困難であると思われる。

　未知なリスクに関する対処は，一般公衆には不明な部分が多く，過剰な不安感を高めることになる。バイオテクノロジーは，10 ナノメートル程度のDNA を操作する技術で，生体反応であるため生物としての機能の操作も可能であることから，リスク回避には専門的な知見が不可欠である。原子力発電所，放射性廃棄物処理場・処分場の立地のように抽象的に安全性を主張しても一般公衆の理解は得られない。

　遺伝子操作の未知なリスクに関しては，「P4 施設利用差止め等請求事件」（水戸地土浦支判平成 5・6・5 訟月 40・5・1002（118）頁）で争われている。原告らの請求は，「被告理化学研究所の P4 実験室における P4 レベル[6]の組換え DNA 実験により，その生命，身体に回復しがたい重大な損害を受けるおそれがあり，平穏で安全な生活を営む権利や生命，身体に対する安全性の意識が現に侵害されているとして，被告理化学研究所に対し，不法行為及び人格権に基づいて P4 実験室を P4 レベルの組換え DNA 実験に使用することの差し止めを求め，また，すでに P4 実験室でなされた各実験により損害を被ったとして，被告理化学研究所及びその理事長である被告小田稔に対し不法行為に基づく損害賠償を求める」となっている。しかしこの請求は棄却となっている。

　重要な争点は，組換え体の未知なリスクで，「当該技術が高度なため実験内容が一般市民には理解できないこと」と，「安全性の確認の基準が従来のモニタリング規制のように排出濃度で決められないこと」が挙げられる。未知なリスクを持った組換え体に対して，一方的に安全と説明しても一般公衆には理解できないのは当然である。

　ただし，遺伝子組換え体の野外への漏洩防止策は，今後微小操作で発生する化学物質のリスク対策の視点となり得る。その方法は，ハザードがわかったものはその大きさに応じて曝露を極力少なくするために封じ込めをレベルに応じて行うというものである。生物の性質を把握し生物学的，物理学的に

6　rDNA 実験ガイドラインでは，実験のリスクレベルによって P1〜P4 に分類しており，P4 は最も高い感染性の病原体を用いる最も高いリスクをもつレベルである。

封じ込めるというものである。性質が不明なものは，最も高いレベルの封じ込めを行い，表示も義務づけている。原子力発電所でも，事故対策の基本は，「止める，冷やす，封じ込める」であり，ハザードが大きいものは外部への放出を止めなければならない。

②　事後対応

　微小操作技術は，減量化，リサイクルに大いに貢献することが期待されており，環境保全技術が向上する可能性がある。しかし，新たな化学物質の生成や形状が環境リスクを発生させる可能性もある。風力発電施設は再生可能エネルギーとして環境保護技術として期待され，クリーンな（有害物質や地球温暖化原因物質を生成しない）技術として注目されていたが，事前に環境アセスメントを実施せず立地したため新たな環境破壊が問題となっている。

　「風力発電施設運転差止等請求事件」（名古屋地裁豊橋支部平成26（ワ）61号判時2272号96頁）では，風力発電の騒音被害を原因とする人格権に基づく運転差止請求及び慰謝料請求の妥当性が争点となった事件である。被告は，風力発電事業等を目的とする会社で有り，当該施設を建設し運転を行っている。原告は，風力発電施設から発生する騒音（音波または振動）で，夜間の就寝が妨げられ，頭痛，耳痛にさいなまれていると被害を訴えている。裁判では，受忍限度に関し議論されているが，精神的苦痛に関しては個人差があり，感覚的で微妙な被害であるため，受忍の程度を定めることは妥当とは思われない。風力発電施設は，環境影響評価法の規制対象[7]となっており，事前評価を十分に行うべきと考えられる。しかし，判決は棄却され，「風力発電による騒音被害が受忍限度内であるとして，これに基づく運転差止請求及び慰謝料請求が否定された事例」となっている。

③　事前対処―原子力発電所の立地―

　「伊方発電所原子炉設置許可処分取消請求事件」（最判平成4・10・29第一小法廷最高裁判所民事判例集46巻7号1174頁，判時1441号37頁，判タ

　7　風力発電施設は，環境影響評価法で1万kW以上ならば第一種事業，7,500kW以上1万kW未満の場合第二種事業として定められている。

804号51頁）では，核原料物質，核燃料物質及び原子炉の規制に関する法律第23条に基づく原子炉設置許可申請に対する行政の許可の処分取り消しを求めて争われたが，「設置許可審査は，原子力の開発及び利用の計画との適合性や原子炉施設の安全性に関する極めて高度な専門技術的判断を伴うものであり，適正である」との判断が示されている。

　高度な技術について専門家の判断に従うしかないことは理解できるが，一般公衆がこの判断をそのまま許容することは困難である。精神的な面で，リスクをもったよくわからない技術について疑問を持つことは当然である。一方的に原子力発電を「安全」であるといった広報や，リスク内容を理解しないまま「危険」であるといった抗議は，正確な判断の障害となる。放射性物質のリスクはまだ十分に解明されていないことは事実であるため，今後も原子力発電所で事故が発生すると風評被害が発生することは避けられないと考えられる。

　また，「志賀原発運転差止請求事件」（名古屋高判金沢支部平成21・3・18判時2045号3頁，判タ1307号187頁）では，原告である周辺住民百数十人が，原子力発電所に増設された2号機の原子炉が運転されれば，平常運転時または地震等の異常事象時に環境中に放出される放射線及び放射性物質によって被曝することにより生命・身体等に重大な被害を受けるとして，人格権または環境権に基づき北陸電力（原子力発電所の事業者）に対して，運転差止めを求めている。判決は原告の棄却，上告も棄却されている（最判平成28・10・28）。

　判決の理由として，「原子炉は危険を内包するものであって，安全管理方法は，原子炉ごとに異なり，かつ，その資料はすべて原子炉設置者の側が所持していることなどを考慮すると，本件原子炉の安全性については，被告側において，まず，その安全性に欠ける点のないことについて，相当の根拠を示し，かつ，必要な資料を提出した上で主張立証する必要があり，安全性の主張立証が尽くされた場合に，住民らが具体的危険性の主張立証をする必要がある。」とした。さらに被告の立証に関しては，通商大臣（現 経済産業省大臣）及び当時の原子力安全委員会が定めていた安全審査の基準を満たしていれば，被告の主張立証を尽くしたとすべきとしている。

　被告の北陸電力は，原子力発電所立地を政府が策定した将来のエネルギー計画に基づき，豊富な財源を使って調査しているものであり，原子炉増設時に十分に資料を整備しているものである。対して，住民に，調査をする際の財源，知見を十分に備えているとは考えづらく，判決の判断は政府の調査報告を肯定しているにすぎない。原子力発電における核反応は，未だ十分に科学的に把握されているわけではない。また，原子力発電所内の内部事象（事業所内の対処）は多くのリスク分析はなされていても，外部事象（自然現象など）に関しては不明部分が多いことは，福島原発事故で証明されている。事前のリスク分析とその結果に基づいた対処の規定を法令で明確に定める必要がある。

　「志賀原発運転差止請求事件」本判決理由で注目されることは，「安全管理方法は，原子炉ごとに異なる」と示している点で有り，全世界に立地する原子力発電所について個別に外部事象と，施設に応じた内部事象に関したリスクの審査が不可欠であると考えられる。

④　リスクコミュニケーションの欠如

　原子力発電等科学技術は，生体等へのリスク研究が不十分なまま，開発が先行している場合がある。原子力発電では，エネルギーの需要増大に対応した供給源として，現在の生活維持（経済維持）には重要な技術であるが，下記のような問題点がある。

- ・予見困難なリスクが存在している（経験的な知識での対応は，未知のリスクが存在する）
- ・利用される技術は，原子より小さい粒子，及び波を制御している
- ・事故等非意図的な事態，予想不可能な自然現象（地球内部の変化，気象）がある

　最も大きな問題は，リスク対処が不明な状態で技術が普及したことである。放射線のリスク対策として ICRP（International Commission on Radiological Protection）の検討結果が国際的に参考にされている。1977 年の勧告で，職業における被曝限度は，年間 50 mSv と定めたが，1990 年の勧告では，職業被曝を年間 20 mSv と規制（実効線量限度）を厳しくしている。た

だし，勧告の考慮点として，「人類が直面している多くの危険の1つである電離放射線だけについて勧告を出すことは，電離放射線に無用の不安を引き起こす可能性があると懸念しており，電離放射線は恐れるのではなく注意して取り扱うことが必要である」としている。また，放射線防護を実施する責任を持つ専門家が，国家間による違い，地域的な違いなどをしん酌できるように，勧告には十分に柔軟性を持たせるとも述べている。したがって，放射線のリスクは確実に存在するが，有益な利用も数多くされているため，過剰な不安も懸念している。

ICRP は，OECD/NEA，IAEA，ILO，UNEP，WHO（諮問機関），IEC，ISO など多くの機関と連携している。ICRP の勧告は，現在では，IAEA の安全基準の基礎となっており，わが国をはじめ世界各国の放射線のリスクに対する法令の基準作成の際の根拠となっている。また，核兵器の実験被爆や核の平和利用被爆（原子力発電所など）に対する一般公衆の基準として1954 年に暫定線量限度，1958 年に線量限度も勧告しているが，人への許容線量でないことを明確に述べている。

微小操作技術の発展により，これまでにない化学物質の生成，素粒子の制御などが行われる場合，新たなハザードが発生する可能性もある。その曝露を最小限にするための対処を検討するための ICRP のような国際機関が必要になると考えられる。

⑵　リスク管理
①　リスク分析

一般的なリスク管理では，装置・システムに故障または誤操作・誤動作による障害が発生した場合，事故にならないように確実に安全側に機能するような設計思想（fail safe），作業員などが誤って不適切な操作を行っても正常な動作が妨害されないこと（fool proof），及び誤動作防止・条件がそろわないと操作が行われないようにすること（interlock）が実施されている。これらは，研究施設，工場及び原子力発電所などで詳細な解析（fault analysis など）に基づき計画される。個々の企業では，CSR（Corporate Social Responsibility）及び経営管理の重要な自主規制として業態に即した形で検討

している。原子力発電所では，これら管理は，極めて厳重に実施されている。しかし，外部事象の分析が不足したことで，福島原発事故が発生している。

②　予防

　環境汚染に対する予防に関しては，「国連環境と開発に関する会議（1992年）」で採択された下記の「環境と開発に関するリオ宣言」の第15原則で概念が示されている。

　「環境を保護するため，予防的方策は，各国により，その能力に応じて広く適用されなければならない。深刻な，あるいは不可逆的な被害のおそれがある場合には，完全な科学的確実性の欠如が，環境悪化を防止するための費用対効果の大きい対策を延期する理由として使われてはならない。」

　当該原則で示されている「完全な科学的確実性」は，理想的な目標であり，自然科学では実現が極めて困難である。また，「深刻，あるいは不可逆的な被害のおそれ」も前述の通り慢性的な影響である場合，自然科学的には十分にリスクを解析するのは困難である。したがって，先端技術が発生させる環境汚染に対して予防は極めて難しく，まずリスク不明な部分を明らかにすることが必要である。

③　微小物質のリスク

　他方，原子レベルの材料（環境省ではナノテクノロジー材料としている）が引き起こす「ヒトの健康，動植物へ影響をもたらす可能性」については，環境省・ナノ材料環境影響基礎調査検討会『工業用ナノ材料に関する環境影響防止ガイドライン（2009年）』（19～20頁）では，「ナノ材料については，ヒトや動植物に対する影響について一定の条件の下で実施された試験結果が数多く報告されているものの，有害性評価が実施あるいは確定されるまでは至っていない。」と述べている。

　原子レベルの粒子の人体及び動植物へ与えるハザードに関しては，何らかの影響の可能性があるが，十分な自然科学的解明には至っていない。また，まだ具体的な症状も不明なことから汚染による被害が発生しても因果関係の

証明は極めて難しいといえる。また，事前の対処を図るにもまだ知見が十分でない。核反応の利用のようにリスク分析が後追いになることが懸念される。また，原子レベルの研究は，いずれ原子核内の操作に及ぶことも予想され，中性子，素粒子を操作する場合，原子が不安定になり放射線が発生する可能性が高い。微小操作技術の総合的なリスク管理を実施していくことが合理的であると考える。

④　放射線の利用

　放射線は，短期間，または長期間の照射（吸収）で高い有害性があるが，既に工業，及び医学分野で透過性がある性質を有効に利用している。工業用の透過写真など非破壊検査（超音波を利用することもある）に利用されている。大きな建築物内部の損傷やタンカーの底の内部亀裂など目視できない部分の検査ができ，検査には，専門的知識を持った国家資格者が必要となる。

　医学でも放射線が利用されており，エックス線を用いたレントゲン検査やコンピュータ断層撮影法（CTスキャン）などがある。専門の国家資格者がこの操作を行っている。これら医療関係の放射線の利用は，「医療法」の細則である「医療法施行規則」，及び「獣医療法」の細則である「獣医療法施行規則」で定めている。なお，放射線は使用しないが核磁気共鳴画像診断法（MRI）も身体内部の状況の検査ができる。

　また，前述の有害性が高い^{137}Seは，有用な使い方もされており，放射線を用いた医学治療，トレーサーとして研究開発，流量計など工業用計測器にも利用されている。わが国の放射線医学総合研究所では，原子力発電所及び原子力施設事故に対処するための医療体制，測定，医療のための移動施設を整備（緊急被ばく医療施設），放射線を利用した，ガンなど医療検査の開発（分子イメージング），シンクロトロンを利用し粒子線で患部を適切に治療するシステム開発・実用化（重粒子線，新治療研究）などが進められている。

　事業場内の労働者の安全に関しては，「労働安全衛生法」の細則である「電離放射線障害防止規則」によって規制されている。作業時にはエックス線作業主任者及びガンマ線透過写真撮影作業主任者（専門的知識を持った国家資格者）が必要であること，作業者の教育訓練，作業環境測定，健康診断

の実施が義務づけられている。放射性物質の運搬車両については「放射性同位元素等車両運搬規則」で規制されている。また，医療関係の放射線の利用は，「医療法」の細則である「医療法施行規則」，及び「獣医療法」の細則である「獣医療法施行規則」で定めている。診療放射線技師に関しては，「診療放射線技師法」で規制されており，資格関係等は，「診療放射線技師法施行令」及び「診療放射線技師法施行規則」で定められている。

　核融合に関しても，原子より小さなものについてのコントロールが必要な原子核の融合を扱うことから実用化前に十分にリスク評価しなければならない。これらは，ガイドラインではなく，リスク管理を法令で定めることが必要である。

4．まとめ

　最先端技術に関して現在判明しているリスクと不明な部分を明確にする必要がある。これら情報を公開し，リスクコミュニケーションを図ることが重要である。容易に安全を強調すると緊急時のリスクを拡大させる虞がある。また，信頼を失った際に過剰な不安を生じさせる。

　微小操作技術の発展は，自然科学における複数の学術分野で有望な技術となっており，新たな可能性を見いだすことが期待されている。しかし，人体への健康影響及び生態系へ新たなリスク発生の虞もある。これまでと異なる汚染形態が発生する場合，新たな規制システムを検討しなければならない。各技術に固有な性質があることから，新たな個別技術及び環境保護の専門家によってそれぞれのリスク分析を行い，技術が普及する前に開発の一部として環境影響面を評価し，その結果に基づく対策が必要である。

　原子レベル（またはそれより小さい素粒子など）が発生させるリスクを事前に評価し，環境影響の予防が図られることが望まれる。しかし，これまでは技術の有益な部分のみを注目し，開発・普及が進み，想定しなかった環境破壊が発生していた。このリスクを回避するには，新たな技術における環境リスクが予測できない部分を明らかにし，把握できる部分と分類する必要が

ある。把握できたリスクには，その性質に応じた対策を行い，不明な部分には シールなど最も厳重な対処が望まれる。巨大なハザードが予想され，曝露が膨大または不明な場合は技術普及そのものに対し慎重にならなければならない。必要に応じて中止する判断も必要である。

　原子力発電所の立地，普及に関しては，エネルギー政策及び経済政策における電力供給面が期待され，リスク分析は後追いとなっている。また，不安を抱く施設周辺住民等とのリスクコミュニケーションが不足していると考えられる。核分裂，放射線，放射性物質の制御，環境中における挙動に関しては，まだ不明な部分が多く，早急に解析を進める必要がある。不安定な状態となった原子核を中性子で制御する技術開発も進められており，リスク低減技術の開発や制度を推進しなければ社会的責任を持った技術にはならない。

　今後漸次，原子より小さい世界が解明されていくことが予想され，人工的な微小操作技術が新たなリスクを誕生させる高い蓋然性をもっており，環境リスクに関しての事前評価に基づく新たな対処を築いていくことが望まれる。

（勝田　悟）

Ⅲ. ドローン（無人航空機）の利活用と規制の現状

1. はじめに

　ドローン（drone）は，オス蜂を原語とする無人航空機 UAV（Unmanned Aerial Vehicle）の通称である。軍事用（偵察・爆撃）をはじめ，農薬散布や空中撮影などの商業用に使用されるほか，個人用の玩具としても普及している。回転翼機（マルチコプター）を指すことが多いが，形状としては固定翼機も含まれ，用途によって，機体の大きさや航続時間，積載重量等は異なる。

　機体の性能向上に伴い，荷物の配送や災害時の捜索・救助支援などの幅広い利活用が検討されている。今後，物流等での本格的な運用に向けて，更なる技術開発とともに，その運航管理のための環境整備が進められており，空の産業革命として期待されている。

　一方，その飛行に関しては，これまで空港周辺での飛行が禁止される以外に特別の規制はなかったが，2015 年の官邸へのドローン落下事故を契機に，ドローン使用に当たっての法規制が求められた。その結果，2015 年に「航空法」が改正され，同法の対象に無人航空機が追加されるとともに，2016 年に「小型無人機等の飛行禁止法」（正式な法律名は「国会議事堂，内閣総理大臣官邸その他の国の重要な施設等，外国公館等及び原子力事業所の周辺地域の上空における小型無人機等の飛行の禁止に関する法律」）があらたに制定された。

　新技術を発展させるうえで，規制は少ないほうが望ましいが，ひとたび事故が発生すれば規制は強化の方向に動く。また顕在化していなくても，想定されるリスクに対し対応措置が必要となれば，規制は同様に強まる。ドロー

ンに関しては，その利活用を促進する観点から，法は安全を確保するための最小限の規制にとどめられ，その運用に当たっても，利用者の需要を考慮し柔軟に対応することとされた。

　本稿では，「小型無人機等の飛行禁止法」の制定及び「航空法」の改正に関する2015年の国会審議の経緯をたどり，その際に法整備に至らず課題として残されたものを抽出し，それらの課題への対応状況を踏まえ，今後利活用を進めるうえで留意すべき課題を再確認する。併せて，技術革新が進む中で，法の果たす役割と，法以外のものが果たす領域について，ドローン規制を通して考える。

2.　法整備の経緯と法の概要

⑴　法整備の経緯

　2015年4月22日に，総理官邸屋上に小型無人機が落下していることが発覚した。同機には微量のセシウムが搭載されていた。後に犯行者が自首し，同機は4月9日から落下していたことが判明した。本件を機に，小型無人機に関する法規制の検討が始まった。

　官邸ドローン落下事故を受け，重要施設上空における小型無人機の飛行を禁止する法案が，議員立法（自由民主党・維新の党・公明党・次世代の党）により，2015年6月12日，第189回国会に提出された。

　衆議院にて審議し，民主党・無所属クラブ提案による修正案が加えられた後，同年7月9日の衆議院本会議で可決された。その後，参議院に送付されたが，継続審査に付され，翌年の2016年3月11日に第190回国会で規定を一部整理修正したうえで可決され，同年3月17日の衆議院本会議であらためて可決し，成立した。2016年3月18日公布，同年4月7日施行。

　同時期に航空法の改正も行われた。無人航空機の飛行に関し，それまで規制ルールがなかったことから，政府においてもその飛行よる危害発生を防止するため，航空法の改正作業が行われ，2015年7月14日，同じ第189回国会に閣法として改正案が提出された。

衆議院で審議された後，同年 8 月 27 日の衆議院本会議で可決され，参議院で審議の後，同年 9 月 4 日の参議院本会議で可決され，成立した。2015年 9 月 11 日公布，同年 12 月 10 日施行。

⑵　法の概要

無人航空機の飛行禁止空域が，いずれの法でも定められ，航空法では無人航空機の飛行方法があらたに定められた。

小型無人機等の飛行禁止法では，法の名称のとおり，国会議事堂，総理官邸その他国の重要施設等，外国公館等，原子力事業所において，警備の観点から，その敷地・区域・周囲おおむね 300 メートルの地域上空の飛行が禁止された。違反行為に対しては，1 年以下の懲役又は 50 万円以下の罰金が科される。なお，小型無人機等には，小型無人機以外に，人の飛行が含まれる。

規制と利活用のバランスをとりつつ，必要な措置が講じられるよう，同法附則第 2 条に次の検討条項が設けられた。

「第 2 条（検討）　国は，速やかに，重要な施設に対する上空からの危険の未然の防止の在り方，小型無人機の安全な飛行の確保の在り方等について，小型無人機の多様な分野における利用の促進のための施策をも踏まえ，かつ，小型無人機に関連する技術の進歩を勘案しつつ，検討を加え，その結果に基づいて必要な措置を講ずるものとする。」

航空法の改正では，航空法の適用対象に無人航空機（重量 200 グラム未満のものを除く）が追加され，無人航空機の飛行禁止空域と飛行方法が定められた。（航空法 2 条 22 項，132 条〜132 条の 3，157 条の 4）

飛行禁止空域は，空港周辺のほか，高さ 150 m 以上や，人・家屋の密集地域（Densely Inhabited District 地区）の各上空であり，禁止空域での飛行には国土交通大臣の許可が必要となる。飛行方法は，日中の飛行に限られ，周囲の状況を目視により常時監視し，人・物件との間に距離を保つ（30メートル）ことに限定されている。祭礼等での上空飛行や，危険物等の輸送，物件の投下は禁止されている。これらのルールによらずに飛行させる場合には，安全面の措置をしたうえで国土交通大臣の承認が必要となる。罰則は 50 万円以下の罰金。なお，警察等による事故の捜索・救助等，緊急性の

あるものは，適用除外となる。

　同法附則の第2条にも，規制と利活用のバランスを図る検討条項が設けられている。

　「第2条（検討）　政府は，無人航空機に関連する技術の進歩の状況，無人航空機の利用の多様化の状況その他の事情を勘案し，無人航空機の飛行の安全に一層寄与し，かつ，無人航空機を使用する事業の健全な発展に資する方策について検討を加え，その結果に基づいて必要な措置を講ずるものとする。」

3.　国会審議での論点

　2015年の第189回国会において，両法案がそれぞれ審議された。両法案ともドローンの落下事故を受け，緊急に法整備が図られたものであり，総合的な制度設計は，関係省庁間で多方面にわたって今後協議，調整することとされた。ここでは同国会の衆議院国土交通委員会（第19号2015年8月26日）における審議内容を中心に，制度設計に関わる論点をいくつか取り上げる[1]。

(1)　免許制・届け出制について

　ドローンの運用について将来的には免許制，購入の際の届け出制が考えられるのではないかという足立康史委員（維新の党）の質問に対し，田村明比古政府参考人（国土交通省航空局長）は，今後の検討課題になると回答している。

　1　小型無人機等の飛行禁止法案は，衆議院と参議院の各内閣委員会に付託され，航空法の改正案は衆議院・参議院の各国土交通委員会に付託された。審議の内容は，国会本会議の会議録のほか，各委員会の次の会議録に拠った。第189回国会衆議院内閣委員会第17号（2015年7月3日），同第18号（2015年7月8日），同国会衆議院国土交通委員会第18号（2015年8月4日），同第19号（2015年8月26日），同国会参議院国土交通委員会第20号（2015年9月3日），第190回国会参議院内閣委員会第3号（2016年3月10日），同国会衆議院内閣委員会第6号（2016年3月16日）。政党名は当時のままで表記した。

○田村政府参考人　今回の改正法案というのは交通安全ルールを緊急に整備するということでございますけれども，今後いろいろな分野での活用が期待をされており，事業として育てていくということになりますと，逆に，安全で信頼できる事業者というものが正しく評価される，そういう環境を整備する必要がある，そういう観点において，今後のその利活用推進のための具体的な制度の検討の中で，今御指摘あったような，操縦のライセンスみたいなものをつくるとか，あるいは購入の際等に登録をさせる，あるいは届け出をさせるというような話も含めて，当然，今後検討の対象になるというふうに考えております。いずれにしましても，技術の進歩，それからいろいろなニーズ，そして国際的な動向というのも踏まえて，関係者とも十分調整を進めてまいりたいと考えております。

松原仁委員（民主党）からは，自動車にならい同種の制度を設けるべきとの意見が出ている。

○松原委員　私は，自動車の車検と自動車免許というのが結局このドローンの世界にも当てはまるのではないかなと思っております。（中略）そうすれば，そのドローンが誰のドローンで，これが落下してこいつが悪いというふうな話も全部わかるわけですね，製品番号と別にして。こういうことを私は今後考えていくべきだと思っております。（中略）自動車整備，車検，自動車免許，これが一つのドローンの健全なる育成のあり方になろうかと思っております。同時に，自動車もそうでありますが，これは世界共通の標識もあるわけであります。もちろん，左側，キープレフト，キープライトという違いがありますけれども，こういったドローンに関して，今言ったさまざまな部分に関し議論を他省庁等も含めてすること，さらに国際社会においてもドローンの共通のコンセンサスをつくるということは，未来に向かっての極めて有効な必要なことだと私は思っております。

(2)　賠償責任保険の義務化について

賠償責任をカバーする保険への加入の義務化について，複数の委員から質

問があり，田村政府参考人は今後の検討課題と回答している。

　　○田村政府参考人　当然，今後の制度というのを検討していく中で，万一の場合の損害の補償といいますか，そういったこと，これも国民の安心，安全の醸成ということも考えれば重要な検討課題だというふうに認識をしております。例えば，無人航空機の業界団体でございますとか販売店等を通じて無人航空機を飛行させる者には保険加入を推奨させるですとか，そういうようなことについても，今後，関係業界とも調整の上で取り組んでまいりたいというふうに考えております。

　保険を含めた制度設計に関して，関係省庁間で検討が進められていることについて，参議院国土交通委員会（第20号2015年9月3日）において，蔵持京治政府参考人（内閣官房内閣参事官）が回答している。

　　○政府参考人（蔵持京治君）　いわゆるこの無人航空機の問題につきましては，杉田内閣官房副長官を議長といたします関係府省庁の連絡会議において，政府一丸となって検討を進めているところでございます。8月の7日に開催された同会議におきまして，今後，委員御指摘のとおり，機体の技術基準の策定と適合性の確認とか，それから操縦者の技量の確認であるとか，あと機体の把握のための仕組みであるとか，あと保険加入の促進方策等につきまして，引き続き関係各省間で検討を進めていくということが確認されたところでございます。

(3)　利用者へのルール周知について

　一般のユーザーにどのような形でルールをわかりやすく周知していくのかという本村賢太郎委員（民主党）の質問に対し，田村政府参考人は政府として取り組むほか，民間の事業者や団体の協力にも期待する回答をしている。

　　○田村政府参考人　例えば，人や家屋が密集している地域というのを総務省が発表しているDID地区を基本として省令で定めるというようなことがございますし，そのほかにもいろいろ細かいルールが省令等で定まっていくということになりますけれども，そういったことについては，やはり一般の方々にわかりやすく周知をするというのが課題になっているということは我々も認識をしております。したがいまして，ホー

ムページ等を使って，空域がちゃんとわかるようにするというような，そういう工夫をするということもやってまいりたいというふうに思いますし，それから，新たに機体を購入するというような際に，製造者あるいは販売者等の協力を得ながら研修を受けていただくようにお願いをするとか，それから，今業界団体だとか愛好者団体というのもありますので，そういったところも通じて周知をしていくとか，いろいろなチャンネルを通じてわかりやすくルールというものを周知してまいりたいというふうに考えております。

　また，強い風の日であっても飛行の規制がないという同委員の指摘に対し，許可・承認の際の条件とするなど，義務付けを含めて今後の検討課題になると回答している。

　○田村政府参考人　一般的に申し上げて，無人航空機を安全に飛行させることができる風速等の条件というのは機体の仕様ごとに異なるといいますか，決まってくるわけでございますけれども，そういった条件の範囲内で飛行させないと，やはり地上の人や物件等の安全が損なわれるおそれがあるというのは，それは御指摘のとおりであります。今回の改正におきましては，特に高い安全性が求められる，許可とか承認の対象となるような場合に，その許可や承認に際して飛行前の気象状況の確認を条件とするというようなことで，そういうことを許可や承認の条件にするというようなことを考えております。それから，一般の利用者に対しましても注意喚起を行うということを検討しております。それから，今後，機体の機能，性能ごとに安全基準みたいなものを検討していくということになるんですけれども，そういった際に，やはりルールの検討に当たって，飛行前の気象状況を確認するということ，あるいは機体の性能に応じた運航制限をするというようなことの義務づけについても検討してまいりたいというふうに思っております。

⑷　自主的な運用ルールについて

　団体や自治体等による自主規制の動きについて，國場幸之助委員（自由民主党）と中川康洋委員（公明党）から実例の紹介があり，規制と利用促進の

バランスのとり方について質疑が交わされた。

　○國場委員　農林水産航空協会，そしてまた日本産業用無人航空機協会などは，自主的な安全のガイドラインを既に作成し運用しております。また，地方自治体におきましても，三重県で来年サミットがありますが，日本で初めての，県での条例を制定する動きが既に始まっております。また，ICAO，国際民間航空機関等でも国際的な安全基準，ガイドラインが発表されまして，2019年に発行する計画があると言われております。このように，自治体や国際的な機関や，そしてまた農業や産業用ドローンで自主的に運営しているというルールが既に今何となく存在しているわけでありますけれども，そういったことも踏まえた上で，利用促進と安全性に対する規制のバランスというものをいかに図っていくのかという点についての答弁をお願いします。

　○田村政府参考人　今回導入をさせていただこうとしております規制につきましては，必要最小限の交通安全ルールというものを緊急に整備するということでございますけれども，（中略）やはりちゃんとルールを守っていただくというようなことが目的になっているわけでございます。他方で，今御指摘がありましたように，例えば農薬散布について，農林水産航空協会が自主的な安全ルールといいますかガイドラインというものをおつくりになっていて，そして，非常にしっかりとした安全運航体制というのをとって農薬散布などをやっておられるということでありますから，しっかりとした安全確保体制というものが確認できれば，これは我々，許可とか承認というものはできるだけ柔軟に，場合によっては包括的に出していくというようなことで利用の促進を図っていくということを考えていきたいというふうに思います。

　○中川（康）委員　関連団体の中には，既に自主的に運用のための指針やガイドラインを作成しておるところがございます。國場委員からも少し御紹介がありましたけれども，私からも少し御紹介をさせていただきますと，例えば，千葉大学の野波研究室が事務局を務めておりますミニサーベイヤーコンソーシアムでは，平成26年の4月にミニサーベイヤー安全ガイドラインを作成しております。さらには，本年8月4日に

は，一般社団法人日本 UAS 産業振興協議会，これは通称 JUIDA とい
うふうに言うそうですけれども，ここが無人航空機の安全に関する指針
を策定しております。私は，今後のドローン等無人航空機の安全かつ健
全な運用を考えた場合，今回のような国による法改正だけではなくて，
このように，団体や民間における自主規制等も非常に重要であるのでは
ないかというふうに考えます。

⑸　国際間でのルールについて

　無人航空機に関し，国際民間航空条約のような条約の締約国レベルでの議
論はあるのか，という足立康史委員（維新の党）の質問に対し，田村政府参
考人は国際間での議論の概況を回答している。

　○田村政府参考人　現在，国際民間航空機関，ICAO でございますけれど
　も，ここにおきまして，国際的に運航するような大型の無人機あるいは
　遠隔操縦機といいますか，そういったものに関して，2019 年の関連附
　属書改正の適用ということを念頭に議論が行われているところでござい
　ます。それから，それ以外の小型無人機につきましても，これは国際民
　間航空機関ではありませんけれども，主要国の航空当局間会議というも
　のがありまして，この場で，早い段階でルールの国際標準化ができるよ
　うに議論が始められているというところでございます。我が国といたし
　ましても，こういった検討に積極的に参画をして，議論の進展に貢献を
　してまいりたいというふうに考えております。

⑹　プライバシーの侵害について

　ドローンによる空撮によって市民生活のプライバシーが侵される可能性が
あることについて，松原仁委員（民主党）から，総務省が作成しているド
ローンによる撮影映像等のインターネット上での取扱いに係るガイドライン
に関連づけて質問があり，大橋秀行政府参考人（総務省総合通信基盤局電気
通信事業部長）との間で質疑が交わされ，太田昭宏国土交通大臣が今後の議
論の対象になると回答している。

　○大橋政府参考人　今御指摘をいただきましたガイドライン案でございま

すけれども，これは，いわゆるドローンで撮影した映像等をインターネット上で閲覧可能とすることについての考え方を整理してございます。このような行為を行う者が注意すべき事項について，有識者による研究会での議論も踏まえて取りまとめてきたものでございます。具体的な例を御紹介申し上げますと，ドローンによって映像等を撮影してインターネット上で公開を行う者に対して，例えば，住宅地近辺をドローンにより撮影する場合は住宅地にカメラを向けないなど，撮影方法に配慮することでありますとか，あるいは，人の顔やナンバープレートなどが撮影映像等に映り込んでしまった場合には，削除あるいはぼかしを入れるといったようなことを配慮することなどを望ましいというふうに定めてございます。

○松原委員　当然，他人のプライバシーを盗み見して，それをインターネット上で公開するというのは極めて破廉恥な行為になるかと思っております。そういったものに関しては，このガイドラインでさまざまな決めがあるというふうに聞いております。「ドローン」による撮影映像等のインターネット上での取扱いに係るガイドラインは，これは今あるわけでありますが，ドローンにより撮影した映像等についてインターネットで公開しない場合はどういうような扱いになるのか，お伺いいたします。

○大橋政府参考人　私どものガイドラインといいますのは，撮影した映像等をインターネット上で公開しない場合についてはこのガイドラインはもともと検討の対象とはしておりませんので，あくまでインターネット上でこのような映像等を上げていく際のルールとマナーというようなものについて定めているものでございます。

○松原委員　そこで，ここは法律の穴みたいな状況になってくると思うんですね。もちろんそれは，通常の盗み見は，例えばどこかの家のお風呂に入っているところを撮ったりしたら，これはのぞき見で罪になるわけでありますが，それを150メートル離れたところから撮ったら，何かこう，なってしまう，こういうことではいけないわけでありまして，インターネット上に公開をしない，しかしドローンでまさにプライバシーを

侵害された場合というものについては，非常に難しい議論であります
が，今なかなか扱いがないわけであります。扱いがない場合について
は，やはり内閣の一員である大臣の御所見をお伺いしなければいけない
と思っておりまして，何か御所見があればお伺いいたします。

○太田国務大臣　これは，元国家公安委員長の松原先生の御指摘で，そう
した問題が所在しているということは，今後論議の対象として，さらに
どうしていくかということの重大な問題であろうというふうに思いま
す。それらも含めて，先ほど申し上げましたように，今後どのような規
制あるいはまた開発志向ということをしていくかということを今後鋭意
努力していかなくてはいけない，このように思います。

　以上に見られるように，2015 年時は緊急措置としての法整備が進められ，
課題の多くは法整備後の次のステップとして，制度設計の中で検討されるこ
ととなった。田村政府参考人は次のように回答している。

○田村政府参考人　今回の法案では，無人航空機のいわば交通安全ルール
というものを緊急に整備して，そして，地上の人や物件等の安全の確保
を図ることとしたところでございます。当然，今御指摘あったように，
（規制と利活用の）バランスが重要であるということは我々も非常に意
識をしておりまして，仮にこの法案を通していただいた場合の運用につ
きましてもそういったことに十分配慮してまいりたいと思っておりま
す。それから，これは緊急に交通安全ルールを整備するということでご
ざいますけれども，次のステップとして，また，関係者とも十分調整の
上で，無人航空機の利用の促進と安全確保の両立に向けて，引き続き，
制度設計といいますか，制度の検討を進めてまいりたいというふうに考
えているところでございます。

4.　今後の課題

(1)　関係府省庁による検討

　内閣官房副長官を議長とする「小型無人機に関する関係府省庁連絡会議」が，2015 年 4 月から開催されており，「小型無人機に係る環境整備に向けた官民協議会」，「小型無人機の更なる安全確保のための制度設計に関する分科会」などから，決定事項が逐次公表されている。

　官民協議会からは，2016 年 4 月 28 日付けで「利活用と技術開発のロードマップと制度設計に関する論点整理」，2017 年 5 月 19 日付けで「空の産業革命に向けたロードマップ～小型無人機の安全な利活用のための技術開発と環境整備～」が公表された[2]。

　ロードマップでは，今後の小型無人機の飛行形態を目視内と目視外，有人地帯と無人地帯の別により，「飛行レベル 1～4」として分類している。レベル 1：目視内での操縦飛行，レベル 2：目視内での自動操縦飛行，レベル 3：無人地帯での目視外飛行，レベル 4：有人地帯での目視外飛行。なお，目視とは，飛行させる者本人が自分の目で見ることをいう[3]。

　現在もすべてのレベルの飛行を個別に行うことはできるとされているが，常時かつ全国的な運用（本格的運用）における飛行レベル（そのような運用を可能とする技術レベルが達成された状態）について，それが達成されるべき時期を目標として示している。

　早ければ 2018 年頃からドローンを使った荷物配送（レベル 3）を可能に

2　「空の産業革命に向けたロードマップ」（小型無人機に係る環境整備に向けた官民協議会）は 2016 年以降，毎年更新されている。ロードマップ 2018 が 2018 年 6 月 15 日に，ロードマップ 2019 が 2019 年 6 月 21 日に発表された。ロードマップ 2019 では，レベル 3 の実現を 2019 年度以降，レベル 4 の実現を 2022 年度以降に設定している。

3　「目視」とは，国土交通省航空局の解釈によれば，「無人航空機を飛行させる者本人が自分の目で見ることをいうものとする。このため，補助者による目視は該当せず，また，モニターを活用して見ること，双眼鏡やカメラ等を用いて見ることは，視野が限定されるため『目視』にはあたらない。」とされている。「無人航空機に係る規制の運用における解釈について」（2015 年 11 月 17 日制定，国空航第 690 号・国空機第 930 号，航空局安全部運航安全課長・航空機安全課長）。

するとともに，2020年代頃からは都市を含む地域において，多数の自律飛行するドローンが活躍する社会（レベル4）を実現することを目指し，そのために必要な技術開発と環境整備を進めることとしている。

　具体的には，現在の主たる運用形態（レベル1，2）とは異なるレベル3，4の実現に向けて，風雨等の環境変化への耐性の飛躍的向上や，他の飛行体（有人機，無人機等）や障害物との干渉を避けつつ飛行するための衝突回避，目視外飛行等における離着陸時の安全確保，特定の空域における運航管理のための技術開発と環境整備を行うことが求められている。

(2)　航空法上の課題

　国土交通省は，2015年12月の航空法改正に際し，「無人航空機（ドローン，ラジコン機等）の安全な飛行のためのガイドライン」を公表し，無人航空機の利用者へ基本ルールの周知を行った。2017年3月31日付けの国土交通省航空局資料「無人航空機に関する最近の動向について」によれば，小型無人機の更なる安全確保に向けた制度設計の方向性が，次のように示されている。

①基本的飛行ルール

　飲酒中の飛行禁止，出発前確認，事故情報の義務報告制度等。

②機体・操縦者・運行管理体制

　民間団体の講習会や運航管理マニュアルの国交省ホームページへの掲載。離島・山間部等での荷物運送を2018年頃に本格化する仕組みの導入。都市部等での荷物運送を2020年代頃に本格運用できるよう機体の認証制度・操縦者の資格制度等を検討・整備。

③航空機・小型無人機相互間の安全確保と調和

　2016年度末目途に有人機と無人機，無人機同士の衝突回避ルール等を整備。空港周辺での誤作動・誤操作による危険防止ルール・対策を検討。有人機と無人機の運航者が飛行情報を共有する仕組みを構築。

④その他

　加入保険の継続徹底。プライバシー保護。第三者土地上空飛行のガイドライン周知。自主的ルール策定促進。所有者把握の自主的取組み推進。

目視外飛行の無線システムのあり方。

このうち，有人機と無人機の運航者が飛行情報を共有する仕組み（上記③）に関しては，飛行情報共有システムが公開され，2019年4月から運用が開始された。接触・衝突事故を防止するためのものであり，同年4月26日付けで改正された無人航空機ガイドラインの中で，同システムの活用が推奨されている。

また航空法の改正が2019年6月13日に成立し，飲酒などで正常な操縦ができない状態での飛行に罰則が設けられるとともに，飛行前の機体点検が義務化された。（上記①の対応具体化）

無人航空機の講習団体や管理団体を国土交通省のホームページに掲載する（上記②）など，既に実施されているものもあるが，運行管理体制をはじめとして，制度設計に関わる多くのものは，引き続き検討課題となっている。

⑶　無線関係の検討課題

小型無人機等の飛行禁止法の制定及び航空法の改正と同時期に，「電波法」の改正も行われている。それまで未整備であった小型無人機の電波利用に関し，あらたに法整備されたものである。小型無人機の操作等に係る電波利用について，2016年改正前は，電波法による特別な規制はなく，一般的な無線設備として電波法の規律が適用されていた。

電波法では，電波を発射する場合は，原則，無線局免許を取得することが必要であり，無線局免許状に記載された周波数，空中線電力の範囲内で運用しなければならない。ただし，電波の出力が著しく微弱な無線設備や，他の無線局へ混信を与えずに運用できる無線設備については，無線局の免許は不要であった。

市販されている小型無人機の多くは，無線操縦や画像伝送に無線局免許を要しないWiFi機器や，これと同様の無線設備が使用されている。機器の送信出力は1メガヘルツ当たり10ミリワット以下であり，無線の通信距離は，良好な電波条件下で，無線操縦で3km程度，画像伝送で300m程度とされる。電波の受信状態が悪くなり通信ができなくなった場合，GPS機能があれば，設定された帰還場所に自動で帰還する。あるいはホバリング状態でそ

の場にとどまる。

　ドローンを含めたロボットに関する技術開発を進めるうえで，電波利用の高度化に必要な関係規定の整備として，電波法施行規則等が改正され，周波数割当計画が変更された。2016 年 8 月 31 日施行。

　主な改正点として，「無人移動体画像伝送システム」に係る技術基準が整備された。無人移動体画像伝送システムとは，自動的若しくは遠隔操作による移動体（ドローン等）に開設された陸上移動局又は携帯局が，主として画像伝送を行うための無線通信を行うものである。同システムが特定無線設備の対象に追加され，無線局免許申請手続きの簡素化が図られた。

　総務省では，ドローンの今後の利活用に関し，技術面，制度面，運用面など，多角的な観点からの検討が必要と捉えている。総務省の 2016 年 2 月 25 日付け資料「ドローンの現状」（電波政策 2020 懇談会・サービスワーキンググループワイヤレスビジネスタスクフォース第 2 回）には，無線関係で次のような課題があげられている。

①技術面

　　運行のための技術開発（制御技術，運行管理技術，緊急回避技術）。目視外飛行に必要な技術検証。GPS 信号が届かないところでの位置情報を補正する機能・システム。

②制度面

　　本体・運行管理用の無線局制度。航空法体系に適合する通信要求条件。

③運用面

　　運行管理の担い手（組織・人材）。

④その他

　　進入禁止等を知らせるビーコンの仕組み，国際的なハーモナイゼーション。

5. おわりに

　2015 年から 2016 年にかけて整備された「小型無人機等の飛行禁止法」制

定と「航空法」改正は，ドローンの落下事故を受け，安全確保のために緊急の規制措置として設けられた。新技術の利用促進に配慮し，規制は必要最小限にとどめ，国会審議で指摘された問題点の多くは，次のステップである制度設計の中での検討課題とされた。

　新技術を発展させるうえで，規制と利活用のバランスが必要であることは，関係者の共通認識であった。あらためて規制と利活用のバランスが，具体的にどのようにとられたかを振り返ってみる。

　整備された二法は，飛行禁止空域を定めたが，その空域は限定的な箇所にとどめられた。また禁止空域での飛行や禁止された飛行方法をとる場合は，国土交通大臣の事前の許可や承認が必要となるが，自主的な運用ルールを整備している団体等には包括的な申請や一括申請を認めるなど，手続きの簡素化・効率化が図られることとなった。禁止された空域以外では，一定のルールのもとで自由な飛行が認められた。

　次に，国会審議で指摘された課題に対しては，同時に進めている制度設計の中で，利活用とのバランスを図りながら検討されることが，審議過程で明示された。現に関係府省庁による制度設計の検討（前述4.）が進められており，その成果を待つところとなっている。なお，ここでの制度設計は，国会で残された課題が目視による飛行を前提としているのに対し，設計の主たる対象は目視外の飛行にあり，その焦点は将来の飛行形態に向けられていることに留意する必要がある。

　すなわち，無人飛行機に関わる制度設計は，ロードマップでいう運用形態のレベル1からレベル4までを含むものであるが，その主眼はレベル4の自律飛行を実現するための制度づくりである。飛行レベル4は，本格的な産業利用の段階となり，レベル3はその移行過程に当たる。

　目視外飛行を実現するためには，多数のドローンが自律飛行することを前提とする運航管理システムUTM（Unmanned Aerial System Traffic Management）が必須基盤となる。運行管理システムとは，小型無人機の機体や操縦者等の登録・管理に加えて，空域や電波の共用を効率的に行うための地上システムである。空域の共用・管理については，目視内飛行で操縦者が担う周囲の状況認識から衝突回避を代替する機能が求められる。（「小型無人機

の利活用と技術開発のロードマップ」補足文 2016 年 4 月 28 日）

　政府の支援を受け，UTM に関する事業者の取組みが急速に進められている。ドローンに関する技術開発は，機体そのものの開発から UTM の開発に移っている。運航管理システムの評価とともに，それを担当する事業者の評価が重要になる。飛行する機体はドローン（無人航空機）に変わりないが，人に代わり運航管理システムが主体となることで，新たな次元の規制のあり方が検討されることになる。

　新技術の利活用を図るうえで，規制を最小限にとどめるのは，安全が確保される限り効果的である。規制の主たる目的そのものが，安全の確保にあり，それは法の重要な役割となる。無人航空機では，その規制を最小限として，安全確保のための基本ルールとしての法律が緊急整備された。その後，本格的な産業利用に向けて，更に利活用を進めるための制度設計が進められている。検討課題とされていた免許制・届け出制，賠償責任保険の義務化などについては，飛行レベル 4 の実用段階では必要不可欠の制度となる。そこに至るまでの間は，監督省庁のガイドラインや民間団体の自主規制ルール等が，最小限たる法規制を補う機能を果たしていると言える。

　規制の権限を持つ監督省庁が，ドローンの利活用を促進するため，規制を最小限にとどめる意識のもとで組織横断的に，また官民共同の体制で取り組んでいることは，新技術への取組みの先進事例として評価される。ただし，技術開発は将来に向かって進んでおり，それを支えるための制度設計も，将来に向けたものとなる。飛行レベル 4 が実現した段階で，旧レベルに属する目視内飛行に，果たしてどこまで新たな制度が必要となるか。

　整備された二法の法附則の検討条項にある「検討を加え，その結果に基づいて必要な措置を講ずる」とは，総合的な制度設計の検討だけでなく，そのときどきの課題に対する検討及び必要な措置も含むと解することができる。新技術の分野においては，技術の開発スピードに合わせた，個別の対応措置の積み重ねが，より求められていく。

（高田淳彦）

事項索引

【欧文】

AI ······························128, 198, 208-213
AGA ····························201, 202, 205
CC BY ····································85
COI ·································58, 95
copyleft ·····································79
CRISPR/Cas9 ·····················179-181
DMCA ····································145
DOJ ·····································123
ETSI ·····································114
FTC ·····································123
FTCA（Federal Tort Claims Act）··········234
Genome Editing ·························180
GNU ·····································79
GPL ·····································80
ICT ·····································109
ICRP ·····································261
IoT ·····································128
Linux ·····································80
MOOC ····································81
M2M ·····································128
Notice and Takedown ················144
OCW ·····································81
OTC ·····································199
PDMA ····································209
® ······································85
SDS ·····································251
Single Authoritative Voice ············224
Standards Essential Patent（SEP）·······109
Three Strike Rule ·····················144
TLO ·····························42, 45, 55, 56
TM ·····································85
TRON ·····································80
VC ·····································39
WHO ·····································256

【あ行】

IP ランドスケープ ····················43, 56
IPR ポリシー ····························114
iPS 細胞 ·····························179
安全保障技術研究推進制度 ·············90
ES 細胞 ·······························179, 184
医業 ·····································209
医行為 ···································209
医師法 ············203, 205, 209, 210, 212
石綿被害 ·································255
一般の利用に適合する ·········225, 240, 241
医薬品，医療機器等の品質，有効性及び
　　安全性の確保に関する法律·········185, 205
AI 創作物 ·······························128, 132
ALI 原則 ·································162
営業秘密 ·································134
エポニミィ ·································105
MT マトリックス ····················51, 56
遠隔診療 ·································198-208
欧州電気通信標準化機構 ·············114
オープン ·································77
オープンアクセス ····················73, 74
オープン＆クローズ戦略 ·············101
オープンコースウェア ················81
オープンコンテンツ ····················80
オープンサイエンス ····················73
オープンソース ·························79
オープンソースの定義 ················79
オープンソースライセンス ··········79
オープンデータ ·························76
オープンデータ戦略の推進による定義········77
オープンデータの定義·················77
オラリティ ·································72
オンライン診療 ·························198-207

【か行】

改ざん………………………………58, 65
改正産業競争力強化法………………39
外部資金……………9, 11, 16, 21, 27, 90
科学者の行動規範……………………60
学会誌著者順序入れ替え事件………68
空振り…………………………221, 222
環境と開発に関するリオ宣言………263
幹細胞…………………………………179
完全な科学的確実性…………………263
競争原理…………………………11, 22
競争的資金………………………11, 21, 22
企業結合審査に関する独占禁止法上の運用
　　指針………………………………49
技術移転………………………………30
技術支援………………………………98
技術データ……………………………98
技術的特異点…………………………128
北見工業大学研究報告書職務著作事件………67
機微技術管理…………………………98
狭義の利益相反………………………62
共同研究（契約）………………9, 11, 24
共同研究に関する独占禁止法上の指針
　　（共同開発ガイドライン）………48
共同著作物……………………………66
クリエイティブ・コモンズ………79–81
軍事的安全保障研究に関する声明………90
経済スパイ法…………………………93
経済スパイ条項………………………93
結果不法説……………………………236
ゲノム編集………………………179, 180
研究支援（職）（人材）………23, 38
研究組織としての利益相反………62, 63
研究不正…………………………22, 33
研究倫理………………………………59
権利侵害の明白性……………………152
権利濫用法理……………………115, 116
行為不法説……………………………236
広義の利益相反………………………62
後天性免疫不全症候群（HIV）………180, 182
公平・合理的かつ非差別的な条件………110
小型無人機等運航管理システム（UTM）…282

小型無人機等空の産業革命に向けたロード
　　マップ……………………………278
小型無人機等に関する関係府省庁連絡会議
　　………………………………………278
小型無人機等の飛行禁止法…………267–269
小型無人機等飛行レベル……………278
小型無人機等無人移動体画像伝送システム
　　………………………………………281
国立研究開発法人……………………14
国立（公立）大学法人………………13
個人としての利益相反…………62, 63
コピーレフト…………………………79
コレスポンディングオーサー………61
コンプライアンス（部門），企業法務
　　………………………10, 18, 22, 36

【さ行】

財産的情報……………………………134
再構成された権利範囲論……………117
再生医療………………………………184
再生医療3法…………………………185
産学連携…………………………11, 42
産業スパイ行為………………………97
産業スパイ条項………………………134
CCライセンス………………………81
事業プロモーター……………………56
地震予知…………………222, 239, 245
情報通信技術…………………………109
自由文化作品の定義…………………77
情報セキュリティ製品の強制認証制度………103
職務行為基準説………………………236
信義則違反……………………………113
シンギュラリティ……………………128
シングルボイス………………………224
人工多能性幹細胞……………………179
人工知能………………………………128
信託事業………………………………55
診療報酬…………………200, 201, 207
sui generis 権………………………78
STAP細胞騒動………………………63
スリー・ストライク・ルール………144, 146
3Dプリンタ…………………………128
成果主義………………………………17

製造物責任‥‥‥‥‥‥‥‥‥‥‥‥‥‥‥‥138
生命倫理専門調査会‥‥‥‥‥‥‥‥‥‥192
世界人権宣言‥‥‥‥‥‥‥‥‥‥‥70, 105
責務相反‥‥‥‥‥‥‥‥‥‥‥‥‥‥‥‥62
説明責任‥‥‥‥‥‥‥‥‥‥‥‥‥‥‥139
選択と集中‥‥‥‥‥‥‥‥‥‥‥‥‥‥16
創作性のないデータベース‥‥‥‥‥‥78
属地主義‥‥‥‥‥‥‥‥‥‥‥‥169, 170

【た行】

大学院重点化‥‥‥‥‥‥‥‥‥‥‥‥‥21
大学発ベンチャー‥‥‥‥‥‥‥‥‥‥39
大学ファンド‥‥‥‥‥‥‥‥‥‥‥‥39
大規模公開オンラインコース‥‥‥‥81
第5世代移動通信システム‥‥‥‥102, 109
第三者のためにする契約‥‥‥‥‥‥119
多国間紛争における管轄，法選択，判決を
　　支配する知的財産原則‥‥‥‥‥‥161
知財戦略（部門）‥‥‥‥‥‥11, 28, 36
知的財産（権）‥‥‥‥9, 24, 40, 43, 160-162
知的財産の利用に関する独占禁止法上の指針
　　（知的財産利用ガイドライン）‥‥‥49
注意報‥‥‥‥‥‥‥‥‥‥‥‥‥225, 244
中心研究者，リーダー（シップ）‥‥18, 20
著作権の譲渡‥‥‥‥‥‥‥‥‥‥‥‥97
著作権の所有‥‥‥‥‥‥‥‥‥‥‥‥97
著作者人格権の不行使特約‥‥‥‥69, 85
著作物性‥‥‥‥‥‥‥‥‥‥‥‥‥132
ディオパン問題‥‥‥‥‥‥‥‥‥‥‥63
デザイナーベイビー‥‥‥‥‥‥‥‥179
デジタルミレニアム著作権法‥‥‥‥145
テニュア・トラック‥‥‥‥‥21, 22, 25
デュアルユース‥‥‥‥‥‥‥‥‥‥‥90
盗用‥‥‥‥‥‥‥‥‥‥‥‥‥‥‥‥58
登録国主義の原則‥‥‥‥‥‥‥‥‥162
登録知的財産権の侵害の準拠法‥‥‥169
登録知的財産事件の国際裁判管轄‥‥160
特別警報‥‥‥‥‥‥‥‥‥‥‥225, 233
独立行政法人医薬品医療機器総合機構‥‥209
独立行政法人（化）‥‥‥‥‥‥‥‥14
特許権の譲渡‥‥‥‥‥‥‥‥‥‥‥‥97
特許性‥‥‥‥‥‥‥‥‥‥‥‥‥‥133
トレード・シークレット‥‥‥‥‥‥134

【な行】

ナノテクノロジー‥‥‥‥‥‥‥‥‥251
二重投稿‥‥‥‥‥‥‥‥‥‥‥‥‥‥64
入札（制度），競争入札‥‥‥‥‥‥30
ニュートリノ‥‥‥‥‥‥‥‥‥‥‥251
任期付（雇用）‥‥‥‥‥‥19, 21, 22, 25
捏造‥‥‥‥‥‥‥‥‥‥‥‥‥‥58, 65
ノウハウ‥‥‥‥‥‥‥‥‥‥‥‥‥134
ノーティス・アンド・テイクダウン
　　‥‥‥‥‥‥‥‥140, 144, 145, 154

【は行】

胚性幹細胞‥‥‥‥‥‥‥‥‥‥‥‥179
博士課程増設‥‥‥‥‥‥‥‥‥‥‥‥20
発信者情報開示請求権‥‥‥‥143, 144, 150, 156
ハラスメント（問題），「アカ・ハラ」，
　　「パワ・ハラ」‥‥‥‥‥18, 22, 25
ハンズオン型の投資‥‥‥‥‥‥‥50, 56
ビジネス・インキュベーション・プログラム
　　（BIP）‥‥‥‥‥‥‥‥‥‥‥‥42
微小操作技術‥‥‥‥‥‥‥‥‥‥‥250
非正規雇用‥‥‥‥‥‥‥‥‥‥‥‥‥21
非登録知的財産権である著作権‥‥‥172
非登録知的財産権の侵害の準拠法‥‥173
避難勧告‥‥‥‥‥‥‥‥‥226-228, 243
避難指示‥‥‥‥‥‥‥‥‥226-228, 243
標準化に伴うパテントプール形成に関する
　　独占禁止法上の考え方‥‥‥‥‥‥49
標準規格必須特許‥‥‥‥‥‥‥‥‥109
剽窃‥‥‥‥‥‥‥‥‥‥‥‥‥‥58, 65
5G‥‥‥‥‥‥‥‥‥‥‥‥‥‥102, 109
福島第一原子力発電所‥‥‥‥‥‥‥253
FRAND条件‥‥‥‥‥‥‥‥‥111, 115
FRAND宣言‥‥‥‥‥‥‥110, 112, 120
フリーソフトウェア‥‥‥‥‥‥‥‥79
フリーソフトウェアの定義‥‥‥‥‥77
ブリュッセル条約‥‥‥‥‥‥‥‥‥161
ブリュッセルI規約‥‥‥‥‥‥‥‥161
プロバイダ‥‥‥‥‥‥‥‥‥‥‥‥144
プロバイダ責任制限法‥‥‥‥‥‥‥143
噴火警戒レベル
　　‥‥‥‥229, 232, 233, 238, 239, 241, 242, 248

噴火予知······························ 233
平成 19 年気象業務法改正·········239, 240, 248
ベンチャー（企業）····················· 9, 28
ベンチャーキャピタル······················39
放射性物質····················250, 252, 257
放射線······························ 264
法律上の争訟··························31
ホールドアップ···················110, 122
法令順（遵）守·····················59, 94
ボーンデジタル························ 130
保護国法ルール························ 169

【ま行】

マイルストーン（投資）··············· 51, 52, 55
マネジメント·····················20, 23, 37
見逃し···················221, 222, 233, 245
民事及び商事に関する国際裁判管轄権及び
　　外国判決に関する条約予備草案········· 162
無人航空機 航空法の改正················268, 280

無人航空機の安全な飛行のためのガイドライン
································· 279
無人航空機飛行禁止空域················· 269
モザイク理論························ 165
モノのインターネット················ 92, 128

【や行】

薬機法·····················205, 206, 210
ユビキタス侵害······················ 170

【ら行】

ラクイラ地震····················222, 228
利益相反····················· 58, 62-64
利益相反管理··························29
リスクコミュニケーション····················· 261
リスク分析·························· 262
リテラシー··························72
ルガノ条約·························· 161
ローマ II 規約······················ 169

判例索引

【最高裁】

最一判昭和 36・2・16 民集 15 巻 2 号 244 頁
……………………………………218
最一判昭和 41・6・11 民集 20 巻 5 号 1118 頁
……………………………………152
最三判昭和 57・7・20 裁判集民 136 号 723 頁
……………………………………218
最二判昭和 58・2・18 民集 37 巻 1 号 101 頁
……………………………………236
最二判昭和 61・5・30 裁判集民 148 号 139 頁
……………………………………218
最二判平成 15・9・12 判時 1835 号 157 頁
　（早稲田大学江沢民講演会事件）………148
最判平成 9・7・1 民集 51 巻 6 号 2299 頁……171
最判平成 12・4・11 民集 54 巻 4 号 1368 頁
……………………………………164
最判平成 14・9・26 民集 56 巻 7 号 1551 頁
　（カードリーダー事件）…………162,171
最決平成 16・4・8 民集 58 巻 4 号 825 頁…166
最二判平成 25・1・11 民集 67 巻 1 号 1 頁…199
最二決平成 29・4・26（D1-Law.com 判例
　ID：28251460）……………………230

【知財高裁】

知財高判平成 23・11・28……………………172
知財高判平成 25・9・10 ……………………172

知財高判平成 26・5・16 裁判所 HP…………110

【高裁】

仙台高秋田支判平成 7・7・7 判時 1551 号
　17 頁……………………………………229
仙台高判平成 28・4・15（D1-Law.com 判例
　ID：28241322）……………………230

【地裁】

東京地判昭和 39・9・28 判時 385 号 12 頁
　（宴のあと事件）………………………148
青森地弘前支判平成 1・5・25 判時 1320 号
　55 頁……………………………………229
東京地判平成 15・3・31 判時 1817 号 84 頁
……………………………………152
東京地判平成 15・9・12 ……………………149
東京地判平成 15・10・16 判時 1874 号 23 頁
……………………………………163
東京地判平成 16・11・24 ……………………149
東京地判平成 23・12・19 判タ 1380 号 93 頁
　（イラン人入学不許可事件）……………24
東京地判平成 25・5・17 判タ 1395 号 319 頁
……………………………………172
東京地判平成 25・2・28 判時 2186 号 154 頁,
　判タ 1390 号 81 頁………………………110
盛岡地判平成 27・2・20 判時 2268 号 91 頁
……………………………………230

執筆者紹介

山口　卓男　（やまぐち　たくお）　第 1 章 – I

筑波アカデミア法律事務所代表，弁護士　修士（法学），主要論文「解雇紛争処理の判断枠組みの再検討―管理職労働者に対する解雇権濫用法理の適用関係をめぐって」『企業法学』Vol.8 所収（商事法務，2001 年），編著書「新しい学校法務の実践と理論」（日本加除出版，2014 年）

梅原　潤一　（うめはら　じゅんいち）　第 1 章 – II

アルプスアルパイン株式会社取締役監査等委員，東北大学未来科学技術共同研究センター（HICHe）特任教授（客員），山形大学大学院客員教授，主著『中国知的財産管理実務ハンドブック』（共著，中央経済社，2006 年），『事業再編における信託活用の実務』（中央経済社，2008 年），『東大ロースクール実戦から学ぶ企業法務』（共著，日経 BP 社，2017 年）

児玉　晴男　（こだま　はるお）　第 1 章 – III，IV，V，第 2 章 – II

放送大学教養学部教授　博士（学術），知的財産高等裁判所専門委員，公害防止主任管理者，主著『知財制度論』（放送大学教育振興会，2020 年），主要論文（中国語訳：战东升）「论作为信托财产的环境资源权――环境财产的权利构造分析」私法研究 22 巻264 頁（法律出版社，2018 年）

髙田　　寛　（たかだ　ひろし）　序章，第 2 章 – I，III，第 3 章 – I

明治学院大学法学部教授　修士（工学），修士（法学），LL.M（米国法学修士），特種情報処理技術者，主著『グローバル企業法講義』（文眞堂，2019 年），主要論文「2030 エネルギーミックスにおける政策及び法的課題―再生エネルギー及び原子力発電を中心に―」企業法学研究 2018 第 7 巻 2 号 1 頁（2018 年）

大塚　章男　（おおつか　あきお）　第 2 章 – IV

筑波大学大学院ビジネス科学研究科長（2018 年 4 月～2020 年 3 月）・教授　博士（法学），弁護士，主著『事例で解く国際取引訴訟―国際取引法・国際私法・国際民事訴訟法の総合アプローチ（第 2 版）』（日本評論社，2018 年），主要論文「コーポレート・ガバナンスの規範的検討―日本型モデルの機能的分析へ―」慶應法学 28 号 31 頁（2014 年），For Institutional Investors, the Alternative of "Exit or Voice", or "Empowerment or Engagement" in U.S. and U.K., 2 Cardozo J. Int'l & Comp. L. 674 (2019)

笹山　桂一　（ささやま　けいいち）　第 3 章 – II

筑波アカデミア法律事務所・弁護士，医師，筑波大学法科大学院非常勤講師，主要論文「感冒と診断された若年男性が，実際は敗血症であり、急激な経過で死亡した事例」診断と治療 107 巻 3 号（2019 年）

井上 　真 （いのうえ　まこと）　第4章-Ⅰ

筑波アカデミア法律事務所・弁護士　修士（工学），気象予報士，筑波大学法科大学院非常勤講師，主要論文「外国人学生（留学生）の人権と安全保障上の問題との間で考える大学の職責」スクール・コンプライアンス研究2号60頁（2014年）

勝田 　悟 （かつだ　さとる）　第4章-Ⅱ

東海大学大学院人間環境学研究科専攻長・教養学部人間環境学科学科長・教授　学士（工学），修士（法学），主著『環境保護制度の基礎 第4版』（法律文化社，2020年），『環境政策の変遷』（中央経済社，2019年），『ESGの視点』（中央経済社，2018年），『CSR 환경책임』（Parkyong Publishing Company, 2018年），『環境概論 第2版』（中央経済社，2017年），『生活環境とリスク』（産業能率大学，2015年）

高田 　淳彦 （たかた　あつひこ）　第4章-Ⅲ

鹿島建設株式会社社友（元常勤監査役）　修士（法学），主要論文「アメリカにおける互恵取引の当然違法性―シャーマン法1条は互恵取引に適用されるか―」企業法学Vol.2　216頁（1993年），「過剰供給構造下における企業再生の問題点―建設業の企業再生と産業再生―」企業法学 Vol.11　43頁（2009年）

先端技術・情報の企業化と法

2020年5月30日　第1版第1刷発行　　　　　　　　　　　　検印省略

編　者　企　業　法　学　会

発行者　前　　野　　　　隆

発行所　㈱文　眞　堂

東京都新宿区早稲田鶴巻町533
電　話　03（3202）8480
FAX　03（3203）2638
http://www.bunshin-do.co.jp/
〒162-0041 振替00120-2-96437

製作・真興社

Ⓒ 2020

定価はカバー裏に表示してあります
ISBN978-4-8309-5073-5 C3032